基金项目　贵州大学学术著作出版基金项目（202403）
贵州省哲学社会科学规划青年项目（20GZQN18）
贵州省教育厅高校人文社会科学研究（2024RW112）

居民主观幸福感：影响因素、路径与机理

费佐兰　著

中国财经出版传媒集团
中国财政经济出版社
·北京·

图书在版编目（CIP）数据

居民主观幸福感：影响因素、路径与机理／费佐兰著．-- 北京：中国财政经济出版社，2024．3
ISBN 978－7－5223－2959－8

Ⅰ．①居…　Ⅱ．①费…　Ⅲ．①居民－幸福－研究－中国　Ⅳ．①D668

中国国家版本馆 CIP 数据核字（2024）第 055579 号

责任编辑：彭　波　　　　责任校对：张　凡
封面设计：孙俪铭　　　　责任印制：史大鹏

居民主观幸福感：影响因素、路径与机理
JUMIN ZHUGUAN XINGFUGAN：YINGXIANG YINSU、LUJING YU JILI

中国财政经济出版社 出版
URL：http：//www. cfeph. cn
E－mail：cfeph@ cfeph. cn

社址：北京市海淀区阜成路甲 28 号　邮政编码：100142
营销中心电话：010－88191522
天猫网店：中国财政经济出版社旗舰店
网址：https：//zgczjjcbs. tmall. com
北京厚诚则铭印刷科技有限公司印刷　各地新华书店经销
成品尺寸：170mm×240mm　16 开　18．5 印张　269 000 字
2024 年 3 月第 1 版　2024 年 3 月北京第 1 次印刷
定价：78．00 元
ISBN 978－7－5223－2959－8
（图书出现印装问题，本社负责调换，电话：010－88190548）
本社图书质量投诉电话：010－88190744
打击盗版举报热线：010－88191661　QQ：2242791300

前　　言

改革开放四十多年，我国经济快速发展，人民生活水平日益提高，社会主要矛盾发生巨大转变，人们对美好生活的需要也与日俱增，幸福便逐渐地成为人们生活追求的终极目标。基于此，本书准确地把握了主观幸福感的内涵，总结了影响居民主观幸福感的收入、住房、工作、健康、休闲和交际六大因素的研究，归纳了六大因素影响居民主观幸福感的路径研究，结合偏好和效用的含义，提出了影响居民主观幸福感的六棱锥模型假设；为了验证提出的研究假设，本书利用抽样调查数据，采用逐步回归、结构方程模型和有调节的中介模型，依次分析影响居民主观幸福感的因素、路径和机理。

居民绝对收入显著地正向影响其主观幸福感，横向和纵向相对收入显著地负向影响其主观幸福感，其中纵向相对收入的影响更大。居民住房面积和住房产权均显著地正向影响其主观幸福感，其中住房产权的影响程度更大；而居民住房设施对其主观幸福感并没有显著影响。居民工作职业和工作自主决定程度均显著地负向影响其主观幸福感，工资薪酬和工作兴趣显著地正向影响其主观幸福感，其中工作兴趣的影响程度较大；而居民工作性质、工作时间和工作管理活动对其主观幸福感的影响不显著。居民自评健康状况和是否锻炼身体均显著地正向影响其主观幸福感，锻炼身体的频率显著地负向影响居民主观幸福感，并且影响程度更大。休闲时长对居民主观幸福感的影响并不显著，在家睡觉或做家务的休闲活动显著地负向影响居民主观幸福感。内层交际和中层交际均显著地负向影响居民主观幸福感，其中内层交际的影响程度更大。

经济、住房、工作、健康、休闲和交际直接地或者间接地显著影响居民主观幸福感，除工作状况外，物质层面的因素（包括经济状况和住房状况）主要通过非物质层面的因素（包括健康状况、交际状况和休闲状况）对居民主观幸福感产生影响，在非物质层面中，因素通过健康对居民主观幸福感产生显著的间接影响。同时，较高需求层次的因素（比如工作、休闲和交际）对居民主观幸福感的影响效果大于较低需求层次的因素（经济、健康和住房）。具体表现为：工作状况的影响效果最大，其次是休闲状况，影响效果排在第三位的是交际状况，而经济状况、健康状况和住房状况依次排在第四、第五和第六位。

不同生命周期居民对收入、住房、工作、健康、交际和休闲的偏好和效用状况存在差异，但对健康表现出一致的偏好。在“偏好—效用”矩阵中，偏好且满足的居民幸福感最高，其次是不偏好但满足的居民，接着是不偏好且不满足的居民，而偏好但不满足的幸福感最低。以居民个体收入为例，进一步分析可知，居民个体收入显著地正向影响其收入效用；同时，居民收入效用显著地正向影响其主观幸福感，并且在收入对其幸福感的影响中起完全中介作用。居民个体收入偏好显著地负向影响其主观幸福感和收入效用，并且在居民个体收入对其主观幸福感的间接影响中起调节作用。

为了提高居民生活的幸福感，需切实保障劳动者权益，积极推进和谐劳动关系建设，优化劳动者就业环境，提升居民总体工作满意度，满足居民在工作中实现自我和超越自我的需求。宏观调控休闲时间，推行不同管理制度下的放假政策，落实带薪休假制度，为居民提供满意的休闲体验，以满足居民获得尊重的需求。倡导建设“幸福家庭、和谐社会”，构建人与人之间的互信关系和良好社会关系，以满足居民社交的需求。创造就业机会，完善收入分配制度，提高居民可支配收入水平，促进居民消费；以市场为导向，加强房地产市场的监督与管理，增加保障性住房建设，合理保障居民住房权益；以此满足居民安全保障的需求。宣传引导“健康生活，幸福人生”的理念，改变以“健康”换“金钱”的两难境地，全面提升居民健康水平，满足居民的基本生理需求。

目录

第一章　绪　　论

第一节　问题的提出

改革开放以来，中国经济快速发展，GDP 年均增长率常年维持在 10%左右，但是，在经济增长的同时，我国居民的收入差距逐渐扩大，收入分配状况不断恶化（王萌，2019）[1]，社会主要矛盾发生巨大转变；随着人民生活水平日益提高（肖贵清等，2018）[2]，人们对美好生活的需要也与日俱增，幸福逐渐地成为了人们生活追求的终极目标，也是区域发展的出发点和落脚点。近几年，国家政府工作报告多次提出要改善民生，增强人民群众的获得感、幸福感和安全感，增进人民群众福祉（李克强，2019）[3]。

众所周知，北京市是我国首都，也是我国的政治中心、文化中心、国际交流中心和科技创新中心，在我国经济社会发展进程中，起着举足轻重的作用。北京凭借着较好的资源优势，仍发挥着吸引人口的集聚效应，北京市常住人口规模约达 2200 万人之多，“大城市病”的问题尤为突出，虽然 2015 年《关于贯彻〈京津冀协同发展规划纲要〉的意见》中提出以疏解非首都功能为突破口，解决“大城市病”等系列措施，但是人口规模依然巨大，“大城市病”依然没有得到解决，给北京市居民带来了诸多不便，比如房价上涨、交通堵塞、竞争激烈等。在此背景下，首都居民生活状况如何？幸福感怎样？这些都是各界关注的焦点，也是一个值得研究的课题。在回答这个问题之前，需要解答以下四个问题。

第一个问题是“什么是幸福感?”从古希腊至今，哲学、伦理学、心理学、生物学和经济学都从不同角度、用不同方法对幸福进行了深入研究。在哲学领域，对幸福的理解主要集中于“至善论”和“快乐论”两个观点，“至善论”是从人的生存发展需要出发，强调生存发展之圆满，视幸福为自我实现；而“快乐论”是从人欲望的满足和需要出发，强调快乐的体验，视身体的无痛苦和灵魂的无纷扰为幸福。在心理学领域，学者沿袭了哲学领域的观点，结合学科研究的内容，形成了心理幸福研究和主观幸福研究两大范式，其中心理幸福研究重视个体实现自我的能力及其心理需要的满足程度；主观幸福研究则重视个体的生活满意度与快乐。在经济学领域，学者主要研究在财富约束条件下如何使幸福最大化的问题。那么，本书中提及的幸福是什么？这将是本书研究的第一个问题。

第二个问题是“影响居民幸福感的因素有哪些?”针对这个问题，国内外学者依然从不同的角度、用不同的方法对影响不同研究对象的幸福因素进行了分析。文献显示，学者们分别从宏观层面和微观层面分析了影响居民幸福感的经济因素和非经济因素。在经济因素方面，收入、住房、经济发展、失业、物价水平、政府财政支出等因素均对居民幸福有着显著影响；在非经济因素方面，居民幸福会随着其个体特征、健康、信任、人际交往、工作等状况的不同而不同，此外，民主、环境污染等因素也是影响居民幸福的宏观非经济因素。在生活中，影响居民幸福感程度更大的是与其生活息息相关的微观因素。那么，以北京市居民为例，居民生活和幸福感状况如何，影响其幸福感的微观因素有哪些，影响程度又如何？这将是本书研究的第二个问题。

第三个问题是“影响居民幸福感的路径如何?”关于这个问题，心理学领域的研究较多，但是经济学领域的研究较少，在研究中，学者们通常采用结构方程模型（SEM）或分层逐步回归方法进行分析。经济学领域的研究表明，构成相对剥夺和关系信任的社会心理过程是收入不平等影响个人幸福感的重要传导机制（黄嘉文，2016）；收入差距影响居民幸福感是以教育和医疗资源的配置不均为中介变量而发挥作用，而在这个过程中，社会资本通过资本变迁和社会阶层差异来减缓收入差距对居民幸福感的不利影响（申云等，2016）；财政文化支出主要通过居民认知水平和居民生活质量两个渠道，对居民主观幸福感产生了提升作用（倪志良等，2016）。可见，在不同的影响过程中，影响居民主观幸福感的路径有所差异。在生活中，影响居民幸福感的微观因素之间并非相互独立，而是相互关联的，有的甚至存在因果关系。那么，以北京市居民为例，影响居民幸福感的路径如何？这将是本文研究的第三个问题。

第四个问题是“影响居民幸福感的机理怎样？”2017 年，中国 GDP 总量高达 82.08 万亿元，稳居世界第二，但与此同时，《2017 年世界幸福报告》却指出，中国居民的幸福指数得分为 5.273，在全球 155 个国家中仅排名第 79 位（Helliwell J. et al.，2017）。经济的快速发展并未带来居民幸福感的同幅度上升，中国居民陷入了“收入—幸福”悖论，国内外学者对此的解释主要可归纳为三类——相对收入说、遗漏变量说、综合因素说。根据萨缪尔森的幸福方程式（幸福 = 效用/欲望）可知，幸福不等于效用，有钱并不能说明人就快乐，因为效用是指居民从消费物品中所得到的满足程度，而幸福还受到其他更多因素的影响（高启杰，2012）。然而，影响因素除了给居民带来效用和欲望外，还会让其产生另一个重要情感，即偏好。目前，学术界结合效用和偏好概念分析影响居民幸福感机理的研究相对较少。既然效用和偏好与居民幸福感存在紧密联系，那么，以北京市居民为例，影响居民幸福感的机理如何？这将是本书研究的第四个问题。

一、研究背景

（一）历史发展的必然趋势：基于幸福视角的发展越来越重要

长时间以来，经济增长一直是各国发展中的根本性主题。从亚当·斯密的《国富论》中了解到，国民财富的增长是一国发展关注的首要问题；从亚当·斯密另一部著作《道德情操论》中可知，构建美好社会和实现个人价值依然是国家发展的关键问题。这可以看出，亚当·斯密认为，经济的发展、人和社会的进步才是一国发展的整体，也是一个核心问题。按照这一原则来看，中国经济虽然实现了改革开放前40 年来年均10%左右的持续增长率，但阶层间收入差距日益加大，社会阶层分化日趋明显，人民生活水平参差不齐，改革开放的成果惠及人民群众的程度存在差异。在贫富差距扩大、社会利益矛盾突出的背景下，单纯以经济增长为目标的发展观存在偏差，人们对经济学的质疑也越来越多，开始怀疑以效率为最高指标的经济学是否还能继续为改革提供政策指导，是否可以引导居民获得更高的获得感和幸福感。如今，人类社会的发展更加注重人民生活福祉的提高和居民主观幸福感的增进，因此历史发展至今，以人为本、增进人民幸福感才是现如今的时代主题。

（二）国家政策的重点倾斜：增强人民群众的幸福感逐渐成为政策目标

在国家政策中，从第六个五年计划开始，我国把“国民经济五年计划”改为“国民经济与社会发展五年计划”，开始追求经济、教育、科技、文化、社会的全面发展（高启杰，2013）。党的十七届五中全会指出：“在当代中国，坚持发展是硬道理的本质要求，就是坚持科学发展，更加注重以人为本。”应该“更加注重和改善民生，促进社会公平正义”。历年的中央一号文件或者政府工作报告中均重点指出：“改善民生，增进人民福祉。”2018 年 12 月，国务院印发《个人所得税专项附加扣除暂行办法》，自 2019 年 1 月 1 日起施行，办法指出个人所得税法规定的子女教育、继续教育、大病医疗、住房贷款利息或者住房租金、赡养老人等专项附加扣除。该政策在一定程度上降低了居民承担的个人所得税，增加了居民的可支配收入，是改善民生和增进人民福祉的惠民政策。从国家施政的目标和措施来看，保障和改善民生越来越突出地成为政府工作的首要任务，促进社会公平公正和未来中国经济社会科学全面发展相结合，以提高人类的福祉，增进人民的幸福感。

（三）现实生活的实践要求：幸福生活越来越成为居民追求的终极目标

幸福是人类追求的终极目标，也是人类探讨的永恒主题。过去，国家以建设小康社会为目标，大部分人民群众以实现温饱生活为主要目标，追求自我收入的不断提高；如今国家已全面建成小康社会，大部分人民群众不仅仅能完成温饱的生活目标，还能追求更高更好的生活品质，即幸福的生活。在现实生活中，存在着一个经济收入很高、社会地位也不错，但却生活得不幸福的群体，这说明生活是否幸福与经济条件的好坏没有绝对的正相关关系。2017 年，中国 GDP 总量高达 82.08 万亿元，稳居世界第二，但与此同时，《2017 年世界幸福报告》却指出，中国居民的幸福指数得分为 5.273，在全球 155 个国家中仅排名第 79 位（Helliwell，J. et al.，2017）[7]。就中国目前的发展情况来看，中国居民的幸福感并没有随着国民收入水平的增加而提升，出现了“东亚快乐鸿沟”，陷入了“收入—幸福”悖论。如何才能过得更加幸福？这是一个很难回答的问题。在此背景下，对人民群众主观幸福感的研究具有现实意义。

（四）研究的新方向：幸福经济学理论的进一步发展

基于对人性的不同认识，人类思想史上对幸福的认识大致可以分为三类：理性主义幸福观、感性主义幸福观和德性主义幸福观。经济学产生于道德情感主义盛行的时代背景之下，自诞生之始就肩负了追求个人以及社会最大化幸福的使命。亚当·斯密在《道德情操论》中就提出，经济学应当以公民的幸福生活为终极目的。约翰·穆勒在其名著《政治经济学原理》中阐述了社会发展应以人民的幸福为终极目标。趋乐避苦的自然天性一直是自亚当·斯密以来的主流经济学不言自明的前提，快乐主义的功利原则和追求幸福最大化的功利主义幸福原则一直是经济学的哲学前提和伦理基础。在国家政策关注民生的背景下，国内外文献对主观幸福感的研究越来越多，取得了不少成果与进展。但居民的幸福感是一种主观感受，并且与偏好和效用息息相关。然而，国内几乎没有结合偏好和效用概念分析居民主观幸福感影响机理的研究，同时少有针对影响居民主观幸福感路径的研究，大部分集中于对居民主观幸福感影响因素的研究，从经济因素研究到非经济因素。过去，主观幸福感的研究局限于心理学和社会学领域；如今，越来越多的管理学和经济学学者对此展开了研究。过去，主观幸福感的研究过于笼统、较单一；如今，对主观幸福感的研究越来越具体。因此，本研究是未来研究领域新方向。

二、研究意义

在历史发展的必然趋势、国家政策的重点倾斜、现实生活的实践要求和研究的新方向的背景下，结合相关理论，对居民主观幸福感的影响因素、路径和机理的研究在当下具有理论和现实意义。

（一）理论意义：进一步拓展了幸福经济学理论

在经济学领域，国内对主观幸福感的研究大部分都集中在抛开心理因素的影响研究，探索影响居民主观幸福感的外在因素；在心理学领域，大部分研究集中于产生主观幸福感的心路历程和形成机制，以及一些影响居民主观幸福感的心理因素；这些都是独立的研究，而没有相互融合或者在现有研究基础上更加深入地研究。所以，本研究在充分掌握影响居民主观幸福感因素、路径和机理的现有文献研究基础上，构建了影响居民主观幸福感的六棱锥理论模型，融合了经济学的相关概念，从不同维度分析了居民生活、偏好和效用状况，以及不同群体居民的主观幸福感状况，分析了影响居民主观幸福感的因素，探索了六大影响因素影响居民主观幸福感的路径，结合偏好和效用的概念，统计分析了生命周期视角下不同“偏好—效用”类型居民的主观幸福感，借鉴心理学常用的研究方法，剖析偏好和效用在影响居民主观幸福感过程中发挥的作用，这进一步拓展并构建了幸福经济学和福利经济学的理论。

（二）现实意义：为现实生活提供参考依据

本研究的现实意义在于给社会各界带来的影响，具体表现在以下两个方面。一是对居民的影响。本研究充分阐述了幸福的含义，这可以引导居民准确把握幸福的内涵；本研究分析了影响居民主观幸福感的因素和路径，并结合偏好和效用的含义，探索了影响居民主观幸福感的机理，这为居民提供了如何增进自己主观幸福感的方法和途径，同时可以积极影响他人的主观幸福感，在提高福祉的过程中避免一些不必要的投入。二是对社会各个组织的影响。本研究分析了居民生活、偏好和效用的状况，并分析了居民主观幸福感的群体特征，同时分析了影响居民主观幸福感的因素、路径和机理，这为国家政府机构、社会协会组织制定政策提供参考依据，也为相关单位宣传引导居民建立正确的价值观、人生观和世界观，以及如何增强人民群众的幸福感提供了思路，让政策与居民实际生活更加契合。

三、研究目的

本书所要实现的总体目标是在已有文献研究的基础上，提出影响居民主观幸福感的六棱锥模型假设；以北京市居民为调研对象，掌握居民生活和幸福感的状况，分析居民主观幸福感的影响因素，探索居民主观幸福感的影响路径，厘清居民主观幸福感的影响机理。

具体的研究目标为：

（1）掌握居民生活、偏好、效用与主观幸福感状况。了解居民在收入、住房、工作、健康、交际和休闲等方面的生活状况，分析居民主观幸福感的群体特征。

（2）分析影响居民主观幸福感的因素。在充分了解居民生活状况和主观幸福感群体特征的基础上，探索收入、住房、工作、健康、交际和休闲影响居民主观幸福感的方向及程度。

（3）探索影响居民主观幸福感的路径。基于影响因素的分析，掌握经济、住房、工作、健康、交际和休闲六大因素给居民带来的效用程度，探索六大因素影响居民主观幸福感的路径。

（4）厘清影响居民主观幸福感的机理。从偏好和效用概念出发，探索居民对六大因素的偏好和效用状况，基于生命周期视角，探索分析不同“偏好—效用”类型居民的幸福感排序，以及偏好和效用在影响居民主观幸福感的过程中发挥的作用。

第二节　研究内容及方法

一、研究思路与内容

（一）研究思路

本书根据“提出问题→分析问题→解决问题”的研究思路，采用定性研究和定量研究相结合的方法，阐述了主观幸福感的定义，以及测量幸福感的方法和标准，并界定了本书中主观幸福感的定义，以及获取主观幸福感数据的方法；综述了国内外影响居民幸福感因素、路径和机理的研究，并提出了本书研究的假设，为了验证已提出的研究假设，本书进行了实证研究。在实证研究中，首先阐述了数据的来源、变量的定义、模型的构建和样本的分布；其次采用逐步回归和有序回归方法分析影响居民主观幸福感的因素；再次采用了结构方程模型探索了影响居民主观幸福感的其中一个路径；接着通过统计方法和有调节的中介模型检验了偏好和效用在影响居民主观幸福感过程中发挥的作用；最后根据本书的研究结果，提出了增进居民主观幸福感的政策启示。本书研究的技术路线如图 1 – 1 所示。

（二）研究内容

为了实现以上研究目标，围绕研究思路，本研究的主要内容包括：

（1）居民生活、偏好、效用与主观幸福感状况分析。在验证本书提出的研究假设之前，为下一步分析做好准备，首先从调研方案设计、调研方法、调查问卷内容阐述了数据的来源；其次基于现有文献定义了本研究涉及的关键变量；再次基于变量定义和研究假设，构建了本研究的计量模型；接着从区域层面和个体特征层面分析了调研样本的分布；最后采用调研数据从收入、住房、工作、健康、休闲和交际六个方面统计分析了居民生活、偏好、效用的状况，以及居民主观幸福感的群体特征。

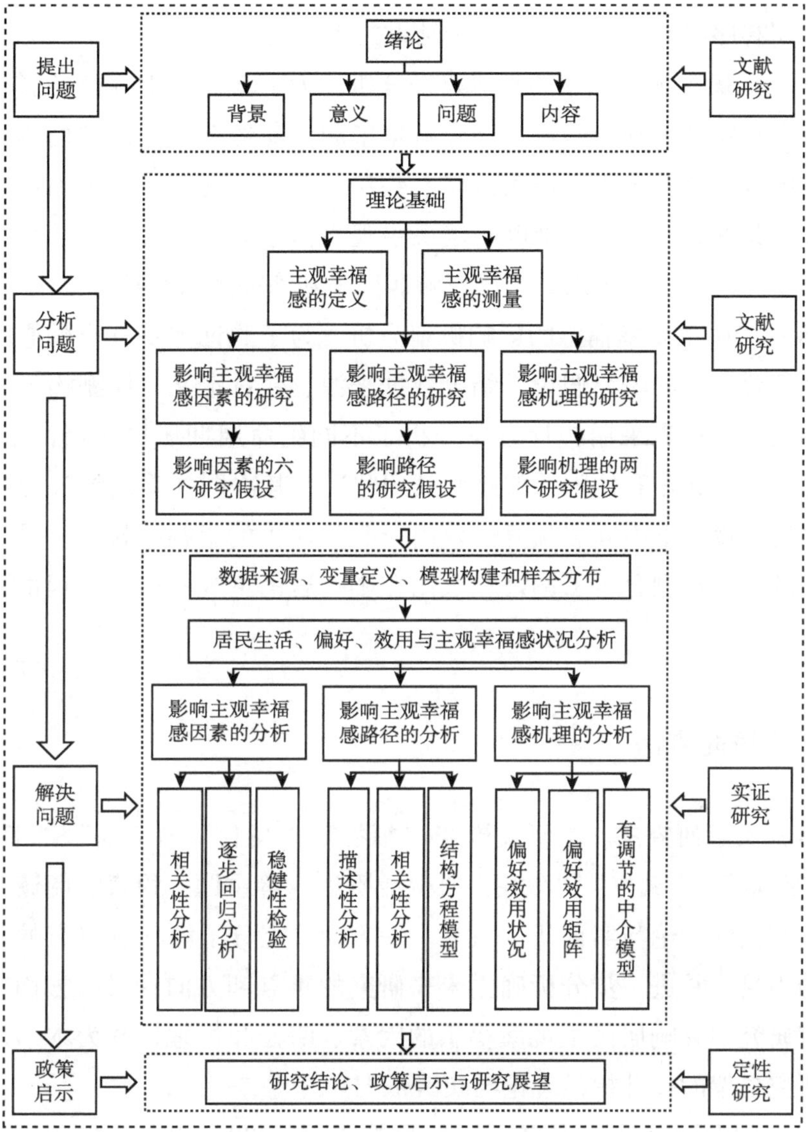

图1-1　本书研究的技术路线

（2）居民主观幸福感的影响因素分析。为了验证本书提出的影响居民主观幸福感因素的研究假设，结合数据来源、变量定义、模型构建和样本分布的内容，首先分析了个体特征、收入、住房、工作、健康、休闲和交际七个维度变量与居民主观幸福感的相关性；其次采用逐步回归方法依次分析了收入、住房、工作、健康、休闲和交际对居民主观幸福感的影响；最后采用有序回归方法检验了分析结果的稳健性。

（3）居民主观幸福感的影响路径分析。为了验证本书提出的影响居民主观幸福感路径的理论假设，结合数据来源、变量定义、模型构建和样本分布的内容，首先分析了居民经济、住房、工作、健康、交际和休闲效用的状况；其次分析了六大维度与居民主观幸福感的相关性；最后采用结构方程模型分析并检验了六大维度影响居民主观幸福感的路径。

（4）居民主观幸福感的影响机理分析。为了验证本书提出的影响居民主观幸福感机理的研究假设，结合数据来源、变量定义、模型构建和样本分布的内容，首先采用统计方法分析了不同生命周期居民对经济、住房、工作、健康、交际和休闲的偏好和效用状况；其次同样采用统计方法探索了生命周期视角下不同"偏好—效用"类型居民的幸福感排序；最后采用有调节的中介模型分析了偏好和效用在影响居民主观幸福感过程中的作用机理。

二、研究方法

（1）文献研究法。本研究围绕"福祉""福利""幸福""幸福感""主观幸福感""偏好""效用""生活质量"等主题，检索、阅读并梳理国内外相关的理论与实证研究成果。一方面，充分了解现有研究的动态与存在的不足，并进一步分析确立未来研究的重点和方向；另一方面，明确了现有研究中影响居民主观幸福感的因素、路径和机理，并为本书研究因素和研究框架的设计提供理论与实践依据。

（2）问卷调查法。本书研究的数据来源于 2017 年针对北京市 16 区 1070 名居民的抽样调查，在调查中主要采用调查问卷开展了实地调查。调查问卷的内容包括居民收入、住房、工作、健康、交际和休闲的基本情况，以及居民偏好、效用和幸福感量表。一直以来，量表是测量人们态度、看法、满意度等主观性较强内容的有效工具，故本研究采用了调查问卷对居民收入、住房、工作、健康、交际和休闲的客观情况进行了调查，采用 10

级量表对居民生活效用和幸福感进行了主观评价，并采用定序的方法测度居民生活偏好。

（3）定量分析法。在研究中，定量分析法主要为数据资料的分析与表达服务，主要运用于影响因素、影响路径和影响机理的分析。在影响因素的研究中，本研究利用逐步回归进行了分析，并采用有序回归进行了稳健性检验；在影响路径的研究中，本研究采用结构方程模型进行了分析与验证；在影响机理的研究中，本研究构建了有调节的中介模型分析了偏好和效用在影响居民幸福感过程中的作用。

三、本研究可能的创新与不足

（一）本研究可能的创新

（1）研究内容的创新。在本书的研究框架中，研究内容的创新主要集中于影响路径和影响机理两方面。在影响路径的分析中，现有文献零星地、不系统地分析了影响居民主观幸福感的路径，而没有系统而全面地展开分析。因此，本书从与居民生活息息相关的经济、住房、工作、健康、交际和休闲六大因素出发分析了影响居民主观幸福感的路径，结果显示六大因素间不是相互独立而是相互影响的，进而影响居民主观幸福感。除了工作因素外，物质因素（如经济和住房）通过非物质因素（如健康、交际和休闲）间接地影响居民幸福感。在影响机理的分析中，现有研究主要集中于生物学和心理学领域的影响机理，而从经济学视角出发的影响机理研究却少之甚少。因此，本书从效用和偏好出发，分析了两者在影响居民主观幸福感的过程中发挥的作用，结果显示效用发挥中介作用，偏好发挥调节作用。因此，本书在研究内容上具有创新性。

（2）研究方法的创新。在现有研究中，学者通常采用逐步回归、有序回归、结构方程模型等计量方法分析影响居民主观幸福感的因素；采用中介模型或者结构方程模型零星地分析影响居民主观幸福感的路径。然而，采用结构方程模型系统而全面地分析影响居民主观幸福感路径的研究却很少，以及引入其他学科的研究方法分析影响居民主观幸福感机理的研究几乎没有。因此，本书采用了结构方程模型分析了经济、住房、工作、健康、交际和休闲六大变量对居民主观幸福感的影响路径；同时，本研究引用了心理学常用的研究方法——有调节的中介模型来分析影响居民主观幸福感的机理。因此，本书在研究方法上具有创新性。

（3）研究视角的创新。在影响居民主观幸福感机理的研究中，本书从生命周期视角出发，根据孔多塞原则①，分析了不同生命周期居民对收入、住房、工作、健康、交际和休闲的偏好和效用状况；同时，构建了“偏好—效用”矩阵，探索了不同生命周期“偏好—效用”类型的居民幸福感，进而得到了四个“偏好—效用”类型居民的幸福感排序；最后，根据统计分析的结果，采用计量方法进一步分析了偏好和效用在影响居民主观幸福感过程中发挥的作用。根据现有研究文献可知，从生命周期视角开展幸福感的研究较少，结合效用和偏好的研究几乎没有。故而，本书在研究视角上具有创新性。

（二）本研究可能的不足

本研究在数据样本和变量测度方面仍然有进一步提高的空间。

（1）数据样本。

本书使用的数据样本来源于2017年针对北京市16区1070名居民的抽样调查，属于横截面数据，它仅能反映2017年居民生活和幸福感的状况，而不能反映居民其他年份生活和幸福感的状况；再者，本书的数据样本是北京市16区的居民，此样本数据仅能体现北京市16区居民的生活和幸福感状况，而全国层面的居民生活和幸福感状况却不能得以体现；最后，本书使用的样本规模为1070个，它是3%误差范围内的最小样本规模，考虑到结合大样本反映的情况更接近真实情况的观点，所以，在样本规模方面，仍有进一步扩大的空间。因此，为了解决数据样本方面的不足，可在全国

① 孔多塞原则：指的是在通过“多数原则”实现个人选择到集体选择的转换过程中所遇到的障碍或非传递性，这是阿罗的不可能定理衍生出的逻辑难题。在多数投票原则下，可能没有稳定一致的结果。

范围内扩大样本规模，并进行连续性调研，使其成为全国范围内的面板大数据样本。

（2）变量测度。在本书的研究中，有些变量的测度还有进一步丰富和完善的空间。比如年龄这一变量，本书构建的是五个选项，使其成为了定序型变量；然而，在其他很多分析中，年龄是用实际数值来反映的，即定距型变量。与年龄变量存在类似情况的还有教育年限、生育孩子个数、月均实际休闲时间等变量。此外，关于偏好的测度，在现有研究中，对其的测量方法有多种，本书采用了其中一种进行测量，即居民对影响因素的偏好排序进行衡量，若能采用多种测量方法对其进行测量，并将其纳入分析中，且所得到的结果一致，便能更进一步验证结果的稳健性。因此，为了解决现有研究中变量测度的不足，可通过变换或者丰富变量的测度方法进行解决。

第二章　主观幸福感的概念界定、相关理论与分析框架构建

本章阐述了主观幸福感的含义，归纳了测量主观幸福感的方法和标准，综述了影响居民主观幸福感因素、路径和机理的研究，并提出了本研究的理论假设。

第一节　主观幸福感的内涵

一、主观幸福感的含义

“何谓幸福?”这一问题由来已久，社会各界对这个问题进行了缜密的思考。从古希腊至今，哲学、伦理学、心理学、生物学和经济学都从不同角度、用不同方法对幸福进行了研究，如图 2 - 1 所示。然而，主观幸福感的概念最初由心理学领域的相关人士提出，它重视个体的生活满意度与快乐。主观幸福感的概念沿袭了哲学领域中快乐论的观点，快乐论认为，应从人的需要和欲望的满足出发，强调快乐的体验，视快乐或无痛苦为幸福。

（一）主观幸福感的哲学含义

社会哲学是最早对幸福进行探索的学科，这个时候的幸福观主要有至善论与快乐论两种观点。至善论是从人的生存发展需要出发，强调生存发展之完满，视幸福为自我实现，其代表学者有梭伦、苏格拉底、亚里士多德等。梭伦是最早对幸福感进行研究的学者之一，他认为幸福是个人所追求的最高目的，在于善始善终；苏格拉底认为幸福是由智慧和知识决定的；

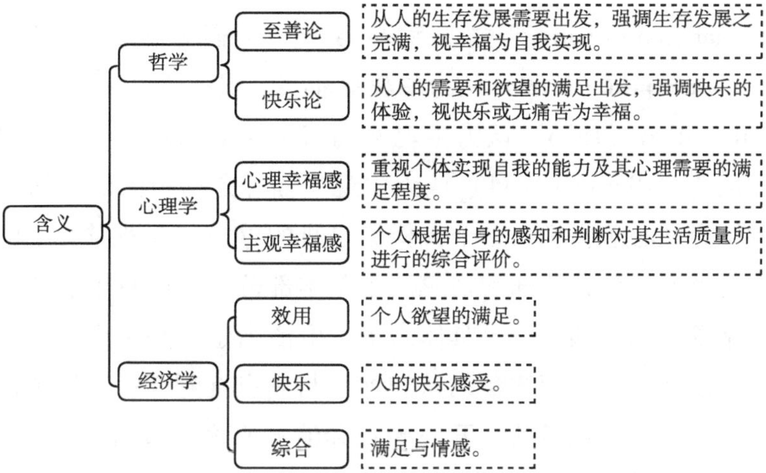

图 2-1　主观幸福感含义的导览图

德谟克特认为幸福是正直和谨慎；柏拉图认为德性和智慧是人生的真幸福；亚里士多德认为幸福是灵魂的一种合乎德性的现实活动[3]。快乐论认为从人的需要和欲望的满足出发，强调快乐的体验，视快乐或无痛苦为幸福，其代表学者有伊壁鸠鲁、边沁、穆勒等。伊壁鸠鲁认为幸福是一种快乐的体验；中世纪的宗教神学家们认为幸福只存在于天堂中，灵魂进入天堂和上帝统一起来，才是最高程度的幸福；费尔巴哈认为幸福就是生命本身，生活中存在的东西都属于幸福[4]。

（二）主观幸福感的心理学含义

心理学领域沿袭了哲学领域的至善论和快乐论的观点，形成了心理学研究幸福的两大范式，其中心理幸福研究范式重视个体实现自我的能力及其心理需要的满足程度；而主观幸福研究范式则重视个体的生活满意度与快乐。在对心理幸福的研究中，Waterman（1993）将心理幸福感分成两种，即人格展现的幸福和尽情享乐的幸福[5]。Ryff（1989）提出了心理幸福感的六维结构：自我接受、个人成长、生活目标、良好关系、环境控制、独立自主[6]。Ryan 和 Deci（2000）认为心理幸福感由三个基本因素构成：能力需要、关系需要和自主需要[7]。

主观幸福感是一种主观体验，包括针对情绪和生活满意度进行评估的研究。Neugarten 和 Cantril 将主观幸福感界定为人们对自身生活满意程度的认知评价；Bradburn（1969）认为主观幸福感由积极情感和消极情感构成。Andrews 和 Withey（1976）认为主观幸福感由生活满意度、积极情绪和消极情绪构成[8]。Diener（1984）认为主观幸福感是衡量人们生活质量的一个重要的综合性心理指标，是个人根据自身的感知和判断对其生活质量所进行的综合评价，包括认知和情感两个基本部分，人们对生活的满意程度属于主观幸福感的认知部分，具体来讲，生活满意度是指个体对自身生活的总体质量以及某一方面质量的认知评价与满意度判断；而情感体验部分则包括积极情感（包括愉快、开心等）和消极情感（包括悲伤、沮丧、焦虑等）两个方面[9]。2004 年，Diener 提出主观幸福感的四维结构：对过去、现在和未来生活的满意度；积极的情感体验；消极的情感体验以及对生活各方面的满意度[10]。主观幸福感具有三个重要的特征，即主观性、相对稳定性和整体性，其中主观性是指它的评定主要依赖于报告者本人自身的标准，而不是他人或外界的准则；相对稳定性是指不同情景和情绪状态下所报告的幸福感是一个相对稳定的值；整体性是指主观幸福感是一个综合性评价，它包括对情感的评估和认知判断，即包括积极情感、消极情感和生活满意度三个维度[11]。

（三）主观幸福感的经济学含义

在古典经济学研究中，幸福被理解为“效用”。亚当·斯密在《国富论》中强调经济人如何实现财富的最大化以满足其个人的欲望，即幸福是个人欲望的满足[12]。边沁指出幸福是人的快乐感受，一般用持续性、确定性、强度、繁殖性、远近性、广延性及纯洁性 7 个标准度量幸福，形成了“快乐论”流派[13]。对于边沁提出的幸福观点，穆勒进行了修正和完善，认为幸福是人们生活的终极目标，物质层面和精神层面都是实现幸福的重要手段；人们在追求幸福时，不仅追求幸福量的最大化，而且还着重追求幸福的质量。在旧福利经济学中，庇古认为福利是人们对一般的欲望、感情和知识等方面的心理满足，经济福利主要体现在商品对消费者的效用上，即效用的大小和变动可表示个人福利的增减（厉以宁等，1984）[14]，社会的总体福利就是社会成员效用的加总。在新福利经济学中，帕累托提出了“帕累托最优”——任何人社会福利的增加不以减少他人的福利为代价。新福利经济学认为个体本人是其福利的最好的判断者，社会福利的大小取决于社会的所有成员；社会福利状况的改变使得至少一个人的福利变好，但并没有减少其他任何人的福利，这种改变就是“帕累托改进”，即社会总体的福利状况得到了改善[15]。然而，肯尼斯·阿罗认为在满足一系列非常合理的选择规则的条件下，如果仅仅对个人选择进行排序，那么根本无法从个人选择中导出社会选择，这就是所谓的“阿罗不可能定理”[16]。

然而，随着经济学等分支学科的发展，人的情感、认知等主观心理因素回归到行为经济学、发展经济学、经济心理学的视野，曾经被“效用”替代的幸福再次回归到经济学研究的领域。学者们认为幸福是人们对生活满意程度的一种主观感受（张伟，2009）[17]，也是一种精神上的愉悦程度（漆莉莉等，2009）[18]，其强弱与人的欲望大小有着密切的关系（申海霞等，2014）[19]。主观幸福感是人们对自身目前生活总体质量进行的积极评价，在评价生活时，一种是基于情感的评价，评价生活总体感觉有多美好，是对享乐感受的评价；另一种是基于认知的评价，是对生活满足程度的评价（Veenhoven，1984）[20]。然而，在实际分析中，“福利”“福祉”“生活满意度”“快乐”“幸福”“幸福感”“主观幸福感”等概念往往被交替使用。经济学对幸福的研究一般聚焦在收入与幸福感关系、主观幸福感的测度及指标可靠性、幸福经济学理论等角度上的研究。在国内，大部分学者对主观幸福感的理解大多采用了 Diener 的观点，认为主观幸福感是指个体依据自己设定的标准对其生活质量所作的整体性评价（李幼穗等，2006；费鸿萍，2011）[21][22]，这一评价既是对生活的客观条件和所处状态的一种事实判断，又是对生活的主观意义和满足程度的一种价值判断[23]。主观幸福感由情感、认知和过程维度构成[24]，涉及职业幸福、社交幸福、财务（经济）状况幸福、健康状况幸福、社会环境（社会贡献）幸福五大要素[25]。

综合以上分析可知，本书中谈及的幸福是指主观幸福感，即人们根据自身的感知、判断和标准对其生活质量所进行的综合评价，包括认知和情感两个基本部分，其中认知部分反映了个体对自身生活的总体质量以及某一方面质量的满意度判断；情感部分包括积极情感和消极情感。从这个含义可以看出，主观幸福感有别于快乐和满意度，快乐是比主观幸福感更狭义的概念；主观幸福感也不同于生活满意度，生活满意度反映了个人所认知到的现实与愿望之间的差距，而快乐则是源于积极情感和消极情感之间的平衡状况，快乐和生活满意度组成了主观幸福感[26]。

二、主观幸福感的测量

（一）主观幸福感的测量方法

根据主观幸福感的含义可知，主观幸福感是一种主观感受，对于个体主观幸福感的测量，客观测量法和主观测量法是目前测量主观幸福感的有效办法，如图 2－2 所示。

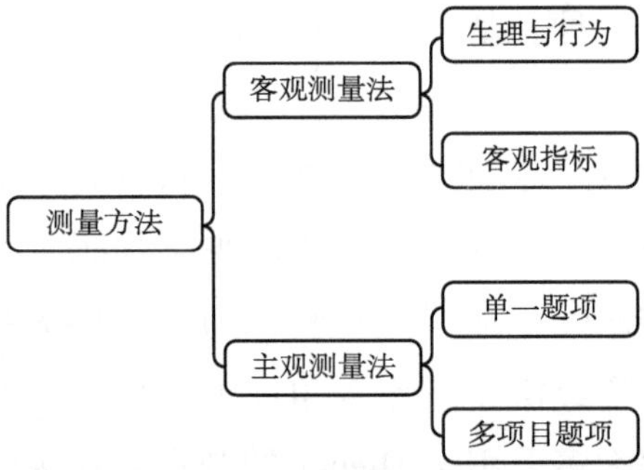

图 2－2　主观幸福感测量方法的导览图

（1）客观测量法。客观测量法主要包括生理测量与行为测量和客观指标测量两种。在生理测量中，研究者通常会采用“快乐仪”仪器来记录脑电波的振幅等特征，或者借助核磁共振脑部成像技术来测量大脑的活跃区域，客观地采用电生理测量方法测量个体的物理学和神经生物学的特征，以此判断个体正在体验何种情感。再者，研究者可通过观察被试者的心律、心动加速率、呼吸频率、体温、血压等生理指标来判断个体的情绪。此外，行为是心理感受的有效表现形式，学者可从脸部表情、身体动作等行为判断被试者当时的情绪（冯贺霞，2016）[24]。在客观指标测量中，学者主要是通过宏观或微观的统计数据来反映被试者的测量结果。比如在研究初期，学者通常采用 GDP 来衡量居民的幸福程度。随着研究的深入，研究的重点已由单一经济增长指标转向经济社会发展结构性指标和人类发展指标（刘国珍等，2017）[25]。比如美国学者莫里斯提出的“物质生活质量指数”，该指数含预期寿命、识字率、婴儿死亡率三项指标。

（2）主观测量法。在现有研究中，被广泛使用的幸福感数据大部分来源于自我报告幸福的调查问卷，即主观测量法。主观测量法是指研究者采用经验取样（Experience Sampling Method，ESM）、生态瞬时评估（Ecological Momentary Assessment，EMA）、日重现（Day Reconstruction Method，DRM）、最小可感增量（Minimum Perceptible Increments，MPI）、U 指数（The U - Index）等方法通过单一题项或多项目题项的调查问卷对个体幸福感进行测量的方法。根据主观幸福感的含义可知，人们对主观幸福感的测量可归纳为三种：一是基于认知的测量，对生活整体和具体领域的满意度测量；二是基于情感的测量，包括对积极情感和消极情感的测量；三是对生活幸福程度的测量。

在单一题项测量中，不同学者设置的问题和选项有所不同，但大部分集中在对幸福感和生活满意度的测量方面。1972 年美国综合社会调查（General Social Survey，GSS）通过设置“综合考虑来看，您觉得现在的生活如何”这一问题来衡量，被访者在“非常幸福”“比较幸福”和“不太幸福”三个题项中选择。世界价值观调查（World Value Survey，WVS）则采用“总的来说，您觉得幸福吗”这一问题来衡量，并提供了“非常幸福”“幸福”“不是很幸福”和“一点也不幸福”四个选项；同时，采用“考虑所有因素，总的来说您对自己目前的生活有多满意”这一问题来衡量生活满意度，被访者被要求在 1 ~ 10 之间进行选择，1 表示“不满意”，10 表示“满意”，数值越高满意程度越高。在南非生活质量趋势调研（马克数据）（South African Quality of Life Trends Study，Mark Data）中，幸福度被设置了“非常幸福”“相当幸福”“一般”“相当不幸福”和“非常不幸福”五个选项（伊斯特林等，2017）[26]。在国内，中国综合社会调查（Chinese General Social Survey，CGSS）同样通过“总的来说，您觉得您的生活是否幸福”这一问题来衡量幸福感，并设置了“非常不幸福”“比较不幸福”“说不上幸福不幸福”“比较幸福”和“非常幸福”五个选项；赵佳丽（2017）[27]采用了11分量表（0～10）对幸福程度进行衡量，分值越高表示幸福水平越高。

在多项目题项测量中，学者设置的问题和测验的维度存在差异。在测量生活满意度的研究中，Neugarten等人提出的“生活满意感量表（LSI）”是较早的研究，该量表涉及生活热情、毅力、身体健康、心理、社会方面的自我概念、所达到目标与期望目标的一致程度、愉快乐观的心理品质等维度[28]。Diener（1985）等人编制了一个包含5个题项的“总体生活满意度量表（SWLS）”，采用五级评分，适用于不同年龄段的群体[29]。Adelmand发展了“感知生活满意度量表”，其中包括19个项目，考察了学生对其物质生活条件、身体健康、与朋友和家人的关系、家庭和学校环境、娱乐活动、个人发展等方面的满意度。相比之下，测量情感维度的量表较多。如Bradbum（1969）编制的“情感平衡量表”，共有10个项目，积极情感和消极情感的测量项目各占一半；Waston在以往研究的基础上，发展了“积极情感和消极情感量表”，量表包含20个项目，测量积极情感和消极情感的项目均为10个[30]。此外，还有部分学者构建了测量总体幸福、认知和情感维度三个层面的量表。Kozma和Stones（1980）融合了“情感平衡量表”“生活满意感量表”和“费城老年病中心量表”，编制了“纽芬兰主观幸福度量表”，该量表包含了24个项目，旨在从短期情感反映和长期情感体验两方面全面地测度被试者的幸福感状况[31]。

在国内，部分学者构建多项目题项的量表测度个体幸福感。在测量生活满意度方面，林南等（1989）从家庭生活、职业的社会特征、职业收入与家庭经济、文化休闲条件、公共服务设施、住房及环境、家庭外社会关系、子女教育8个具体领域考察了上海市民的生活满意度[32]；在测量情感维度方面，段建华等（1996）在Fazio编制的“总体幸福感量表”的基础上，修订了量表，修订后的量表包含 48 项，分别考察了个体的正性情感、负性情感和健康状况[34]。如表 2－1 所示，王慧慧（2016）根据中等城市的发展特点，从经济状况、身心健康、职业状况、家庭生活、基础设施和社会环境六个领域的满意度测量居民的幸福感[33]。孙小红等（2017）从愉悦感、希望感、亲善感和沉浸感三个方面测度了中学生的学习幸福感[35]。在测量认知维度和情感维度方面，江广和等（2014）构建了既能反映认知维度，又能体现情感维度的指标体系，测量了我国运动员的主观幸福感[36]；杨红娟等（2012）也从认知维度和情感维度对企业员工的幸福感进行了衡量[37]。

表 2－1　幸福感的多项目题项测量研究

作者	年份	测量对象	一级指标	测量维度
郑卫星	2011	青岛市居民	健康感、赋予感、安定感、归属感、认同感、愉悦感、满足感	认知维度、情感维度与影响要素
杨红娟等	2012	企业员工	情感体验、工作领域满意度、个人生活领域满意度	认知和情感维度
张玉柱等	2013	高校教师	学生发展、友好关系、工作满意度、工作成就、工作自主、价值实现	影响要素
江广和等	2014	运动员	训练竞赛满意度、人际关系满意感、正性情感、社会保障满意度、生活环境满意度、负性情感、自我发展满意度	认知维度和情感维度
朱雅丽等	2015	老年人口	经济保障、健康状况、生活照料、精神慰藉	影响要素
薛新东等	2015	居民	职业状况、社交关系、收入状况、健康状况、社会环境	影响要素
朱振亚等	2015	欠发达地区大学生村官	工作开展、生活质量、环境适应、情感支持、成功求职	认知维度、情感维度与影响因素
王慧慧	2016	中等城市居民	经济状况满意度、身心健康满意度、职业状况满意度、家庭生活满意度、基础设施满意度、社会环境满意度	认知维度
孙小红等	2017	中学生	愉悦感、希望感、亲善感、沉浸感	情感维度

考虑到影响幸福感的因素，部分学者从影响个体幸福感的要素出发，构建评价体系测量其幸福感。张玉柱等（2013）从学生发展、友好关系、工作满意度、工作成就、工作自主、价值实现等方面测量了高校教师的职业幸福感[42]；朱雅丽等（2015）从经济保障、健康状况、生活照料、精神慰藉四个方面测量了老年人口的主观幸福感[43]；薛新东等（2015）分别从职业状况、社交关系、收入状况、健康状况和社会环境五个方面测量了居民的主观幸福感[44]。此外，还有部分学者融合了认知维度、情感维度以及影响要素来测量幸福感。郑卫星（2011）从健康感、赋予感、安定感、归属感、认同感、愉悦感、满足感七个方面测量了青岛市居民的主观幸福感[45]；朱振亚等（2015）从工作开展、生活质量、环境适应、情感支持、成功求职五个方面分析了欠发达地区大学生村官的幸福感[46]。

综合以上分析可知，主观幸福感的测量方法主要有客观测量法和主观测量法两种，其中客观测量法主要是通过生理反应、行为反应和社会指标来测量主观幸福感；主观测量法主要是通过个体自我报告幸福的方式对主观幸福感进行测量。在主观测量法的实际操作中，使用的方法有经验取样、生态瞬时评估、日重现、最小可感增量和 U 指数五种；自我报告幸福的测量问题有单一题项和多项目题项两种。那么，单一题项测量法和多项目题项测量法，哪种方法更好？部分学者认为，个体的幸福感来源于很多维度，受到很多因素的影响，多项目题项会更好。这个观点存在合理之处，但是也不能说明单一题项测量法不可用。再者，根据研究目标的不同，采用不同的测量方法才是正确的选择。从实验的角度分析，大多数人都能就自己的生活做出整体性评估，因此，幸福感被这种单一的答复来衡量是合理的。因此，结合研究目标，本书采用单一题项自我报告幸福的方式测量居民的主观幸福感。

（二）主观幸福感的测量标准

在幸福感的测量中，主观测量法是行之有效的方法。然而，仍然有部分学者会质疑主观测量幸福感的稳定性、有效性、多样性和可比性。

（1）稳定性。稳定性是指一个被调查者在不同时间被问到同一个问题时（其他条件一致），他的回答应该是一样的，回答不应该是偶然的，也不应该是多变情绪的结果；稳定性也可以理解为可靠性，即衡量幸福同一维度的两个或更多方法彼此之间相互验证的程度[38]。1956 年 9 月，美国公众意见学会在两周内依次开展并完成了关于幸福感问题的两项调查，两次调查的结果几乎是相同的。半年后，第三次民意调查结果显示，结果仅仅出现了非常小的变化[26]。2003—2015 年，由中国人民大学中国调查与数据中心所进行的中国综合社会调查显示，相比北京市生产总值，居民的幸福感程度变化趋势比较稳定，数值稳定在 3. 4—4. 0 之间①，如图 2 - 3 所示。

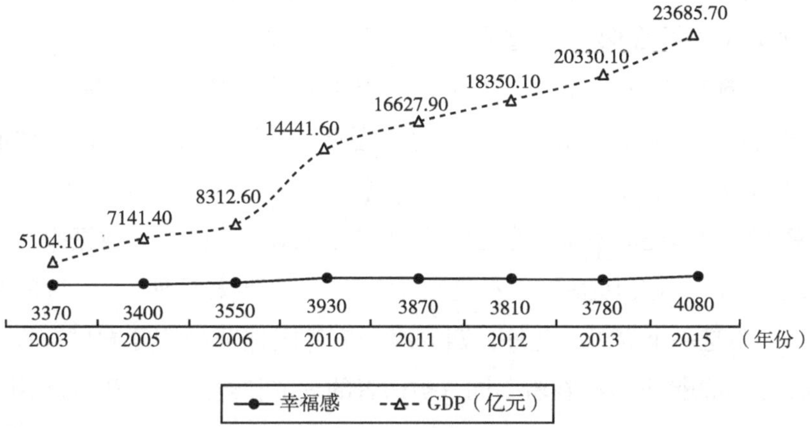

图 2 - 3　北京市生产总值与居民主观幸福感变化趋势图

注：幸福感数值 = 幸福感评分 × 1000，再与 GDP 作比较。

（2）有效性。有效性是指个体对幸福感的回答应该能够反映出真正的内在感受，反映出设计所要反映的概念，也就是说幸福感回答的真实性。关于这个问题，有一个测试可以说明。测试检验了外部观察者、专业的心理学家以及其他自我评价报告的一致性。威尔逊（1967）将测试的结论进行了总结："大多数测试者在某种程度上同意自我评价，并且测试者的评估集增加了对自我评价的认同。这些事实似乎都是在支持自我评价的有效

① 中国综合社会调查同样通过"总的来说，您觉得您的生活是否幸福"这一问题来衡量幸福感，其选项有"非常不幸福""比较不幸福""说不上幸福不幸福""比较幸福"和"非常幸福"五个选项，依次赋值 1 ~ 5。

性。”在调研过程中，另一个问题依然存在，即一个人是否会将真实感受告诉一个陌生人。在被访者答复调查问卷时，会受到他们所认为是正确的或社会期望的回答所影响（戴维斯，1965）。因此，在社会标准中，幸福是一件好事，被访者的答复可能会出现上扬的趋势。如果所有的答复都存在同样的偏差，那么在当前研究中就没有真正的问题。同时，也有学者表明社会期望有时对答复有一定影响，但是有时却没有（布拉德伯恩，1969）。

（3）多样性。多样性是指幸福感问题选项的多样性。现有研究表明，关于幸福感问题的选项有三至五个不同的答复，哪怕相同数量选项的答复，选项的措辞也有所不同，被访者的理解和选择也会因此有所差距。表2－2显示，三个数据来源在第一个选项上是一致的，均为“非常幸福”，但是在第二和第三个选项上存在差异。美国综合社会调查的第二个选项为“比较幸福”，美国公众意见学会给出的选项为“还算幸福”，全国民意研究中心提供了“相当幸福”的选项，对比可知，“相当幸福”与“非常幸福”很接近，“比较幸福”和“还算幸福”的程度低于“非常幸福”；三个数据来源的第三个选项分别为“不太幸福”“不是很幸福”和“不太幸福”，三者的程度与“不幸福”不是一个等级。此外，四等级和五等级选项的答复同样存在多样性的问题，选项的措辞也存在着不同，被访者的理解和给出的答复亦会不同。

表2－2　　幸福问卷答复的多样性

数据来源	（1）	（2）	（3）
美国综合社会调查	非常幸福	比较幸福	不太幸福
美国公众意见学会	非常幸福	还算幸福	不是很幸福
全国民意研究中心	非常幸福	相当幸福	不太幸福

（4）可比性。可比性是指幸福感数据在人与人之间或者是国与国之间是可比的。在进行国家间的比较时，报告的幸福感数据涉及不同的文化差异。因而，幸福感研究者们采用各种不同的方法来解决因文化差异而产生的误差。如克朗和马洛维（Douglas Crowne & David Marlowe，1964）提出了“社会期望标准”来隔离文化因素的影响；弗雷和斯塔特勒（2006）采用了合理的计量方法和调查问卷使得数据具有可比性。虽然文化差异的确存

在，但它们的影响还没有强大到能使跨国文化的幸福对比变得没有意义[38]。在人际可比性方面，幸福感数据会因为不同特征的个体而有所不同。国内学者王广州（2013）采用“等比标准法”① 和“等差标准法”② 处理原始数据，解决主观测量的自评异质性问题，旨在使幸福感数据具有人际可比性[39]。虽然个体之间存在异质性，但是心理学的研究表明，个体的内心具有稳定性和人际可比性的特征，因而自我报告幸福可以被安全地用于研究（弗雷和斯塔特勒，2006）。

综合以上分析可知，主观幸福感的衡量标准有稳定性、有效性、多样性和可比性四个。稳定性和有效性都已说明主观测量的幸福数据对研究的影响不显著。多样性的问题是可以被解决的，为了避免被访者对幸福感调查选项的不同理解而出现巨大误差，本书采用 1—10 的分值供被访者选择，获得的数据便是个体的幸福感程度。可比性的问题也可以在一定程度上得以解决，文化差异是学者质疑幸福感数据不能在国家间进行比较的主要因素，为了最大程度地解决这个问题，本书选择了我国北京市居民作为调研对象，属于同一个地区的居民，文化差异在很大程度上得到了控制；在人际可比性方面，研究表明个体的内心稳定，能够就自己的生活做出整体性评估。故，本研究采用自我报告幸福的测量方法是合理、有效且可比的。

第二节　主观幸福感的相关理论

一、社会比较与适应理论

（一）社会比较理论

社会比较理论最早由美国社会心理学家 Festinger（1954）基于社会比

① 等比标准化方法假定调整后的得分与评分基准（报告中设定为 5.5）之比等于原始分数与满意度临界点之比，即调整后得分/评分基准 = 原始分数/满意度临界点。

② 等距离标准化方法假定调整后的得分与评分基准（本文中设定为 5.5）之差等于原始分数与幸福感零界点之差，即调整后得分 - 评分基准 = 原始分数 - 幸福感零界点。

较现象系统阐述并提出，又称为经典社会比较理论。该理论认为人具有评价自己能力和观点的内在驱动力，特别是当情境中缺乏客观标准时；当缺乏自我评价的客观信息时，人们倾向于通过与他人比较以判断自己的观点与能力；而只有当那些比较对象与自己相似时，人们才可能对自己做出有效的评价。经典社会比较理论仅涉及观点、能力和身份地位的自我评价，后续学者将该理论的研究领域拓展到了情绪、公平感、健康、消费等方面（王文锋，2022）。

相较于经典社会比较理论，近期的社会比较理论认为个人会拿自身现实情况和个体设定的标准进行比较。Michalos 认为自身现实情况高于个体设定的标准，则主观幸福感增强，相反，如果个人自身现实情况低于个体设定的标准，主观幸福感则减弱。个体所比较的不是自身设定的标准，而是与周围人进行比较。如果自身情况好于他人，则主观幸福感较高，如果自身情况低于他人，则主观幸福感较低（任艺天，2019）。Wood（1996）将社会比较的过程分为获取信息、考察信息和回应信息三个环节。个体可通过主动地搜寻和建构来获取信息，也可通过被动地浏览来获取信息，另外，个体还可通过社交媒体接触到更多的社会比较信息，引发更高的社会比较倾向；考察信息则是通过获取到的社会信息来评价他人与自己的差异，可能会受到获取信息数量和质量及其他社会比较情境的影响。回应信息是指获取和考察社会信息的结果对个人情感、认知、行为等方面的影响。社会比较具有自发性，可以在无任何主观意图的情况下自动发生，并不一定是个体主动发起的动机性过程。同时，社会比较还具有广泛性和近目标性。因此，社会比较是人们通过与他人比较以获得明确的自我评价的过程，是人类社会生活中普遍存在的现象（李彩娜等，2019）。

根据比较对象选择的不同，可以将社会比较分为上行比较、平行比较和下行比较，分别指个体与表现优于自己的人、与同自己相似的人、与不如自己的人进行比较。通过上行比较，人们可以发现自身与他人的差距，从而自我激励、促进个体的自我完善。如果个体将差距的原因归结于自我能力低下而不是其他非能力因素，比如性别、年龄、民族、阅历等，便会产生负向自我评价，使得个体质疑自我能力，产生心理劣势和自我威胁以及相对剥夺感或失落感。Diener 认为幸福的人通常会与不如自己的人作比较，不幸福的人既会与不如自己的人比较，也会与比自己好的人比较（任艺天，2019）。在现实生活中，个体进行社会比较的对象多是自己身边熟悉的个体。

与比较理论类似的还有“社会水车”效应，这一效应根据个体的主观感受对其幸福感进行研究与分析，它主要关注的重点在于人的社会属性会影响其对于事物的判断。“社会水车”效应认为人们生存的环境充满了竞争与挑战，同时需要根据实际的状态与期望的状态进行比较，只有这样才能够更加直观地对于现阶段的状况进行综合评价，最后得到一个标准值（Bruni & Stanca，2006）。同时在跟他人进行比较时，需要将多种参数作为参照物，这种参数的不断变化会对人们幸福感程度的高低产生直接影响（李敏雅，2020）。主观幸福感是人们根据自身的感知、判断和标准对其生活质量所进行的综合评价，评价依据源于社会比较。个体通过比较自己的前后生活状态，以及熟悉人的生活状况，评价主观幸福感的高低。当居民发现自己现在的生活状态较之前有所改善，其幸福感状态较之前有所改善。此外，当居民认为自己当下的生活状态相较周围的人明显更好，则其更倾向于做出更高水平的主观幸福感评价。因此，基于社会比较理论分析主观幸福感的影响因素具有可行性。

社会比较这个理论构思是由美籍社会心理学家费斯汀格提出的。他表示，当个体没有自己的衡量标准时，通常会参考别人的标准，形成自己的价值尺度。即当个体没有对价值的衡量尺度时，往往会与他人进行比较从而确定自己的衡量标准。当和那些将标准制定得比较高的人进行比较时，人们通常会产生积极心态，努力去和别人达到同样标准；和那些将标准制定得比较低的人进行比较，通常会提升人们的自信程度，进而助力其实现自身目标。人们如果想了解自己某一时段的发展，只需要和别人进行比较，就能明确当前自身所处的发展态势。显而易见，社会比较可以帮助个体发现与别人的差距进而激发自己努力奋斗，同时也能增强自身信心，对未来发展制定更清晰的规划，身处以下环境中，人们更愿意与他人进行比较。第一，自身处于迷茫状态，对自己的想法和感受不明确。此时，人们需要通过找寻他人的生活状态以及发展情况，给予自己一个目标。第二，人们处在高压环境和不断变化的社会中，急需找寻一个慰藉。这个时候通过与他人相比较，人们能够更好地从心理上说服自己。第三，在充满竞争的环境中，人们会有很强烈的胜负欲，急切地想要胜过别人。此时，人们就会不自主地将自己与他人进行比较（王智标，2022）。

（二）社会适应理论

社会适应理论来源于行为主义心理学，Helson 将其定义为：相同的刺激不断重复出现，对刺激的反应会随之减弱。单个刺激突然出现，虽然会给个体带来短暂而显著的情绪体验，但是生活终究会归于平静。适应理论视域下，个体倾向于和过去做对比，现在比过去好则会产生强烈的主观幸福感，反之，当目前的生活状态和从前相比没什么变化，个体在情绪体验上则不容易感知到幸福。适应理论认为，适应的程度受个体的人格特质影响，拥有积极品质的人倾向对负性生活事件进行积极、正面的评价。具备神经质人格特质的个体因其情绪稳定性较差，生活所遇的负面性事件对其主观幸福感的影响则会显著大于普通人（吴明霞，2000；吴绿敏，2021）。

“享乐水车”理论在上述社会适应理论的基础上发展而来，个人的幸福感由其内在的思想决定，Brickman 和 Coates（1978）是这一理论的提出者。他们指出，人们对于比较快乐的事情的适应能力更强。应用到主观幸福感中，长期来看，即使是面对比较值得快乐的事情，由于这种值得快乐的事情在不断发生，因此，这些事件对于人们情感上的正向冲击是在慢慢减弱的，人们对于幸福的感知也在下降。比如，久病的人身体在缓慢改善，而后期对于身体改善的快乐程度却不及最初的雀跃；收入持续提升的人，在拥有了大量财富后，开始忽视由收入增长带来的快乐感；环境差、雾霾较为严重的地区，当经过对污染的治理后，气候情况逐渐好转，人们也会较快适应天气的变好。此外，根据相关的实际研究与探索可以发现，人们对于环境的恶化和环境的改善这两种情况在适应能力方面会表现出不同的反应，自然环境的恶化等现象的发生给人们带来的痛苦冲击，人们需要很长的一段时间进行适应，这种痛苦感知并不会随着后期环境的变化而迅速降至从前的水平；环境改善给人们带来的愉悦感，这种改变会使得人们的幸福指数在一定时间内迅速达到高峰，但很短的时间内又可以恢复到以前的水平。总而言之，对于环境改善给人们带来的幸福感的提升具有快速恢复的特点，而对于环境恶化则需要更长的时间给人们带来的幸福感的降低进行恢复，甚至根本无法恢复到以前的水平或状态。“享乐水车”效应正好对于这两种适应能力进行了全面的解释与阐述，人类对于幸福感的提升恢复能力较强，而对于幸福感的降低恢复能力较弱（李敏雅，2020）。

1964 年，Helson 提出了“定值原理”，人们幸福感的水平高低会受到其他多种因素的影响，但人的幸福感水平会有一个长期恒定值，因此人们可以根据这个恒定值对其幸福感进行判断。“定值原理”根据个体的特点对于个人内在的幸福感进行研究与分析，幸福感跟个人的健康收入水平、家庭经济状况等都有着直接的联系，这些因素或许对于个人幸福感的提升会产生影响，但是这种影响是极其短暂的，一段时间以后个人幸福感的水平又开始恢复到从前，也就是这里所说的“定值”（李敏雅，2020）。

二、期望与目标理论

（一）期望理论

期望理论认为期望值和实际成就之间的差异与主观幸福感密切相关。个体对自身的期望值和实际情况相比差异过大时会使人感受到较多的负面情绪，而期望值过低则没有追求也没有动力。此外，外界对于个体的期望，个体对自身经济、学历、环境的期望等，都会使个体的幸福感不尽相同（吴绿敏，2021）。期望理论的另一个称呼是“满意水车”，该理论根据居民个人的实际状况与期望值之间存在的差距进行个人幸福感的评估。个人的欲望会无止境地提高，期望值跟实际状况之间存在着正相关，也会随着实际状况的改变而发生变化。居民对于个人的收入水平较为满意，但一段时间以后当周围人的经济水平都出现了显著提高，人们在这个时候通常会进一步提高个人的期望值，但依然希望期望值与现实之间的差距保持不变，只有这样，个人的幸福系数才不会受到影响。无论是在经济条件改善还是在经济条件恶化的情况下，人们永远也不希望个人的幸福指数降低，因此，从另外一方面也可以说明经济收入水平的高低是个人幸福指数高低的关键影响因素（李敏雅，2020）。

（二）目标理论

目标理论的主要观点是目标的实现和达成会让人体验到幸福感。Tay等学者认为目标是幸福感获得的重要参照。吴明霞认为价值取向和目标决定着主观幸福感的产生和维持。不同的个体会有不同的价值取向及目标，幸福感体验也会不同。自我效能感也是该理论的核心。该理论认为，自我效能感越高，越有利于目标的实现和达成，进而使个体体验到更多的幸福感。当然，明确而坚定的目标和自我效能都是获得幸福感的关键（任艺天，2019）。目标理论强调主观幸福感的体验来源于生活目标，当目标实现则个体会感受到强烈的幸福感。Brunstein 构建了一个模型，证明了并非所有目标的实现都会带来幸福感，这里有个重要的前提，即个体所追求的目标与自身的需求、价值观等一致时才会有效提升其主观幸福感的水平（吴绿敏，2021）。

三、效用理论

不同学科对效用理论的理解与认识不同。经济学的效用理论是消费者行为理论的核心，根据效用衡量方式的不同，可以将效用理论分为基数效用论和序数效用论。十九世纪，在边沁“快乐论”及功利主义的影响下，学者们从消费角度将“效用”理解为消费商品给人们带来的快乐程度。杰文斯在《政治经济学理论》中认为快乐和痛苦这类心理感受是可以计算的，并且可以用无单位的“基数”来测量感受的大小或强弱，幸福亦可计算并用基数比较大小（张经纬，2022）。

然而，效用作为心理感受，在个体上的表现未必完全相同。Adler（2013）区分了主观幸福感所体现的偏好效用和体验效用。偏好效用衡量一个人在何种程度上实现了偏好（指非精神事务的偏好），体验效用则衡量一个人精神状态的好坏。此外，单纯使用效用来衡量幸福，并不能解释为何社会上大量存在利他行为，利他行为带来的效用与完全理性选择行为带来的效用是否可以计算？上述疑问导致基数效用理论的有效性大打折扣，边沁的功利主义思想也受到质疑。

鉴于基数效用理论有大量无法解决的矛盾，学者们开始尝试利用序数效用理论来解释幸福。帕累托认为效用的大小不能具体衡量，但是可以进行优先度比较。在序数效用理论中，效用不仅仅描述了消费者对不同商品间优先度的排序，也一定程度上反映了消费者的偏好。然而序数效用理论仍然无法真实反映基于个体的偏好和选择是否与福利状况一致。

无论是基数效用理论还是序数效用理论，仅仅使用效用来衡量幸福是存在巨大漏洞的。这说明仅仅认为人们的幸福来源于市场交易过程中的物质感受是不准确的。幸福还包括非市场行为对人们施加的精神层面的感受。尽管效用理论存在诸多弊端，但对于个体的行为经济研究仍然有着重要的指导意义，有大量的经验证据支持了效用理论的可靠性。随着不同学科的交叉融合以及有关理论与方法的发展，效用被赋予了更加丰富的内涵，基数效用理论再次得到重视。

新古典经济学的发展使个体被刻画成纯粹追求欲望的理性决策者，他们的效用只反映了对商品的欲望，与使用商品时体验到的快乐无关。这使得“快乐”“效用”与“幸福”不同，经济学领域的幸福研究陷入困境。Kahneman 等（1997）从心理学视角把效用开创性地划分为决策效用与体验效用，决策效用反映了某一选择相对其他选择的重要程度，体验效用则反映了某一选择所带来的快乐体验，两者共同构成了效用的整体。前者与新古典经济学中效用的“欲望”相对应，后者与古典经济学中的“快乐”相对应，且涵盖快乐的多个维度。因此，幸福是快乐的其中一种，是体现效用的子集（贺京同等，2014）。至此，幸福研究在心理学、经济学领域迎来了突破，幸福与效用的关系得到了进一步明晰，为近二十年的幸福研究提供了重要的理论依据。贺京同等（2014）基于决策效用、体验效用的内涵与度量方式的研究，进一步给出了幸福的基本性质：第一，幸福是体验效用的子集；第二，幸福是可测的；第三，幸福受实际结果与可接受结果之间差异的影响，并以相对水平而非绝对水平的形式体现。

四、需求层次理论

需求层次理论是1943年由美国著名心理学学者亚伯拉罕·马斯洛在《人类激励理论》中提出的一种行为学学说。该学说认为人们的行动来自人们的需要，并将居民个体的需求由低到高依次分为生存需求、安全需求、社交需求、尊重需求和自我实现需求五类。生存需求是最基础的需求，指的是需要保障人们正常的生存、健康和发展，比如人对呼吸、饮水、食物、睡眠等方面的需求；其次是安全需求，指的是人们的一切活动都要确保在一个安全稳定的环境下进行，包含人对人身安全、健康保障、消除威胁、避免风险和一个稳定的环境等方面的需求；第三是社交需求，指的是人要有所依托，与他人建立联系，如人对家庭、爱情和友谊方面的需求；第四是尊重需求，分为内部尊重（自尊）和外部尊重，外部尊重是个人成就和地位等因素带来的他人对自身的肯定与社会承认；第五是自我实现需求，即个体在生活中最大化发挥自己的创造力和解决问题的能力，从而达到自己的人生目标，虽然途径千差万别，但是发掘自身潜力，成为期望的自己这点是不变的。

该学说把前三个层面的需求概括成基本的需要，可由外在因素来解决，而后两个层面的需求是更高层面的需求，当更低层面的需求被满足时，更高层面的需求就会对人类的行动起决定性的影响。从满足基本的生存需求到实现最高层次的自我实现需求，整体需求呈现三角分布（王智标，2022）。该理论也表明，在任何一个时间节点上，都存在着若干个需求，但是总是有一个需求占据主导地位，由偏好或欲望表现出来。在生活的各个时期，个人在各个层面上的需求都存在着很大的差距。从现实情况看，要想提高和满足人的精神需求，要致力于满足经济、健康等保障和安全感需求（高泽川，2022）。

理论认为，人们首先会想要满足生存需求，即最低层次的需求，生存需求即基本的物质资源需要、温饱需求，此时温饱问题可以通过收入的增加而得到有效解决，需求得到满足之后个体便能从中体验到幸福感。在满足了最低层次的需求后可以追求高层次的需求，满足的需求层次等级决定了获得幸福感体验的等级，满足低层次的需求如生存需求会带来低层次的幸福感体验，当基本的需求得到满足后，更高层次的需求对于人们展现出更大的吸引力，人们会为了获得更加丰富和更加强烈的幸福感体验而努力满足高层次的需求，这些高层次的需求即人们精神层面的需求，高层次的精神需求几乎不能通过物质或金钱得到满足（雷雪莲，2022）。所以在超过某个临界值后，绝对收入对幸福感不再具有影响，而在某些情况下，这些高层次的需求能通过相对收入的提升得到满足，从而个体体会到幸福感。

第三节　主观幸福感的理论分析框架构建

一、主观幸福感影响因素的文献综述

哪些因素影响居民幸福感？对北京市居民来说，从微观上分析，北京市 10 区的城镇居民认为影响幸福感的因素由强至弱依次是身心健康、物质条件、家庭生活、个人价值的实现和人际关系。统计分析显示，从人数所占比例可知，有 35% 的人认为影响幸福感的第一因素是身心健康，23% 的人选择物质条件，15.8% 的人选择个人价值实现程度，选择家庭生活的占 15%，排名最后的是人际关系，仅占 9%（马立平等，2007）[40]。模型分析结果表明，按照影响程度由强至弱依次是身心健康（0.53）、物质条件（0.507）、家庭生活（0.299）、社会幸福感（0.143）和自我价值的实现（0.01）（杨作毅等，2008）[41]。此外，学者方福前等（2009）[42]认为居民福利水平与住房、休闲、人际关系、健康和工作满意度关系显著，其中最为重要的是休闲状况、住房状况和工作状况。因此，本书将从收入、住房、工作、健康、休闲和交际六个方面分析其影响居民主观幸福感的程度、路径和机理。

（一）收入的影响

居民收入对其幸福感的影响状况比较复杂，学者采用不同的收入形式，所得到的结果有所差异。研究表明，绝对收入、相对收入对居民主观幸福感均有显著影响，并且对不同收入组群体或者城乡居民的影响程度有所不同。

在绝对收入方面，研究显示，从总体来看，目前中国居民的实际收入水平对幸福感有显著的正向影响（巫强等，2017）[43]，收入水平的增加对低收入者幸福感的增进意义较大，但对高收入者的影响较小（孙计领等，2017）[44]，并且在城乡居民中，影响情况存在差异（尤亮等，2018）[45]。然而，绝对收入对居民幸福感的影响是有限的，当绝对收入达到并超过这一水平后，幸福感不再随收入增长而提升，即收入对幸福感的边际效用呈现递减的趋势，从而出现“收入—幸福”悖论（Easterlin，2003）[46]，国内部分学者也验证了这一结论，并指出中国也存在这一现象。

“收入—幸福”悖论出现的原因有很多，目前对此的解释有三种。一是遗漏变量说，也称非经济因素说。大多数研究文献发现收入与幸福感不存在明显相关性（Carol Graham，2005）[47]，这表明影响居民幸福感的因素有很多，不仅是收入因素，健康、婚姻、家庭关系、休闲等非经济因素对居民的幸福感也有不同程度的影响。二是适应性说。当收入不能满足居民的基本生活需要时，收入的增加将显著地正向影响居民幸福感，但当收入满足了居民的基本生活需要时，居民便会逐渐地适应当前收入带给自己的效用，并对新的收入等级产生期望，从而削弱收入变化对幸福感的影响[48]。三是相对收入说。Easterlin（2001）认为相对收入没有提高，导致总效用水平保持不变[49]；学者认为相对收入与居民主观幸福感呈负相关关系（Ferrer－iCarbonell，2005）[50]；国内学者也验证了相对收入显著地影响居民主观幸福感这一观点。

在相对收入与幸福感间关系的研究中，学者采用不同的参照物，所得到的研究结果有所不同。Easterlin（1995）的研究显示，主观幸福感随着自身收入水平的提高而正向变化，但随着他人收入水平的提高而反向变化[51]。Dynan & Ravina（2007）利用信用卡持有者的数据，分析发现随着这些信用卡持有者消费水平的提高，他们的效用水平也会提高，而随着同一城市其他居民消费水平的提高，这些信用卡持有者的效用水平便会降低[52]。国内学者胡春萍等（2015）的分析结果发现，相对收入评分越高，居民主观幸福感越强[53]；胡晨沛等（2017）研究发现，收入较同龄人高的被调查者，居民幸福感亦高[54]；罗楚亮（2009）认为，相对收入水平对于主观幸福感的高低具有重要影响[55]。

那么，居民收入对北京市居民主观幸福感的影响是怎样的？本书进行了验证。结合研究对象，本书提出了研究假设。

H1a：居民绝对收入显著地正向影响其主观幸福感；

H1b：居民纵向相对收入显著地负向影响其主观幸福感；

H1c：居民横向相对收入依然显著地负向影响其主观幸福感；

H1d：在同时分析绝对收入和相对收入对居民主观幸福感的影响时，相对收入对其幸福感的影响程度显著地大于绝对收入，其中纵向相对收入的影响更大。

（二）住房的影响

住房是居民财富的另一体现形式，关于住房对居民幸福感的研究，国外文献较少，但也可从间接影响研究和直接影响研究进行综述；国内文献研究较多，住房对居民幸福感的影响主要表现在财富效应、居住效应和攀比效应，其中财富效应是指将住房作为一种资产或投资品，通过提高居民财富来影响其幸福感；住居效应是指将住房作为一种保障品，主要功能是用来居住，通过住房本身的条件或状况影响居民幸福感；攀比效应是指将自有住房与他人的住房作比较所感受到的相对住房条件来影响居民幸福感。

在国外的研究中，大部分研究是分析住房对居民心理健康、社会参与等方面的影响，从而间接地影响居民幸福感。Kingston 等（1994）认为住房是家庭所能拥有的最大额度的财产类型，当获得其产权后，家庭会更具满足感和安全感，进而提高居民幸福感[56]。Green（2001）同样认为拥有住房的居民会更积极地参与到社区民主中，进而提升居民幸福感[57]。Haurin 等（2002）指出住房产权若是通过贷款所获得，是否有住房对居民幸福感的影响便有所不同[58]。Nettleton 和 Burrows（2000）[59]认为住房产权一旦通过抵押贷款获得，则居民会因此背负沉重的债务，造成身体和心理承受较大的压力，可能会导致身体和心理健康出现问题，从而降低其幸福感。

在直接影响中，学者分析了住房属性对居民生活和幸福感的影响。Bucchianeri（2009）[60]认为拥有住房产权者比租房者在生活满意度和整体情绪上更幸福。Rohe 等（1994）[61]研究发现是否拥有住房、人均住房面积、所居住社区的环境等因素对低收入群体的主观幸福感具有显著影响。Zumbro（2014）[62]发现拥有住房对居民幸福感有小幅度的正向影响，但住房面积以及所居住的社区环境等因素对居民幸福感具有显著且重要的影响。Rudolf 等（2015）[63]同样发现拥有住房会提升居民的主观幸福感；住在公寓小区的居民幸福感最高；住房面积增加有助于幸福感的提升，但存在边际效应递减现象，拥有 40 平方米左右住房面积的居民主观幸福感的边际提升效应最大。Cattaneo 等（2009）[64]发现住房用水泥地板代替泥土地板，既能增加幸福感，又能减轻墨西哥贫民窟的抑郁症状。Sebastian 等（2018）[65]的研究结果表示，住房改善 16 个月后，受助人的福利大幅改善，但在平均增加 8 个月后，60% 的正向影响已经消失；影响效果的衰减率为每月 20%，即住房改善 28 个月后，整个影响效果便会消失。

在国内的研究中，当住房作为资产或投资品时，住房的产权、数量、价格、价值等因素对居民幸福感的影响存在差异。在住房产权或数量的影响研究中，孙伟增等（2013）[66]发现家庭自有住房对居民的幸福感有显著的正向影响，住房价值对有不同购房需求家庭的幸福感影响存在显著差异。李涛等（2011）[67]发现拥有大产权住房和更多的大产权住房能够显著提高居民幸福感，但拥有小产权住房以及小产权住房数量的增加对居民幸福感没有显著影响。林江等（2012）[68]同样发现仅有一套房产者和多房者幸福感显著高于租房者，多房者幸福感显著高于仅有一套房产者。然而，张翔等（2015）[69]指出房屋的资产属性（房屋产权、预期房屋价格变化和实际房屋价格变化趋势）对居民主观幸福的影响不显著，住房的财富效应未被发现。住房产权和数量对居民主观幸福感的影响在不同年代下的结果有所差异。杨巧等（2018）[71]指出2003年住房产权对城镇居民幸福感影响不显著，但2013年是否拥有所居住房屋的产权对居民幸福感的影响有所增强；拥有房产越多的居民幸福感越强；但与2003年相比，2013年增加房产数量并不会使居民幸福感获得更大的提升。

当住房作为保障品时，住房面积、住房质量等因素对居民幸福感均有影响作用，其中住房面积的影响结果有所不同。孙伟增等（2013）[66]发现家庭越早拥有住房的居民幸福感越高。张翔等（2015）[69]的研究也表明房屋房间数目、房屋人均使用面积和房屋已使用时间（房屋的居住属性）均对居民主观幸福感有显著的正向影响。林江等（2012）[68]指出住房质量显著影响居民主观幸福感。彭代彦等（2015）[70]的研究表明住房面积和住房数量具有正向幸福效应，农业户口的居民更看重住房数量，城镇户口的居民更看重住房面积。然而，刘米娜等（2013）[72]的研究发现住房面积对幸福感呈现“倒U型”的影响。

综合以上两种属性而言，相对住房条件显著地影响居民幸福感。范红忠等（2015）[73]研究发现，居民住房面积与其亲友中住房条件较好者相比，住房面积相差越大，居民幸福感越低；然而，如果住房面积超过亲友中较好住房条件的居民，其幸福感将不受其住房面积和亲友住房面积的影响，即过大的住房面积“对他人有害，对自己无益”。范红忠等（2017）[74]同样发现相对住房条件对居民幸福感具有显著且重要的影响；对于相对住房条件已经达到较高水平的居民，其相对住房水平的进一步提高，可显著提升居民住房满意度，但对其幸福感的提升没有显著影响。

综合以上分析可知，住房面积、住房产权、住房质量均对居民幸福感产生显著影响。那么，对北京市居民主观幸福感的影响状况如何？需进一步验证，所以本书提出了研究假设。

H2a：人均住房面积显著地正向影响居民主观幸福感；

H2b：居民是否拥有自有住房显著地正向影响居民主观幸福感；

H2c：居民住房设施正向影响其主观幸福感，但不显著；

H2d：在同时分析住房变量对居民主观幸福感的影响时，是否拥有自有住房对居民主观幸福感的影响更大且显著。

（三）工作的影响

一份称心如意的工作能够提高居民生活幸福感，反之，一份不满意的工作将会降低居民的幸福感，即工作的好坏或就业质量是幸福感的重要决定因素。国内外研究表明，工作的状态、性质、职业、单位、时间、报酬等特征分别对居民幸福感有着不同的影响。

在工作状态方面，失业和就业居民的幸福感视所处的状态不同而不同。Stutzer A. 等（2004）[75]指出失业的人比就业的人更不快乐，生活满意度降低得更大。如果没有工作但能够很快找到工作的失业人员，其幸福感水平可能高于从事不稳定工作的就业者（Knabe et al.，2010）[76]。就业与主观幸福感之间存在显著的正相关关系，与无工作的人相比，就业居民的主观幸福感水平更高（Kim B. et al.，2015）[77]。然而，也有学者认为就业状态与主观幸福感的关系不显著（刘姜梦一，2016）[78]。

在工作性质方面，非全职性工作对幸福感具有负面影响。Leschke 等（2014）[79]指出临时工作和兼职工作对居民幸福感具有负面影响；临时工作和劳务派遣等非正规就业人员的工作满意度明显低于永久雇员（Buddelmeyer et al.，2015）[80]。进一步分析发现，临时工作对生活满意度具有负面作用（Dawson et al.，2014）[81]。尽管非全职工作被认为具有较高的时间灵活性，但 Berger（2013）[82]发现从事非全职工作的育龄妇女，其生活满意度低于退出劳动力市场照料儿童的全职妈妈。Brereton 等（2008）[83]发现兼职工作对生活满意度具有显著的负面作用。

工作职业类型体现了不同的工作单位，Pichler 等（2008）[84]发现工作职业类型因素影响居民工作满意度。John 等（2010）[85]也发现职业类型等因素对居民幸福感有影响。国内学者的研究结果也类似，吴愈晓等（2015）[86]的研究结果发现不就业女性的幸福感最高，体制内就业女性的幸福感次之，体制外就业的女性幸福感水平最低；金江等（2011）[87]指出与在政府机关及国企事业单位工作的个体相比，在其他单位工作的群体主观幸福感水平更低；职业类型、单位性质显著地影响居民主观幸福感（刘姜梦一，2016）[78]。

工资薪酬或者劳动报酬显著地正向影响居民幸福感，Kuroki（2018）[88]指出对没有高中文凭的人来说，最低工资提高10%，生活满意度将会提高0.03个百分点。国内学者杨胜利等（2015）[89]同样发现职业收入显著地正向影响居民主观幸福感。此外，工资薪酬对农民工（卢海阳等，2017）[90]和高新技术企业研发人员（张爱莲等，2018）[91]的幸福感也有着显著的正向影响。可见，工作收入越高，居民越幸福。

工作时间对居民主观幸福感的影响结果普遍存在三种，一是工作时间没有显著地影响居民幸福感。Valente等（2016）[92]研究表明工作时间对员工幸福感不会产生显著的影响。同时，王笑天等（2017）[96]指出影响幸福感的关键因素并非是工作时间的长短，而是工作时间的性质。二是工作时间显著地负向影响居民幸福感。比如韩彦超和潘泽泉（2016）[93]发现劳动时间越长，农民工主观幸福感水平越低；杨胜利等（2015）[89]的研究也表明周工作小时与居民主观幸福感呈负相关关系。三是工作时间与居民幸福感呈现"倒U型"关系。如吴伟炯（2016）[94]指出工作时间配置在6—7小时有助于劳动者实现工作满意度的最大化。冯一丹等（2017）[95]的研究显示工作时间压力对个体主观幸福感存在"倒U型"曲线作用。

除以上客观因素外，一些主观因素也会对其产生影响，如工作自主性。工作自主性对个人主观幸福感具有显著正向影响（王雪，2018）[97]。工作自主性不但能够直接正向影响职业幸福感，还可通过工作投入对教师职业幸福感产生间接影响（唐海朋等，2016）[98]。此外，工作可通过满意度这一中介变量对居民幸福感产生影响，劳务派遣和零散工等不稳定的非正规就业通过降低工作满意度而对幸福感产生间接影响（卿石松等，2016）[99]；工作时间压力通过基本心理需求满足来间接地影响个体主观幸福感（冯一丹等，2017）[95]。

综上分析可知，工作状态、性质、职业、单位等因素对居民幸福感均有不同程度的影响。然而，对北京市居民主观幸福感的影响状况如何？需进一步验证，所以本书提出了研究假设。

H3a：工作状态负向影响居民主观幸福感，但不显著，即就业者居民的主观幸福感低于失业者居民；

H3b：工作性质正向影响居民主观幸福感，但不显著，即全职工作居民的主观幸福感高于非全职工作的居民；

H3c：工作职业显著地负向影响居民主观幸福感；

H3d：工作单位显著地正向影响居民主观幸福感；

H3e：工作时间负向影响居民主观幸福感，但不显著，即工作时间低于 8 小时的居民的主观幸福感高于工作时间高于 8 小时的居民；

H3f：工资薪酬显著地正向影响居民主观幸福感，即工资薪酬越高的居民，主观幸福感也越高；

H3g：工作管理活动负向影响居民主观幸福感，但不显著，即具有管理活动的居民的主观幸福感高于没有管理活动的居民；

H3h：工作兴趣程度显著地正向影响居民主观幸福感，即工作兴趣程度越深的居民，主观幸福感也越高；

H3i：工作自主决定程度显著地负向影响居民主观幸福感，即工作自主决定程度越高的居民，主观幸福感也越高；

H3j：在同时分析九个工作变量时，工作职业、兴趣程度和自主决定程度依然显著地影响居民主观幸福感，同时，工作时间也显著地影响居民幸福感，其中工作兴趣的影响程度更大。

（四）健康的影响

在 2015 年中国家庭幸福感调查中，超过 80% 的受访者认为“家人健康”是决定个人幸福和家庭幸福的重要因素之一（中国人口宣传教育中心等，2016）[100]，国外学者也一致认同健康是决定幸福的一个重要因素（Knight et al.，2009）[101]。实证研究表明健康对主观幸福感具有显著正向影响（胡宏伟等，2013）[102]。健康不仅直接影响居民主观幸福感，还通过收入对其幸福感产生影响（王鹏等，2018）[103]。

身体健康显著地影响居民幸福感，王彤等（2014）[104]认为身体健康状况越差，幸福感越低。此外，父母身体健康状况对大学生的幸福感也有显著影响（侯振虎等，2018）[105]。心理健康与主观幸福感显著相关（兰继军等，2018）[106]，大学生和城乡老年人心理健康与主观幸福感呈高度的正相关关系（陈小异等，2014）[107]，进一步研究表明，心理健康的抑郁维度能显著预测主观幸福感（宋广文等，2013）[108]。居民自评健康显著影响主观幸福感，张瑞玲（2016）[109]指出自评健康状况对农村老年人主观幸福感具有显著影响，并通过生活满意度间接地发挥影响作用。相比客观健康指标，主观健康指标可以更好地预测居民幸福感（Angner et al.，2009）[110]。

体育参与程度和主观幸福感存在密切的联系，体育参与程度越高，主观幸福感越强，即身体活动和主观幸福感有显著正相关关系（Ginis et al.，2010）[111]。对老年人而言，参加体育活动的老年人幸福感明显高于不参与体育活动的老年人（徐昌豹等，2000）[112]；长期参加晨练的老年人整体幸福感水平显著优于不参加体育锻炼的老年人（李金平，2005）[113]。体育锻炼持续时间长短对主观幸福感和心理幸福感都有明显的影响（李军兰等，2014）[114]，蒋惠珍（2009）[115]同样发现锻炼持续周期是影响高校教师主观幸福感的决定性因素。然而，偶尔进行一次的身体锻炼对高中学生主观幸福感没有影响，长期性的身体锻炼可以提高其主观幸福感（陈作松等，2006）[116]。

综合以上分析可知，居民身体健康、是否参与体育锻炼和锻炼频率均对居民幸福感产生显著影响。然而，对北京市居民主观幸福感的影响状况如何？需进一步验证，所以本书提出了研究假设。

H4a：居民身体健康显著地正向影响其主观幸福感，即自评身体越健康的居民幸福感越高；

H4b：居民参加体育锻炼与否显著地正向影响其主观幸福感，即参加体育锻炼的居民幸福感高于不参加体育锻炼的居民；

H4c：居民参加体育锻炼的频次显著地正向影响其主观幸福感，即参加体育锻炼频次越高的居民，主观幸福感也越高；

H4d：在同时分析居民自评身体健康、参加体育锻炼与否和体育锻炼频次对居民主观幸福感的影响时，体育锻炼频次的影响程度大于自评身体健康的影响程度。

（五）休闲的影响

休闲已成为影响居民幸福感的关键变量，且对城镇居民幸福感的增进效应高于收入因素（李粉等，2018）[117]，参与休闲活动对生活满意度有显著的正面影响（宋瑞，2014）[118]，同时对正性情感依然有正向预测作用，但是对负性情感却没有预测作用（蒋奖等，2011）[119]。休闲对幸福感也有正向影响（Hoorn，2008）[120]，即休闲能够显著提升居民的幸福程度。休闲时间对居民幸福感的影响存在差异，李粉等（2018）[117]表示增加积极享乐型休闲的时间能提升中国城镇居民的幸福感；然而，檀学文（2013）[121]发现各类闲暇时间对农民幸福感没有显著影响。

对不同类型的休闲活动分析，参与休闲娱乐类活动的居民的主观幸福感最高，而因不得不做事情的而无法参与休闲娱乐类活动的居民的主观幸福感最低（王健等，2009）[122]；走亲访友、去教堂等家庭类闲暇活动对家庭幸福感具有非常显著的正向作用，而文化性活动、社会性活动等其他活动对家庭幸福感则影响不显著（Andreja et al.，2011）[123]；每天参与散步和运动健身与幸福感的增加具有正相关关系，参与较多户外活动的居民，能感受到较高的生活满意度（Bath et al.，1998）[124]；积极的旅行体验可以产生积极情绪，进而提高旅游者的主观幸福感（Hills et al.，1998）[125]；从事某种具有愉悦感的活动将会给居民带来更大程度的幸福体验（Neugarten et al.，1961）[126]；从事创造及发展类娱乐活动有助于老年人主观幸福感的提升（李莫訑等，2011）[127]。然而，上网等休闲活动与幸福感负相关（Wang & Wong，2014）[128]。

休闲满意度越高的个体，居民主观幸福感越高，即休闲满意度显著地正向影响主观幸福感（吴崇旗，2006）[129]。休闲时间、休闲参与频率、休闲活动满意度对休闲满意度都有一定正向影响，其中休闲时间、休闲参与频率的影响较大，而休闲活动满意度的影响较小（宋子千等，2014）[130]。国外学者 Wang 和 Wong（2010）[131]分析发现休闲活动的时间、种类、满意度和效果对幸福感有重要的影响。

综合以上分析可知，居民休闲时间和休闲活动对其幸福感产生的影响存在显著差异。那么，对北京市居民主观幸福感的影响状况如何？需进一步验证，所以本书提出了研究假设。

H5a：居民休闲时间对其主观幸福感的影响不显著；

H5b：不同休闲活动对居民主观幸福感的影响存在差异，其中在家睡觉或做家务的休闲活动显著地影响居民幸福感；

H5c：在同时分析休闲时间和休闲活动对居民幸福感的影响时，在家睡觉或做家务的休闲活动依然显著地影响居民主观幸福感，且影响程度更大。

（六）交际的影响

人际交往或人际网络被认为是人们主观幸福感的一个重要来源（Layard，2005）[132]，人际关系影响着个体主观幸福感（杨栩等，2016）[133]，它对居民主观幸福感有显著的影响（赵洁等，2017）[134]。不同群体居民的人际交往状况均显著影响居民主观幸福感，社会交往的增加是导致退休对居民幸福感产生显著正面影响的主要原因（鲁元平等，2014）[135]；人际关系负性生活事件对大学生总体幸福感指数、积极情感和消极情感有显著的预测效应（张晓文，2017）[136]；少数民族师范生人际关系越好，其总体幸福感越强（周正怀，2010）[137]；人际关系对我国运动员和城乡居民主观幸福感有显著的影响（江广和等，2013）[138]。

人际交往的增加或减少将导致幸福感的同步变化（Diener，1984）[10]，即人际关系数量与幸福感存在显著的正向关系（Crossley，2005）[139]，个人与他人的联结越紧密，幸福感程度越高（Ryff，1989）[140]；然而，也有学者认为人际关系的增多反而增加了人际困扰，因而人际关系的数量与幸福感具有显著的负向关系（甘雄等，2010）[141]。人际关系的质量是影响居民幸福感的关键因素，人际关系和谐的人，幸福感也较强（徐映梅等，2014）[142]；稳定和谐的人际关系是提升幸福感的重要因素（Deci & Ryan，1991）[143]；良好的人际关系可以增加人们的幸福感，不良的人际关系会降低人们的幸福感（Jose et al.，2012）[144]。

不同对象的人际关系对居民幸福感产生着重要影响，家庭关系不仅直接影响老年人的总体幸福感，而且还以幸福感各个维度为中介间接影响总体幸福感（高红英等，2008）[145]；师生关系对学生幸福感有着重要影响（姚新华等，2016）[146]，良好的师生关系能显著提升学生的幸福感水平（胡瑜凤等，2007）[147]；积极的朋友互动有助于提升主观幸福感，相比其他交流方式（如邮件或手机），朋友之间面对面的交流对幸福感的影响更强（Van，2012）[148]；白领青年与领导和同事之间的工具性人际关系负面影响其主观幸福感，而白领青年与家人和朋友的情感性人际关系提升了他们的主观幸福感程度（吴鲁平等，2009）[149]。

综合以上分析可知，居民与不同对象的交际、交际频率等状况对其主观幸福感的影响具有显著差异。然而，居民交际对北京市居民主观幸福感的影响状况如何？需进一步验证，所以本书提出了研究假设。

H6a：居民与朋友、同事或同学的交际显著地正向影响居民主观幸福感，即交际频率越高，居民主观幸福感越高；

H6b：居民与家人、亲戚的交际显著地正向影响居民主观幸福感，即交际频率越高，居民主观幸福感越高；

H6c：在同时分析居民与朋友、同事交际或居民与同学、家人和亲戚交际对居民主观幸福感的影响时，居民与家人和亲戚的交际对其主观幸福感的影响程度更大。

二、主观幸福感影响路径的文献综述

根据以上研究可知，居民收入、住房、工作、健康、休闲和交际均对其主观幸福感有着不同程度的影响。但是，六大因素间是相辅相成的，并不是相互独立的。那么，它们之间存在什么关系，对居民主观幸福感的影响路径又如何，值得进一步探索与分析。

（一）工作的影响路径

工作通常是居民生活的重要组成部分，它会给居民提供经济来源，对居民休闲、交际和健康产生影响，在一定程度上，居民会根据工作状况选择住房的状况。

1. 工作对收入的影响

居民就业与否直接影响其收入。劳动者的就业身份大致可以分为自雇、受雇和非就业三种形式，自雇者相比受雇者的就业身份，在社会地位和经济收入方面拥有更高的吸引力（Tervo，2008）[150]。在市场转型时期，自雇者的就业身份在收入方面是赢家，而且从事自雇就业是实现向上社会经济流动的一个有效途径（吴晓刚，2006）[151]。唐立强等（2017）[152]利用中国综合社会调查（CGSS）2013 年的调查数据进行分析，结果显示，就业身份对农村居民非农收入存在不同程度的影响，并且存在较大的差异。黄志岭（2017）[153]采用 2013 年 CHIP 数据中的农户样本，使用倾向性得分匹配法（PSM），评估了在校正自选择偏差后从事自我雇佣行为对农民收入的影响，结果表明，从事自我雇佣确实能有效提高农民收入，幅度达 6%。

2. 工作对交际的影响

居民就业和工作职业对其交际产生显著影响。张玉昆等（2017）[154]的研究显示，面对面的浅度社交是目前农村中最常使用的社会交往形式，非农就业扩大了农民社会网络总规模，而深度社交下的亲缘和地缘关系网络规模有所缩小。“离土不离乡”的就地就近非农就业者在扩大业缘关系的同时维系了既有社会网络，从而拥有更大的社会网络规模。张翼等（2000）[155]的研究指出，中国的老年退休人员，具有较为强烈的再就业冲动。其再就业的目的在于增加收入；其再就业求职的主要路径是依赖强关系网——亲戚、亲属、朋友关系。在工作职业方面，边燕杰（2004）[156]采用中国 1999 年五城市调查资料的分析发现，领导干部、企业经理、专业人员及其他白领阶层拥有优势的社会网络和较高的社会资本积累，小雇主和工人的社会资本处于相对劣势地位。

3. 工作对休闲的影响

居民工作职业和时间的不同，导致其休闲时间和方式的差异。赵鹏等（2006）[157]对比分析了北京市工作人群（教师、公司职员和出租车司机）和非工作人群（学生和退休老人）休闲时间和休闲方式的特征。工作时间直接影响休闲时间，如李骁天等（2014）[158]的研究结果表明个人周工作时间和家庭年收入对城乡居民休闲活动参与时间有显著影响。同时，受教育程度越高，工作时间越长，休闲时间越短；受教育程度越低，工作时间越短，休闲时间越长（王琪延等，2017）[159]。在地区层面上，郊区就业者在休息日的活动呈现较强的时间碎片化与空间分散性特征；郊区就业者对中心城区存在较强的空间依赖，很大一部分休闲购物活动需要前往中心城区进行（马雯蕊等，2017）[160]。此外，收入变化和工资率也会对休闲时间、休闲消费产生影响（郭鲁芳，2004）[161]。

4. 工作对住房的影响

职业类型对居民住房也产生影响。Li（2007）[162]对北京市1980—2001年的城市居民住房产权转变（即由租赁公房到获得产权）的过程进行分析发现，党政机关、国有企业中的干部，以及单位中资历高的人，更容易实现住房产权从租到买的转变。职业种类越好的新生代农民工越倾向于在务工地租房和购房（龙翠红等，2016）[163]。在同时考虑就业和职业类型时，收入水平、职业类别、就业身份等因素对其住房状况均有显著影响（朱祥波等，2015）[164]。

工作性质、单位和时间在一定程度上也影响居民住房。高波等（2015）[165]指出，以就业性质等为代表的因素对农民工住房选择具有显著影响。在工作单位方面，对北京市中低收入居民来说，国有企业单位及非国有企业单位就业者相对于行政事业单位就业者，显著地承受更大程度的职住分离，体现出单位制度残留的持续影响（张艳等，2018）[166]。对于流动人口来说，在本地连续工作的时间、单位性质、就业身份对其选择住房有显著影响（姜凯等，2017）[167]。若工作发生了变动，一般住处也会跟着变换（仉楠楠等，2015）[168]。

5. 工作对健康的影响

居民工作状态、职业、时间、环境和工资等状况对其健康均产生显著影响。在就业方面，丁述磊等（2016）[169]研究发现从事非正规就业的居民健康状况会显著降低。具体来说，临时性就业关系（Bosma H. et al.，

1998)[170]、灵活就业方式和灵活就业程度（耿爱生，2014）[171]均对健康有重要影响。在失业方面，学者陈秋霖等（2017）[172]表示群体性失业不仅对健康产生短期的负面影响，也对健康有长期、持续的负面影响。但也有研究显示失业对健康的影响并不显著，甚至存在正相关（Deb et al.，2011）[173]。在退休方面，叶金珍（2018）[174]认为退休通过提高参加社交活动的概率正向影响身心健康。

从工作职业分析，从事不同职业的农民工健康状况差异较大，从事管理工作的农民工的健康状况好于专业技术人员与半技术职业人员，而从事普通职业的农民工的健康状况最差（黄乾，2010）[175]；与非农生产者相比，从事农业生产的中老年人健康状况较差（张永辉等，2018）[176]。Muurinen（1982）[177]的研究表明不同职业对健康折旧速度的影响是不一样的，体力劳动或者生产性劳动使得健康折旧的速度更快。

工作时间对居民健康的影响研究较多，工作时间是影响城镇职工自评健康和心理健康的重要负面因素，特别是对第一产业职工自评健康、第三产业职工心理健康的负向影响更为显著（张抗私等，2018）[178]。对进城务工人员而言，劳动时间越长其健康状况越差（王琼等，2016）[179]。然而，Warr（2007）[180]的研究表明，将工作时间控制在一定合理区间内会有益于劳动者主观健康，但当工作时间超过一定程度时，继续延长工作时间则会对居民健康水平产生负面影响，即工作时间与居民身体健康之间存在一种“山”形曲线关系（Ng et al.，2008）[181]。工作时间对不同职业居民的影响有所差异，Fein 等（2015）[182]指出，工作时间对管理者、销售、商业等不同职业劳动者的健康影响差异显著。李珍珍等（2010）[183]同样表示，日工作时间越长的农民工健康状况越差，一线工人的健康状况比技术人员要差，不同城市的农民工健康状况存在差异。

居民工作环境对其健康也产生显著影响，如朱玲（2009）[184]指出不良工作环境显著地影响迁移工人的健康状况。牛建林等（2011）[185]对深圳市开展调查分析后得出，工作环境对外来务工人员的健康具有更为突出的影响；工作环境中的不利因素对新生代农民工健康具有重要的负面影响（俞林伟，2016）[186]。在同时考虑工作时间和工作环境时，学者金成武（2009）[187]

的研究表明每工作日工作时间、每月工作日数和工作环境与农民工健康状况有密切的关系。除以上因素外，工资对健康具有正向影响（Grossman，1972a）[188]。

（二）经济的影响路径

随着市场化经济的发展，收入或金钱成为了居民财富的重要部分。在一定程度上，收入直接影响着居民生活的方方面面，比如住房、健康、交际和休闲等。

1. 经济对住房的影响

一直以来，住房是居民财富的另一体现形式，关对收入对其影响的研究较多，比如住房需求、住房消费、租购选择、住房类型、住房面积、住房产权、住房满意度等方面。

居民在住房消费时，租赁住房还是购买住房的决策受到诸多因素的影响，比如家庭年收入、家庭预期收入、房价租金比等因素，其中家庭年收入和家庭预期收入的影响更加显著（张凤等，2014）[189]，即家庭年收入和永久性收入越高的家庭，其购买住房的概率越高（Kabsung，2012）[190]；而收入不确定性越大的家庭，租房可能性越大（Robst，1999）[191]。在自有住房群体中，家庭收入高、拥有自有住房意愿、居住时间越久的居民购买住房可能性越大；在租住群体中，家庭收入较低和居住时间较短的居民较多（李平光等，2015）[192]。

在住房条件方面，城市住房结构从低到高依次是无产权房阶层、有产权房阶层（包括福利性产权房阶层、商品性产权房阶层、继承性产权房阶层）和多产权房阶层，收入水平对住房资源有显著影响（刘祖云等，2012）[193]，这与孙玉环和张金芳（2014）[194]的研究结论一致，即收入显著地影响居民住房产权类型。再者，收入对住房面积、住房类型、住房质量、住房流动等住房状况产生显著影响（刘望保等，2010）[195]。在中心城区和郊区的内部，家庭收入显著地影响住房建筑特征；在郊区家庭中，收入对住房面积、厕所设施水平、拥有住房数量、住房综合条件等住房特征的影响程度大于中心城区（王洋等，2017）[196]。

在住房满意度方面，收入对其影响存在明显差异。刘广平等（2018）[197]表明收入与总体住户满意度呈负相关关系，而面积和户型与总体住户满意度呈正相关关系。对农民工而言，史学斌（2018）[198]的研究表明月收入的满意度对农民工的居住满意度构成影响；李世龙（2015）[199]发现收入水平等因素对新生代农民工的住房满意度有显著影响。收入除了对以上住房状况产生影响外，家庭经济水平还显著地正向影响青年群体的住房自有率，具体表现为家庭经济水平越高，则青年的住房持有率越高（王先柱等，2018）[200]。

2. 经济对健康的影响

经济对健康的影响研究较多，主要表现在绝对收入、相对收入、主观经济地位方面，研究结果一般呈现正向、“倒 U 型”和负向显著影响的关系。

绝对收入显著地影响居民健康水平。高凯等（2018）[201]表明家庭收入等因素对劳动人口健康水平有显著影响，即居民的收入水平越高，自评健康也越好（张璇等，2014）[202]。经济水平也可通过社会经济地位来衡量，通常包括客观经济地位和主观经济地位。较高的社会经济地位对居民自感健康有积极影响；当控制客观经济地位因素后，主观社会地位对各年龄层的居民自感健康的影响依然相当显著（徐淑一等，2015）[203]。健康也可通过多维度指标来衡量，社会经济地位对居民健康的影响具有持久性，并在某些健康指标上具有累积性（李建新等，2014）[204]；主观阶层认知在客观经济地位显著影响居民自评健康和客观健康的过程中发挥中介效应（徐岩，2017）[205]。

经济水平对居民健康水平的正向影响作用不是永久性的，而是逐渐减弱的。Grossman（1972）[206]认为绝对收入水平的提高会对健康起到改善作用，但改善效应会随着收入的提高而减弱。Gerdtham 等（2004）[207]的研究同样表明收入与健康之间的关系存在梯度现象，即收入越高健康水平也越高，然而随着收入水平的上升该影响会递减。国内学者的研究结果亦是如此，高兴民等（2015）[208]发现收入因素对健康存在着一定的“倒 U 型”影响。对农村居民来说，居民自评健康与人均收入水平存在“倒 U 型”关系

(贾珅，2013)[209]；健康人力资本与居民收入之间存在库兹涅茨效应，即随着收入的增加，健康人力资本呈先下降后上升的发展趋势（栾斌等，2015)[210]。另外，还有部分研究表明个人收入对健康的影响统计上显著，但经济上不显著（赵忠，2006)[211]。

此外，当居民健康作为中介变量时，绝对收入不仅是决定健康水平的重要因素，还是决定个体幸福状况的关键因素（Gerdtham et al.，1997)[212]，绝对收入可通过健康等途径间接地影响居民幸福（白志远等，2017)[213]，收入和健康对幸福的影响存在一种替代效应，即健康对幸福的影响随着收入的增加而增强，收入对幸福的影响随着健康的恶化而减弱（赵佳丽，2017)[27]。

3. 经济对交际的影响

居民收入对其人际交往的影响具体表现为对交际对象、交际时间、交际频率和交际工具使用的影响。杨卡（2010)[214]的研究表明，居民的收入水平和邻里交往状况呈显著相关，且相关方向为正，即收入水平越高，邻里交往越密切。胡荣（2003)[215]指出收入对网络资源的多元性有正面的积极影响，其中对网络密度和拜年交往单位数的统计显著性消失，但对拜年交往职业数、拜年交往对象的职业声望分数、单位声望分数都具有统计显著性。在胡荣（2005)[216]进一步的研究中，村民交往可以分为亲属交往和社会交往，收入对亲属交往具有积极影响，但对社会交往的影响不具有统计显著性。收入对亲属交往因子的影响具有统计性，表明收入越高者与亲属之间的交往较密切。

在交际时间方面，黄艺红等（2006)[217]的研究显示经济收入同社会交往时间呈负相关关系，即收入越高的老年人社会交往的时间越少。在交际工具的使用方面，Rice 和 Katz（2003)[218]对 2000 年美国手机采用的影响因素进行实证调查发现，收入显著地影响人们是否采用手机进行交际。家庭月收入和个人月收入越高的人，其采用手机的概率越高，并且个人收入显著地影响手机功能使用数量，即个人收入每增加 10 倍，其对应的手机使用功能就要增加 0.603 个（楚亚杰，2010)[219]。居民交际属于社会资源的范畴，从网络的范围和构成两个层面测量，家庭收入与个人的社会资源呈正相关关系（Campbell et al.，1989）[220]。收入对交际的影响不仅局限于此，收入水平对朋友关系与农民工态度之间的作用关系起着正向调节作用（叶俊焘等，2011）[221]。

4. 经济对休闲的影响

目前，休闲是居民生活中越来越关注的部分。收入与闲暇是休闲产生的两个基本社会条件，即一个国家或社会的个人可支配收入越多，闲暇时间越多，越有条件产生更多的休闲（孙天厌，2003）[222]。然而，也有学者表明休闲的形成需要具备四个基本条件，即“有闲、有钱、有心、有因”（马惠娣等，2004）[223]。拥有休闲时间是居民休闲的基本条件，收入对其产生的影响是显著的。张纯等（2007）[224]的研究表明，收入对城市社区中老年人一天时间内的日常生活活动产生显著影响。休闲时间的不平等受到收入不平等的影响（王琪延等，2017）[159]。从休闲时间和收入来分析，休闲时间对休闲活动参与、收入对休闲消费支出均存在显著的正面影响（宋瑞，2014）[118]。城镇居民的可支配收入、休假时间以及两者的交互作用对其休闲消费的影响最为显著，这表明在提高居民收入的同时适当延长休假时间可以有效拉动我国居民的休闲消费（王琪延等，2012）[225]。

经济水平对居民休闲活动的参与有着显著影响。张安民（2013）[226]发现社会经济地位和家庭收入对居民休闲活动参与有显著影响，刘昌雪（2011）[227]的研究结果类似，即影响外来务工者休闲活动的主要限制因素是经济。居民的休闲活动各种各样，比如旅游、体育活动等。王琪延等（2018）[228]指出休闲时间不是刺激低层次旅游消费的有效手段，增加收入能够有效拉动该群体的旅游消费；虽然增加收入能够提高高层次旅游消费，但拉动作用不如对低层次旅游消费显著，增加休闲时间能更好地扩大高层次旅游消费，且这一正向拉动作用在逐年显现。在体育活动参与方面，李丰祥等（2011）[229]的研究表明上海市新生代农民工的休闲方式有向消费型转变的趋势；影响新生代农民工参与休闲体育活动的因素主要是自身经济条件。对城市白领而言，收入是直接影响其休闲体育参与次数、每月体育消费的重要因素（周传志，2013）[230]。此外，收入依然会部分地影响居民休闲满意度（蒋艳，2011）[231]。

（三）住房的影响路径

“物以类聚，人以群分”，居民居住有着不同的群体特征，在一定程度上，居住情况对居民休闲、交际和健康都有着影响。

1. 住房对休闲的影响

住房对休闲的影响研究较少，吴志建等（2018）[232]表明建成环境中的下列因素均能促进老年人休闲性体力活动，重要性从高到低依次为交通安全性、目的地可达性、环境安全性、美学感知、公园绿地、居住密度和土地混合使用率；街道连通性、人行道质量对老年人休闲性体力活动未产生影响。王振坡等（2018）[233]的研究表明家庭收入和住房财富对旅游消费都存在显著影响，且家庭收入对旅游消费的影响高于住房财富；年轻家庭“住房资产效应”高于中年家庭和老年家庭；风险厌恶型家庭的收入对旅游消费影响最低，风险偏好型家庭住房财富影响系数最大。易成栋等（2011）[234]根据第二住宅持有目的，将住房分为投资型、休闲度假型、安置亲属型、便利型和市场障碍型五个类型，并分析不同类别的第二住宅和首要居所的空间关系。可见，住房对居民休闲有着显著影响。

2. 住房对交际的影响

住房对居民交际的影响表现在住房类型、居住方式、居住空间居民、住房条件等因素对居民交际的影响。

目前，我国居民住房的类型比较丰富，以高层化住宅为主。在很早之前，Newman（1973）[235]就发现城市环境中的高层公共住房的增多正在减少居民接触的“功能距离”，不利于发展亲密的社会关系。国内学者王敏等（2016）[236]也表示高围墙所揭示的不仅是物质空间上的边界和隔离，同时是居民交往空间上的边界和隔离的隐喻。为了求证这一现象，奇恒等（1999）[237]的实证研究发现住宅高层化与友好邻里关系成反比。同样，李芬（2004）[238]在控制其他变量后，发现城市居民的良好邻里关系随住房类型（平杂房、筒子楼、多层单元楼房、高层公寓）的不断升级而逐渐下降。然而，也有学者认为居住在高层公寓里的高学历人群多为年轻人，他们可以利用通信网络技术与外界接触，实现人际交往等社会活动，降低了对物理空间的依赖性，对其交际的影响不显著（薛丰丰，2004）[239]。

随着城市住房商品化的发展，现代商品房单元式的住宅结构已成为城市人的主要居住方式，但这种住宅方式却阻断了邻里接触，限制了亲密关系的形成（廖常君，1997）[240]。商品房社区中的居民邻里关系水平要明显低于街坊社区，原因可能在于平房和四合院具有小巷的两通式和小院的通道，而单元房、高层公寓的居民流动路线是单向化的，降低了居民间的接触机会（蔡禾等，2014）[241]。当前中国城市居民社会空间的分化并没有降低人际关系满意度，在以亲缘为中心的社会交往中，人际关系满意度依然很高（谭日辉，2010）[242]。

现代城市住房的布局设计，在空间上阻隔了人们的密切交往（冯华，2011）[243]。徐勤（1994）[244]指出物理空间距离对老年人的社会交往会产生影响，距离越远，老年人交往频率越低；相反，与某人的居住距离越近，联系的频率越高，越可能与某人发展比较密切的个人关系（张文宏，2005）[245]。除以上因素外，住房条件和住房时间对其交际也会产生影响。李向健等（2016）[246]分析发现住房条件越好，城镇居民与农民的社会距离越远。住房社区改造实质上是改善了住房的条件，刘于琪等（2017）[247]指出复建房社区的归属感远高于城中村社区，其归属感主要受居住满意度影响，邻里熟悉度主要受居住年限等因素影响。杨卡（2010）[214]认为在新城居住的时间和环境与居民邻里交往水平显著相关。

3. 住房对健康的影响

居住对居民健康的影响一方面表现在住房本身的条件或特征对其健康的影响，另一方面表现在居住社区的特点对其健康的影响。

住房是居民最重要的生活场所，住房条件与健康和疾病（包括传染病、慢性病、营养不良、心理疾病等）息息相关（Habib et al.，2009）[248]，住房条件差对居民身心健康会产生显著的负面影响（苏群等，2016）[249]。王上等（2015）[252]的研究结果发现住房内基本设施数量、住房面积、住房类型（是否楼房）等客观居住条件对精神健康有显著影响。对我国老年人来说，良好的居住条件显著影响老年人身体健康，尤其对高龄老人健康的影响效应更大（孙慧波等，2018）[250]。对城市外来人口而言，居住条件是影响其健康的重要因素，但对于不同的健康指标，不同居住条件变量作用的大小和方向有所不同（王桂新等，2011）[251]。

居民住房环境、产权和面积等反映出个体居住状况，影响个体的健康状况（Navarro et al.，2010）[253]。Evans 等（2000）[254]指出建筑质量较差、住房拥挤和潮湿阴暗等不合格的居住条件与呼吸道感染病、慢性病和心理疾病等疾病的发病率密切相关，对公众的精神健康造成负面影响（Allen et al.，2014）[255]。拥有高质量、安全和舒适的居住环境是人们能够拥有高品质且健康生活的关键因素（Johnson，2004）[256]。对老年人来说，Phillips 等（2005）[257]指出居住环境通过居住条件满意度对其心理健康发挥作用。住房产权和住房面积依然显著地影响居民健康水平。住房面积能够显著影响家庭经济能力高于当地平均水平的居民的健康状况；住房产权能够提高居民健康水平改善的概率（陈淑云等，2018）[258]。

无论是个人住房条件还是居住社区宏观环境，分别与自评健康、心理健康和生理健康存在相关关系（李礼等，2018）[259]。居住社区宏观环境既包括自然环境，也包括周边基础设施。Gidlöf - Gunnarsson 等（2007）[260]发现优美的室外环境一定程度上能缓解精神压力。若邻近拥有主要道路、公交站点、机场等交通设施的社区，会因为空气和噪声污染而对社区内居民的健康产生不利影响（Perlin et al.，2001）[261]。此外，学者林琳等（2018）[262]基于能力—压力模型，将社区分为能力较高型、能力略高型、能力压力相当型和压力略高型 4 种类型，其中能力压力相当型社区位于最大潜能区，制约老年人自评健康的主要因素是住房质量和社区绿化。

（四）休闲的影响路径

1. 休闲对交际的影响

休闲与交际两者间的关系是息息相关、相辅相成的，居民交际影响其休闲方式或活动，休闲时间却会影响居民交际。

随着社会的发展，居民休闲的活动类型越来越丰富。Passmore 和 French（2001）[263]把休闲活动分为成就型、社交型、纯耗时型三类。李萍

(2017)[264]却认为新生代农民工闲暇活动可分为娱乐消遣、学习提高、社会交往和观赏参与四类。蒋奖等（2011）[119]和刘晓莲（2012）[265]都把休闲活动分为运动性、艺术性、社交性和康乐性四类。可见，人际关系在休闲活动中进行，而休闲却在人际关系中展开。休闲资源如公共休闲资源、商业休闲资源等均对社会交往型休闲产生显著影响（李萍，2017）[264]。郝玉明（2015）[266]指出理想性的休闲是人际性的回归，使人际关系全面展开，是人际交往的生动空间，是人际和谐的构建模式。

2. 休闲对健康的影响

参与社会活动能够显著地提升居民健康水平（Kim et al.，2013）[267]，也可通过居民认知能力和心理健康产生间接影响（李文畅等，2018）[268]。

休闲活动属于社会活动中的一种，积极的休闲活动（运动或体育活动）能够增强心血管的健康，从而降低患心脏病的概率（Lee et al.，2000）[269]。Lee 等（2013）[270]指出参与多种类型的休闲活动对老年人的认知功能更有益，其中参与社交、益智以及轻度户外活动的程度越高，我国老年人认知功能缺损的可能性就越低（张莉等，2017）[271]。然而，学者 Mannell (2007)[272]认为非运动性的休闲（消极休闲）还未被充分证实对生理健康或心理健康有正面作用。此外，娱乐锻炼型、社交型休闲方式均对精神健康和幸福感具有积极影响，其中社交型休闲方式的作用更强；且部分通过精神健康这个中介变量影响居民幸福感（徐延辉等，2016）[273]。

旅游休闲活动和体育锻炼活动都对居民健康水平产生显著影响。旅游是一种在闲暇时间里追求身心健康的消遣活动（Hobson & Dietrich，1995）[274]，旅游越多的人发生非致命心血管疾病的情况越少，患上冠心病的风险系数越低（Gump & Matthews，2000）[275]。在实证研究中，Toda 等 (2004)[276]表明短期的旅行会起到释放压力的作用。然而，Tarumi 等 (1998)[277]指出度假频率与心理压力感知之间存在负相关关系，对生理的影响并不显著。在体育锻炼活动方面，研究表明体育活动状况（Abu－Oma et al.，2004）[278]、体力活动（Beyer et al.，2015）[279]均与自评健康显著正相关；日常锻炼对预防老年人肥胖、糖尿病以及其他慢性病都有一定效果

(Harris et al. , 2009)[280]；休闲锻炼对东西部80后青年的精神健康具有显著的正向影响（杨建科等，2017)[281]；参加体育锻炼不仅对居民自评健康有正向影响（彭玉林等，2017)[282]，而且对老年人自测生理健康、心理健康、社会健康均有显著正向影响（高亮等，2015)[283]。

在参与休闲活动中，参与活动的时间也会对居民健康水平产生影响。在体育休闲活动方面，Fay 等（2015)[284]指出投入运动时间多的人健康状况相对更好。然而，部分学者认为锻炼时间并不是越多越好。傅经明等(2013)[285]认为每周进行90分钟以上中等强度锻炼的老人，其认知功能的得分要高于每周参与体育类休闲活动的时间少于90分钟的同龄群体；彭玉林等（2017)[282]同样认为每次锻炼时间在0.5—1小时、1—1.5小时的居民自评健康水平均显著高于每次锻炼时间在0.5小时以下的居民，而每次锻炼时间在1.5小时以上的居民与每次锻炼时间在0.5小时以下的居民在居民自评健康水平的结果方面无显著差异。但是也有学者认为每次持续时间在30分钟以上的体育锻炼对老年人保持身心健康较为有益（高亮等，2015)[283]。体育活动与体力活动相比，Marita 等（2008)[286]发现不进行体育活动且每天保持2小时以上的其他体力活动的活跃者健康自评水平较低。在娱乐型休闲活动中，每天看电视时间在3小时以上，会增加患脑血管疾病、糖尿病的风险，睡眠时间每天不足7小时是高血压、冠心病、脑血管疾病的危险因素（常改等，2008)[287]，每天睡眠时间每增加1小时，得慢性病的可能性将降低14%。此外，0.5小时以上的长时间休闲久坐与慢性病的关系显著，即每天休闲久坐的时间每增加1小时，得慢性病的概率将随之增加11%（向祖兵等，2016)[288]。

（五）交际的影响路径

一个人身处在社会网络中，居民人际交往对其心理和生理健康都会产生影响。个人的社会网络规模对身心健康均起着积极作用（赵延东，2008)[289]，优质的人际网络及其互动，可以缓和周围社会环境对精神健康的负面影响（Stevenson，1998)[290]。对不同群体的居民而言，人际交往对其健康的影响都是显著的。姚远等（2016)[291]发现人际网络对青少年心理健康的影响程度大于家庭地位对其健康的影响；高校人际气氛与教师心理健康状况有关，其中人际互动和人际和谐对心理健康回归显著，是教师心理健康的正向预测因子（欧朝晖等，2008）[292]；良好的人际互动无疑有益于大学生的心理健康，反之则对大学生的心理健康有害（朱家安等，2017）[293]；积极开展社会交往有利于农民工身心健康状况的改善，其中社会交往对老一代农民工的身体健康具有显著的正向影响，对新生代农民工的心理健康影响更为显著（李东平等，2018）[294]；社交活动通过邻里关系和邻里照料间接地影响留守老人主观身心健康（张邦辉等，2017）[295]。然而，对于西北农村留守妇女来说，社会支持网络规模对其心理健康具有显著的负向影响（刘巍，2012）[296]。

从不同的交往对象分析，家庭关系是居民最先形成的一种人际关系，完整而良好的家庭关系会给青少年提供更多的社会支持，继而提升其精神健康水平；如果家庭关系破裂，则会导致青少年精神压力增加，恶劣的家庭关系甚至会提高其自杀意愿（彭国胜，2007）[297]，人际关系显著地影响青少年心理健康（席玮等，2018）[298]。在邻里关系中，邻里关系好且社区名声好的社区居民比邻里关系有问题且犯罪率高的社区居民精神状态要好（Sterling，1997）[299]；邻居之间良好的关系可增加老年人的安全感因而对老年人的健康有积极作用（Walker et al.，2007）[300]。在学校关系中，和谐的师生关系与青少年心理健康关系密切，有助于缓解学生的焦虑情绪（阳德华，2001）[301]；同时，能正向影响青少年的减压行为（秦春莉等，2016）[302]。同学或朋友或同伴关系是学校关系中另一重要的关系。La Greca 和 Harrison（2005）[303]研究发现亲密的同伴关系可以减少青少年的社会焦虑体验。相反，有同伴消极对待和拒绝遭遇的青少年会表现出更高的孤独感；或者说朋友关系尤其是好朋友关系破裂，会加重居民抑郁症状态的可能性（Chan & Poulin，2009）[304]。

综上可知，居民工作状况对其收入、交际、休闲、住房和健康均有不同程度的影响；同时，经济状况对其住房、健康、交际和休闲也有着显著影响；随着住房的地理位置、住房产权、住房面积、住房类型等居住条件的不同，居民休闲、交际和健康水平也有所差异；休闲状况如何，在一定程度上影响着居民的交际和健康；此外，居民交际对其健康也具有显著的影响作用。因此，结合方福前等（2009）[42] 提出的居民福利水平与住房、休闲、人际关系、健康和工作满意度关系显著，其中最为重要的是休闲状况、住房状况和工作状况的研究结果，本书提出了工作、经济、住房、休闲、交际和健康影响居民主观幸福感路径的理论假设，即 H7，如图 2－4 所示。

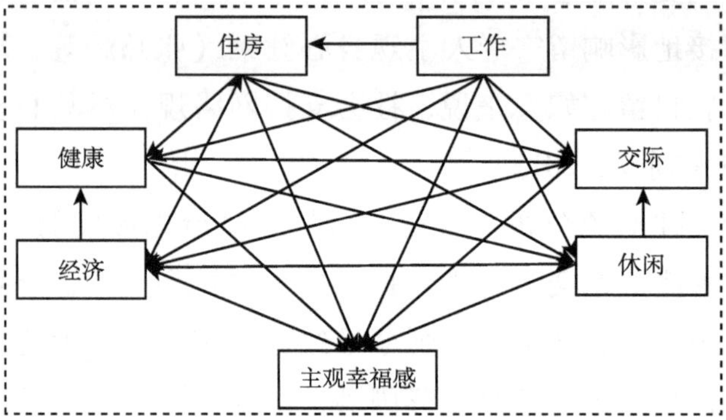

图 2－4　影响居民主观幸福感路径的理论假设

三、主观幸福感影响机理的文献综述

根据现有文献研究，主观幸福感的影响机理主要有生物学视角和心理学视角的影响机理研究，缺少经济学视角的影响机理研究。

（一）主观幸福感影响机理的生物学视角研究

主观幸福感是个体根据自身的感知、判断和标准对其生活质量所进行的综合评价，简言之，主观幸福感是一种综合评价。现今国内幸福领域的研究一致认为，评价系统在主观幸福感形成的过程中充当了重要角色。

在主观幸福感形成的不同阶段，生理作用机理有所差异。结合 Kahneman 的研究结果，在幸福感形成的即时效用阶段，正性和负性情绪同时存在，但是在脑部运作的方式有所不同。当个体在产生某个正性评价时，从中脑的伏隔核投射到腹侧被盖区的多巴胺系统会被激活；当个体产生某个负性评价时，则与生成乙酰胆碱密切相关；但是，在不同评价目标下存在负性偏向。在主观幸福感形成的回忆效用阶段，个体包含情绪体验的自传体回忆是其做出幸福感评价的重要信息来源。在自传体回忆过程中，杏仁核、视觉皮层、海马、前额叶的相互作用共同影响自传体回忆。在主观幸福感形成的抉择效用阶段，内侧前额叶、扣带前回和背外侧前额叶是个体调控进而改变其幸福感水平的神经中枢。在主观幸福形成的预期效用阶段，内侧前额叶、扣带前回、背外侧前额叶、大脑的神经通路和神经递质系统相互作用共同影响预期效用，预期效用是主观幸福感形成的重要阶段[613]。可见，幸福感与其他情感一样是大脑活动的一部分，主要由大脑中紧靠前额内层的部分产生[614]，具体来说，幸福感与额叶皮层、扣带回、杏仁核、脑岛、纹状体、海马和大脑灰质相关。

（二）主观幸福感影响机理的心理学视角研究

主观幸福感是一种主观体验，既取决于周围的环境，又与个人的心理因素息息相关，其中主观心理因素占据了支配地位。现有研究表明，主观幸福感产生的心理机制主要源于比较，然而，比较的结果会因为参照物的不同而不同。在研究中，主观幸福感产生的参照物一般包括自身和第三方。

在与自身比较的过程中，通常是与自己的判断标准、自己的期望或欲望和自己的过去进行比较。图 2 – 5 显示，主观幸福感是指个体根据自身的感知和判断对其生活质量所进行的综合评价，其中个体在进行综合评价前，心里会有一个判断标准，而幸福感便是个体通过与判断标准比较后所得的评价结果[615]。根据萨缪尔森的幸福方程式，即幸福 = 效用/欲望，发现现实条件所获得的效用与对其产生的欲望或期望之间的比较产生了幸福感。当效用大于欲望时，幸福比值大于 1，幸福感会随着数值的增加而提升；当效用与欲望对等时，幸福比值等于 1，表明幸福感不显著；当效用小于欲望时，幸福比值小于 1，并且不幸福感随着比值的下降而增强。相对收入对居民幸福感的研究表明，相比过去收入提高的居民幸福感高于收入不变和下降的居民，说明个体的主观幸福感亦产生于对过去的比较。

在与第三方比较的过程中，通常是自己的生存条件、成果等情况与他人所进行的对比，如果自己的情况好于他人，存在“比较优势”，便会产生幸福感[616]。简言之，幸福 = 自身情况/他人情况。在比较的过程中，当自身情况好于他人情况，比值大于1，幸福感会随着数值的增加而提升；当自身情况与他人情况不相上下，比值等于1，表明幸福感不显著；当自身情况差于他人情况，比重小于1，不幸福感会随着数值的下降而增强。可见，幸福感的产生部分来源于“攀比心理”。

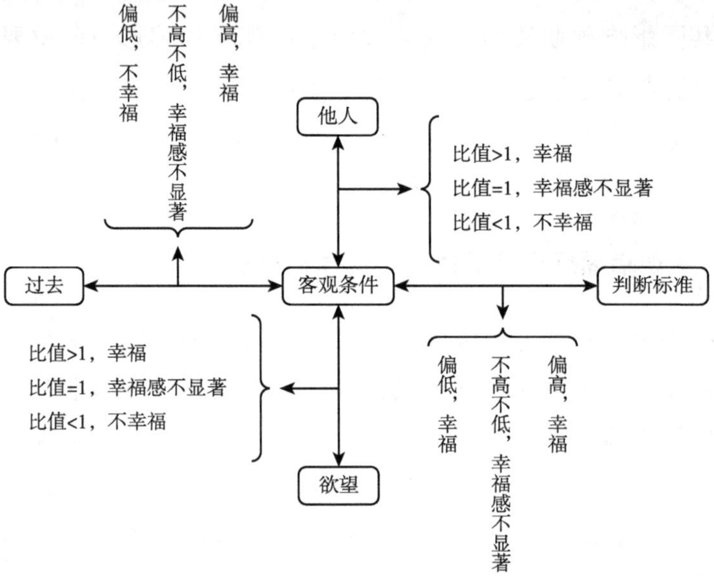

图 2－5　主观幸福感形成的心理机制

综上，影响居民幸福感的机理有生理学和心理学两个视角。根据卡尼曼的研究结果，分析了即时效用、回忆效用、抉择效用和预期效用四个阶段脑部不同区域的反映，构成了幸福感影响的生理机理；幸福感形成的心理机理主要源于比较，具体表现在与自己的判断标准、自己的过去、自己的欲望或期望和他人之间的比较，形成的心理机理如图 2－5 所示。纵观现有的研究，主观幸福感已经回归到现代经济学研究的领域，那么，从经济学的视角出发，结合心理学的研究结果，主观幸福感影响机理的研究几乎没有，这将是本书研究的主要内容之一。

（三）主观幸福感影响机理的经济学视角研究

根据萨缪尔森的幸福方程式（幸福＝效用/欲望），发现现实条件所获得的效用与对其产生的欲望或期望之间的比较产生了幸福，幸福与效用和欲望或者期望有着密切的关系，然而，在这个过程中缺少另一重要情感，即偏好。故，本书将结合效用、偏好和欲望综述影响居民主观幸福感的机理研究。

1. 效用

在古典经济学中，边沁认为效用涵盖着快乐和痛苦的体验，其中正的效用表示获得了更多的快乐，负的效用表示承受了更多的痛苦（贺京同等，2014）[305]；穆勒认为效用不仅包括人们获得的物质利益，还包括精神上的追求和道德上的满足感（蒲德祥等，2013）[306]。然而，随着新古典经济学的兴起，效用直接被定义为商品的“可欲性”，而与能否从商品中体验到快乐无关（贺京同等，2014）[305]；萨缪尔森把效用定义为一个人从消费某种物品或服务中得到的主观享受或有用性（蒲德祥等，2013）[306]。微观经济学理论认为，效用是指商品满足人欲望的能力评价，或者说，效用是指消费者在消费商品时所感受到的满足程度（高鸿业，2013）[307]。旧福利经济学以基数效用论和效用人际可比为前提，认为效用可用来衡量个人从消费中得到的满足，可以用一个具体的数值来表示，不同的人通过消费商品获得的效用可以进行人际比较（庇古，2013）[308]。然而，新福利经济学认为效用是一种主观感受，无法用具体数值来衡量，当然更不能进行人际比较，任何这样的比较都必须进行规范的价值判断。但是，为了比较效用，帕累托提出了用序数效用取代基数效用的观点，也就是说效用只能够进行排序，而这种排序是建立在展示偏好的基础上。他认为相对于无法衡量的心理感受而言，个人的选择是客观存在的，也是可以观测的（王冰，2008）[309]。

华人经济学家黄有光认为相对于基数效用论而言，序数效用论尽管条件宽松，但其缺陷在于它丢失了有关偏好强度的信息，还是有必要重新回到基数效用论（黄有光，2005）[310]。国内学者高启杰（2012）认为效用是指个人需要得到满足的主观感受，在经济学中主要指人们消费商品带来的心理满意程度，基数效用和序数效用是衡量效用大小的两种重要方法[8]。在幸福经济学中，行为经济学家卡尼曼将效用区分为决策效用和体验效用，前者对应于新古典经济学强调的效用的欲求含义，它反映了个体对各种选择的偏好排序；而后者则对应于古典经济学效用中包含的快乐含义，它反映了个体从选择结果中得到的快乐强弱（贺京同等，2014）[305]。体验效用进一步区分为预测效用、即时效用和回顾效用（刘腾飞等，2010）[311]，其中预测效用是指个体关于将来某个时刻的体验效用的预期和信念；回顾效用是基于对事件或者一段生活的回顾性评价，是在记忆基础上对体验效用的测量；即刻效用是对个体在事件发生过程中体验到的快乐或者痛苦的即时测量，是在体验过程中对体验效用的测量（Kahneman，2000）[312]。基于以上分析，本书所说的效用可理解为居民在生活中所感受到的某一因素给他带来的满足程度，属于基数效用的范畴，可以人际比较，可采用居民对生活中某一因素或领域的满意程度进行衡量。

2. 偏好

偏好与居民幸福感息息相关，国内外对偏好的理解有所不同。序数效用论认为偏好是爱好或喜欢的意思，并提出了消费者偏好的概念，它是指消费者对特定的商品、商店或商标产生特殊的消费偏好（高鸿业，2013）[307]，被描述成为一种消费品空间中的序列关系。在福利经济学中，偏好被广泛用于对福利的理解和测量，它是指人们按照自己的愿望对消费品进行排序，虽然无法准确测量某一种消费品带来的福利是多少，但可以在选项中进行排序，指导哪种选择能为自己带来更多的福利。偏好是人们内心情感的一种倾向，是一个主观相对概念，不同人之间偏好可能存在显著差异，但对于群体来说，偏好存在着某种程度的一致性（高启杰，2012）[8]。学者杨未昌（2011）将偏好理解成经济人偏好，是人们对个人物质利益进行追求的欲望和行为的一种描述。经济人偏好可以从两个层面来理解，第一个层面是为了维系个体生存而必须作出的选择，即维系生存的偏好；另一个层面是满足了自身基本生存需要之后的其他选择，即维系生存之上的偏好[313]。在幸福感的理论研究中，蒲德祥（2009）认为客观生活质量建立在人们偏好满意度之上，它的假设是人们在有限的资源控制下会选择那些最能促进生活质量提高的东西，而能否获得他们想要的这些东西决定了他们的生活质量与满意水平[30]。伊斯特林等（2013）认为在生命周期的成人阶段之前，所有人的物质偏好都是相似的，但是随着年龄的增长，偏好会随收入增加而提升，效用函数与物质偏好呈反向变化[314]。综上，本书认为偏好是指居民对影响其主观幸福感的因素的爱好或喜欢程度，它随着年龄或环境的改变而改变。

3. 偏好、效用与主观幸福感

偏好、效用与居民主观幸福感有着紧密的关系，偏好和效用在影响居民主观幸福感的机理中发挥着重要作用。大量研究表明，居民的生活偏好得到满足，对其生活满意度、健康和幸福感均有显著的影响。在居住偏好方面，当实际居住安排偏离老人的居住偏好时，老人将经受负面情绪困扰，生活满意度也会下降；而当老人实现居住偏好时，意愿得到尊重，需求得到满足，更容易对生活感到满意（Guan et al.，2015）[315]。居住愿望与现实一致时，老年人幸福的比例将提高 5 个百分点（张苏等，2015）[316]。在分配偏好方面，陈池波等（2016）表示当收入分配合理时，居民内心的公平诉求得到满足，其主观幸福感也相应提升；相反，当存在收入不平等，且个人再分配偏好无法得到有效满足时，二者的共同作用将对居民主观幸福感带来显著负向影响[317]。马旭东（2015）[318]同样表明当国家的福利分配与公共服务配置等政策有效满足了居民再分配偏好时，居民的主观幸福感会有显著提升。

效用与幸福有完全不同的含义，幸福比效用包含更多的内容（蒲德祥等，2013）[306]。在同一地区，收入满足度与总体幸福度有着显著的正相关性，并且两者在一定程度上呈现显著的“倒 U 型”关系（唐东波等，2008）[319]；效用可作为显性消费和幸福之间的价值中介（谢识予等，2010）[320]；基本心理需要满足程度在自主动机和受控动机影响主观幸福感的过程中发挥中介作用（徐凤等，2013）[321]。在追求财富的现代社会中，要想获得真实的幸福，不仅需要对待财富学会知足，更亟需精神生活的自足，幸福才能得以真正充分被满足（张彭松，2019）[322]。

谈及效用和偏好，欲望是必不可少的，三者影响居民主观幸福感的机理如图2－6所示。以影响居民主观幸福感的因素为例，居民对影响其主观幸福感的因素产生了不同的偏好排序，固然居民对不同偏好排序的影响因素会产生不同的欲望，经过一系列的行为后，产生了影响因素相应的行为结果，而这个不同行为结果带给居民的满足程度有所不同，即行为结果满足了居民欲望和行为结果没有满足居民欲望两种。当居民欲望得到满足时，居民的积极情感会增多，从而提高居民幸福感；当居民欲望没有得到满足时，居民的消极情感便会增多，从而削弱了居民幸福感，同时，居民对此因素也会产生新的偏好排序。

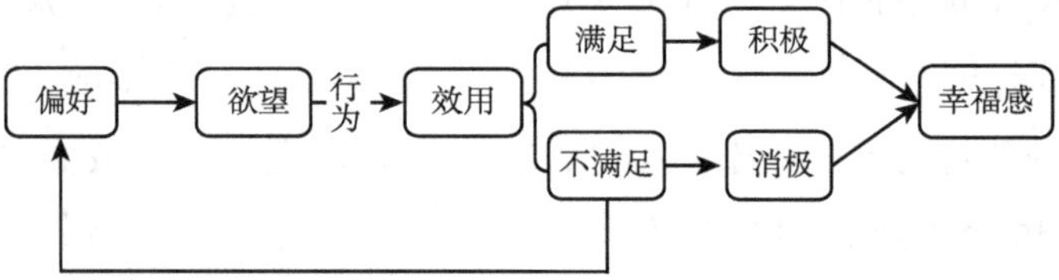

图2－6　居民主观幸福感的经济学作用机理

综合以上分析可知，偏好排序的不同在一定程度上反映了居民对这些因素的不同欲望程度，当居民对影响因素产生了偏好排序，经过一系列行为后，居民的效用也有所不同。如果同时考虑偏好和效用，居民生活因素的“偏好—效用”矩阵自然而然就形成了，如图2－7所示。从矩阵可以看出居民生活的“偏好—效用”类型有四个，即“偏好—满足”“偏好—不满足”“不偏好—满足”和“不偏好—不满足”。然而，不同“偏好—效用”类型的居民幸福感如何？本书提出了研究假设。

H8：“偏好—满足”的居民幸福感 > “不偏好—满足”的居民幸福感 > “不偏好—不满足”的居民幸福感 > “偏好—不满足”的居民幸福感。

基于以上研究假设，效用和偏好与居民主观幸福感存在着紧密的关系，然而，结合影响居民幸福感的因素，四者间存在什么样的关系，效用和偏好在影响居民主观幸福感的过程中具体发挥什么作用，本书以居民个体收入为例进行了计量分析。在实证研究中，收入的增加能使预算曲线与效用可能性边界外移，导致个人效用最大化的决策点出现在位置更高的无差异

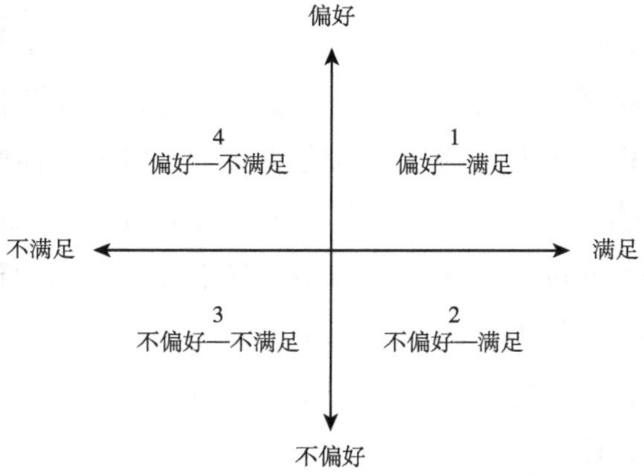

图 2-7　居民生活因素的“偏好—效用”矩阵

注：横轴表示效用，由左到右表示从不满足到满足；纵轴表示偏好，从下至上表示不偏好到偏好。

曲线之上，进而使个人生活的幸福感程度得到提升（伊斯特林等，2013）[314]。自身的绝对收入水平与个人效用存在正相关关系（Easterlin，2001）[323]，绝对收入普遍通过对个体需要的直接满足程度来影响幸福感（巫强等，2017）[324]，收入满意度在相对收入对主观幸福感的影响中发挥显著的中介效应（胡春萍等，2015）[53]。那么，对居民个体收入（或称绝对收入）影响其主观幸福感而言，收入效用是否在其过程中也发挥中介效应？本书提出了研究假设。

H9a：居民个体收入显著地正向影响居民个体收入效用；同时，居民个体收入效用显著地正向影响居民主观幸福感，并在个体收入对幸福感的影响中发挥中介作用。

偏好在影响居民主观幸福感的过程中发挥什么作用，现有研究文献几乎没有提及，然而，偏好影响居民薪酬满意度的研究很多。在研究中，陈雨田等（2011）[325]表明金钱偏好对薪酬水平满意度和薪酬增长满意度有显著的消极影响，即金钱偏好越高，对薪酬水平和薪酬增长越不满意；同时，在低金钱偏好组中，薪酬对福利满意度和薪酬增长满意度有显著的积极影响；而在高金钱偏好组中，薪酬对四个薪酬满意度维度均没有显著影响。那么，居民收入偏好如何影响其效用和主观幸福感，并在中介模型中发挥什么作用？结合本研究的研究对象，本书提出了研究假设。

H9b：居民个体收入偏好显著地负向影响居民主观幸福感和居民个体收入效用，并在居民个体收入对其幸福感的影响中起调节作用。

综合以上分析，本书的第九个研究假设是：居民个体收入显著地正向影响其主观幸福感，并且居民个体收入效用在此过程中发挥中介作用，居民个体收入偏好在此过程中起调节作用。基于此，本书构建了居民个体收入影响其主观幸福感的理论假设图，如图 2－8 所示。由图 2－8 可知，该理论假设图还隐含了另外两个假设，即 H9c 和 H9d。然而，实际情况是否如理论假设一般，还需进一步分析。

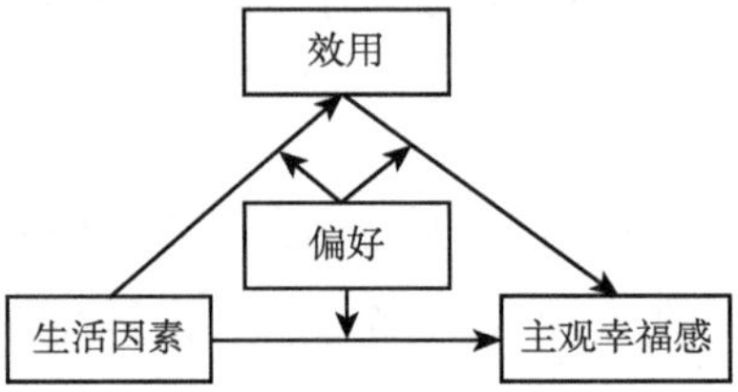

图 2－8　居民生活因素影响其主观幸福感机理的理论假设

H9c：居民个体收入效用在居民个体收入对其主观幸福感的影响中发挥部分中介作用。

H9d：居民个体收入偏好在居民个体收入对其主观幸福感的直接和间接（包括前后段）影响路径中起调节作用。

总的来说，结合影响居民主观幸福感因素、路径和机理的研究假设，本书构建了影响居民主观幸福感的六棱锥模型假设，如图 2－9（a）所示。图 2－9 中的“A”“B”“C”“D”“E”“F”分别表示影响居民主观幸福感的经济、住房、工作、健康、交际和休闲六个因素，“O”表示居民主观幸福感，“W”表示居民生活的效用，“U”表示居民生活的偏好。幸福六棱锥模型更好地阐述了影响居民主观幸福感的因素、各因素间的影响路径，以及每个因素影响居民主观幸福感的机理。从横向分析来看，由图 2－9（b）可知，六大因素间相辅相成、相互关联，直接或间接地对居民主观幸福感产生影响作用，体现了影响居民主观幸福感路径的研究假设；从纵向分析来看，图2-9（c）显示，在某一个因素对居民幸福感产生影响时，会涉及居民偏好和效用两个概念，二者在影响居民主观幸福感的过程中发挥至关重要的作用，体现了影响居民主观幸福感机理的研究假设。

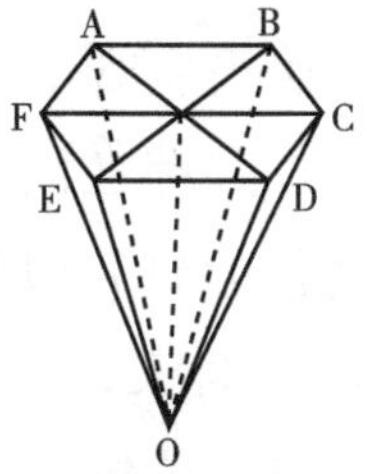

（a）六棱锥模型假设

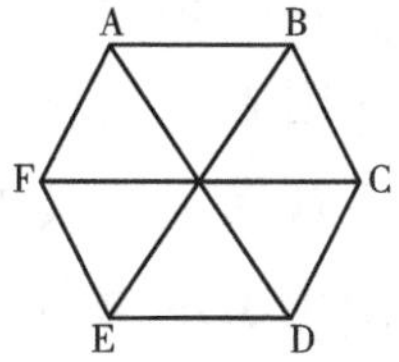

（b）横向影响路径

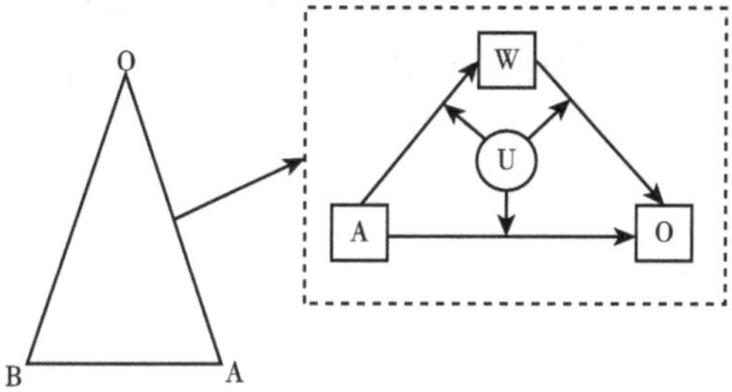

（c）纵向影响机理

图2-9　影响居民主观幸福感的六棱锥模型

第四节　本章小结

本章从哲学、心理学和经济学三个学科阐述了幸福的含义，并确定了本书对幸福的理解，即主观幸福感，是指人们根据自身的感知、判断和标准对其生活质量所进行的综合评价。既然幸福是一种主观感受，那么如何测量它？现有的测量方法有客观测量和主观测量两种方法，其中客观测量主要采用生理反应和客观指标进行衡量；主观测量包括单一题项和多项目题项测量两种。考虑数据的可获得性和项目开展的可行性，本书采用了主观测量法当中的单一题项进行测度。然而，目前有部分学者会质疑主观评价的可靠性，为了回应这一部分学者，本章严格地论证了这一测量方法的稳定性、有效性、多样性和可比性。在充分把握居民主观幸福感含义和测量方法的基础上，本章首先充分阐述了影响居民主观幸福感因素的研究，研究表明收入、住房、工作、健康、交际和休闲在不同程度上对居民主观幸福感有着不一样的影响作用。基于此，本章提出了影响居民主观幸福感的因素的研究假设。其次充分综述了影响居民主观幸福感其中一个路径的研究，研究表明六大因素间是息息相关的，并存在因果关系。基于此，本章提出了影响居民主观幸福感其中一个路径的研究假设。再次结合偏好和效用的内涵理解，给出了本书偏好和效用的含义，提出了“偏好—效用”矩阵的研究假设，以居民个体收入为例，提出了偏好和效用在影响居民主观幸福感过程中具体发挥什么作用的研究假设。最后，综合影响居民主观幸福感因素、路径和机理的研究假设，构建了影响居民主观幸福感的六棱锥模型假设。

第三章　影响主观幸福感的因素、路径与机理的研究设计

为了验证和分析第二章提出来的研究假设和理论模型，本书进行了实证分析。在分析之前，需要对数据来源、变量定义、模型构建和样本分布进行阐述，这将是本章的主要内容。

第一节　数据来源与变量说明

一、数据来源

本文的数据来源于2017年对北京市16区居民主观幸福感的实地调查，本次调查的主要目的是掌握北京市16区居民生活的状况以及主观幸福感的群体特征，分析影响居民主观幸福感的因素、路径和机理，并提出增进居民幸福感的对策建议。

在实际调研过程中，首先确定抽样方法，即简单随机抽样。在简单随机抽样中，推论总体均值的样本规模的计算公式如公式3－1所示；推论总体百分比的样本规模的计算公式如下：

$$n = \frac{t^2 \times \sigma^2}{e^2} \tag{3-1}$$

其中，t为置信度所对应的临界值；σ为总体的标准差；e为抽样误差。

$$n = \frac{t^2 \times \rho(1-\rho)}{e^2} \tag{3-2}$$

其中，t为置信度所对应的临界值；ρ为总体的百分比；e为抽样误差。

在上述计算公式中，在既定的置信度下，临界值 t 可从标准正态分布表中查出；e 也是研究者根据需要事先确定的，但总体的标准差、百分比往往是未知的。因此，在实际抽样过程中，研究者无法通过上述公式计算所需的样本规模。社会研究者一般采用变通后的公式得出推论总体的样本规模：

$$n = \frac{t^2}{4e^2} \tag{3-3}$$

根据公式（3－3）计算出分别在95%（$t=1.96$）、99%（$t=2.58$）置信度条件下，不同抽样误差所对应的最小样本规模，结果如表3－1所示。结合实际调研情况，根据抽样方法确定样本规模，如表3－1所示，在置信度为95%的条件下，3%抽样误差所要求的最小样本规模为1067个（风笑天等，2014）[326]。

表3－1　95%、99%置信度条件下不同抽样误差所要求的样本规模

允许的抽样误差 e（%）	95%置信度	99%置信度
1.0	9604	16589
2.0	2401	4147
3.0	1067	1849
4.0	600	1037
5.0	384	663
6.0	267	461
7.0	196	339

资料来源：风笑天，龙书芹．社会调查方法［M］．北京：中国人民大学出版社，2014.04.

接着根据北京市16区居民2015年常住人口数量计算各区所需的最小样本规模。已知北京市2015年的常住人口数量为2170.5万人，即总体 $N=2170.5$ 万人；居民住房所在地区将总体分成16个组，16区的常住人口数量分别为 N_1（东城区）＝90.5万人、N_2（西城区）＝129.8万人、N_3（朝阳区）＝395.5万人…N_{16}（延庆区）＝31.4万人。现决定从2170.5万人（总体）中抽取95%置信度条件下、3%误差范围内的最小样本规模1067

人（样本）调查，则 $n = 1067$ 人。通过计算，n_1（东城区）= 44 人、n_2（西城区）= 64 人、n_3（朝阳区）= 194 人…n_{16}（延庆区）= 15 人；在常住人口中，有男女之分，根据男女常住人口数量与各区常住人口数量的比例，得到各区男女样本量，其结果详见表 3－2，具体抽样步骤如下（风笑天等，2014）[636]。

（1）确定各区 2015 年常住人口数量与北京市 2015 年常住人口数量的比例（单位:%），即 $w_1 = N_1/N$、$w_2 = N_2/N$、$w_3 = N_3/N \cdots w_m = N_m/N$；

（2）根据各区常住人口数量与北京市常住人口数量的比例（单位:%），结合目标样本规模，计算各区的样本数量，即 $n_1 = w_1 \times 1067$、$n_2 = w_2 \times 1067$、$n_3 = w_3 \times 1067 \cdots n_m = w_m \times 1067$；

（3）再根据各区的男性常住人口数量（单位：万人）与各区的常住人口数量的比例（单位:%），计算各区中男性（b_m）和女性（g_m）的样本数量，即 $w'_1 = B_1/N_1$、$w'_2 = B_2/N_2$、$w'_3 = B_3/N_3 \cdots w'_m = B_m/N_m$，$b_1 = B_1 \times w'_1$、$b_2 = B_2 \times w'_2$、$b_3 = B_3 \times w'_3 \cdots b_m = B_m \times w'_m$，$g_1 = n_1 - b_1$、$g_2 = n_2 - b_2$、$g_3 = n_3 - b_3 \cdots g_m = n_m - b_m$。

表 3－2　　北京市 16 区的最小规模样本量　　单位：人

地区	合计	男性	女性
东城区	44	22	23
西城区	64	32	32
朝阳区	194	99	95
丰台区	114	58	56
石景山区	32	16	16
海淀区	182	96	86
房山区	51	26	25
通州区	68	35	33
顺义区	50	26	24
昌平区	96	51	46
大兴区	77	40	37

续表

地区	合计	男性	女性
门头沟区	15	8	8
怀柔区	19	10	9
平谷区	21	11	10
密云区	24	12	12
延庆区	15	8	8

注：样本量为95%置信度条件下、3%误差范围内的最小样本规模。

最后采用网络自填和实地访谈相结合的方法完成问卷调查，其中网络自填是以问卷星为依托通过微信、QQ、微博等网络媒介传播而进行的问卷调查，而实地访谈是由调研员根据问卷内容在北京市16区的街头、商场等公共场合随机采访路人所进行的问卷调查。在全面调查后，收集调查问卷共计1238份，其中网络自填问卷368份，实地调研问卷820份；在剔除因一些填写不完整等原因而质量不高的问卷后，得到有效问卷1227份。考虑到数据样本在区域分布上的科学性与代表性，本书根据16区的最小样本规模，在excel表格中采用随机抽样的方法抽取了1070份问卷进行分析。

调查问卷包括六个部分的内容。第一部分是调查对象的基本情况，包括性别、年龄、教育程度等内容；第二部分是居民的收入与支出情况，包括绝对收入、相对收入、各项支出等内容；第三部分为居民住房情况，包括住房产权、面积、设施等内容；第四部分为居民的工作情况，包括工作性质、职业、单位类型等内容；第五部分为居民健康、休闲与交际情况；第六部分为居民幸福感与满意度量表，详见附录。

二、变量说明

本研究的被解释变量是居民主观幸福感，关于它的定义与测量在第二章已作了阐述。关键变量有收入、住房、工作、健康、休闲和交际六个变量，同时包括对应的效用和偏好变量。此外，个体特征变量是不能忽视的控制变量。

（一）个体特征变量

本研究的特征变量包括性别、年龄、教育程度、婚姻状况、是否生育、政治面貌和宗教信仰。如表3－3所示，性别、是否生育、户籍状况和宗教信仰四个变量均采用0、1变量进行定义；年龄的选项有五个，即20岁及以下、20—35岁、35—50岁、50—65岁和65岁以上，分别赋值1—5；教育程度的选项有六个，分别是小学及以下、初中、高中或中专、大专或本科、硕士和博士，依次赋值1—6；婚姻状况的选项有单身、恋爱、初婚、再婚、分居未离婚、离婚和丧偶七个，依次赋值为1—7；体现政治面貌的选项有中共党员、民主党派、共青团员和群众四个，依次赋值为1—4。

表3－3　　个体特征变量的定义

变量	定义
性别	0＝女性，1＝男性
年龄	1＝20岁及以下，2＝20—35岁，3＝35—50岁，4＝50—65岁，5＝65岁以上
教育程度	原始定义：1＝小学及以下，2＝初中，3＝高中或中专，4＝大专或本科，5＝硕士，6＝博士；重新定义：0＝大专或本科以下；1＝大专或本科及以上
婚姻状况	原始定义：1＝单身，2＝恋爱，3＝初婚，4＝再婚，5＝分居未离婚，6＝离婚，7＝丧偶；重新定义：0＝无配偶/伴侣；1＝有配偶/伴侣
是否生育	0＝否，1＝是
子女个数	1＝1个，2＝2个，3＝3个及以上
户籍状况	0＝非农业户籍，1＝农业户籍
政治面貌	原始定义：1＝中共党员，2＝民主党派，3＝共青团员（14—28周岁），4＝群众；重新定义：0＝非中共党员，1＝中共党员
宗教信仰	0＝否，1＝是
宗教活动的频率	1＝从不，2＝一年少于5次，3＝一年5至10次，4＝一月1次，5＝一月2至3次，6＝一周1次，7＝一周2至3次，8＝其他

在现有研究中，学者张秀敏等（2017）[327]、胡晨沛等（2017）[54]采用有配偶和无配偶两个选项来定义婚姻状况；学者李婷等（2015）[328]、刘斌等（2012）[329]设置了中共党员和非中共党员两个选项来定义政治面貌。因

此，在实证分析中，本研究将教育、婚姻和政治面貌重新定义为0、1变量。在教育程度方面，将小学及以下、初中、高中或中专重新定义为大专或本科以下，将大专或本科、硕士和博士重新定义为大专或本科及以上；在婚姻状况方面，将单身、离婚、丧偶重新定义为无配偶/伴侣状态，将恋爱、初婚、再婚、分居未离婚重新定义为有配偶/伴侣状态；在政治面貌方面，将民主党派、共青团员和群众重新定义为非中共党员，中共党员依然为中共党员。

（二）收入变量

收入包括居民绝对收入和相对收入两个，收入变量的定义如表3－4所示。在居民绝对收入的测量中，现有研究通常会采用家庭年收入（王岩等，2015；陈振环等，2016；尤亮等，2018）[54][640][58]、家庭人均收入（罗楚亮，2009）[77]、个体年收入（官皓，2010；徐安琪，2012；胡晨沛等，2017）[641][642][76]、个体月收入（杨胜利等，2016；金江等，2011）[52][140]、个体月均可支配收入（邢占军，2011）[643]进行衡量。然而，考虑到数据的精确性，居民对月均收入更加容易记忆。所以，本书采用了月均可支配收入衡量居民的绝对收入，数据通过设置“您月均可支配收入为多少元?”这一问题来获取，采用实际数值来定义。

在相对收入方面，参照物的选择是定义相对收入的关键。至少有四种指标可用于度量个人的相对收入水平，包括：自我评价的相对收入（Graham et al.，2001；朱建芳等，2009；张学志等，2011；闰丙金，2012；胡春萍等，2015）[644][645]、与主观贫困线比的相对收入（Rainwater，1994；罗楚亮，2009）[646]、与自身以往比的相对收入（任海燕等，2011；闰丙金，2012；巫强等，2017）[647]、与参照组比的相对收入（Van de Stadt et al.，1985；Clark et al.，1996；Ferrer－i－Carbonell，2005；Fischer et al.，2008；裴志军，2010；何立新等，2011；徐安琪，2012；胡晨沛等，2017）。基于此，本研究主要从纵向相对收入和横向相对收入两方面衡量相对收入。纵向相对收入通过设置“相比去年，您的月均可支配收入处于什么状态?”这一问题来反映，选项包括提高了、没有变化和下降了三个，依次赋值为

1—3；横向相对收入则通过“相比您周围的朋友和家人，您的月均可支配收入处于什么状态?”这一问题来衡量，选项依然有三个，分别是偏高、差不多和偏低，依次赋值1—3。

表3-4 收入变量的定义

变量	定义
绝对收入	实际数值，单位为元/月
纵向相对收入	1=提高了，2=没有变化，3=下降了
横向相对收入	1=偏高，2=差不多，3=偏低

（三）住房变量

涉及住房的因素有住房面积、住房产权和住房设施三个。住房面积通过设置“您家的人均住房面积为多少平方米?”这一问题来获取，答案为实际数值；住房产权通过设置“您的住房来源是什么?”这一问题来反映，选项有自购住房、自建住房、租赁、借住、单位住房、回迁房和继承七个，依次赋值1—7；问题“您家住房的卫生间、洗浴、厨房、管道自来水等设施是否与他户共用?”反映了居民的住房设施，1表示是，0表示否。在现有研究中，学者谢霏雰等（2015）[337]、陆卫群等（2018）[338]设置了自有住房和非自有住房两个选项来定义居民的住房产权。因此，本研究将自购住房、自建住房、回迁房和继承房重新定义为自有住房，将租赁、借住和单位住房重新定义为非自有住房，依次赋值为1和0。

然而，在现有研究中，学者谢霏雰等（2015）[648]、陆卫群等（2018）[649]设置了自有住房和非自有住房两个选项来定义居民的住房性质或住房产权。在通勤方式中，学者符婷婷等（2018）[650]将公交、地铁、单位班车和定制公交视为公共交通通勤方式，而自行车与步行作为积极通勤方式，出租车、私人小汽车、单位小汽车作为小汽车通勤方式，电动自行车、摩托车为其他通勤方式；而学者朱菁等（2014）[651]将通勤方式分为慢速个体交通方式（如步行）、中快速公共交通方式（如公交、班车、公交+地铁、地铁等四类）、快速个体交通方式（如电动车和私家车）。因此，本研究将自购住房、自建住房、回迁房和继承等方式取得住房四个选项重新定义为自己的住房，将租赁、借住和单位住房三个选项重新定义为非自己的住房，依次赋值为1和0。同时，通勤方式和通勤时耗也被重新定义。在通勤方式方面，本研究将私家汽车、步行、电动车或自行车重新定义为非公共交通，将公共交通、出租车或单位提供的班车等重新定义为公共交通，分别赋值为0和1；在通勤时耗方面，通勤时耗的平均值为0.7905小时，将低于0.7905小时的通勤时耗定义为0，高于0.7905小时的通勤时耗定义为1。本研究关于住房变量的定义详见表3－5。

表3－5　　住房变量的定义

变量	定义
居住时长	0＝1年及以下，1＝1年以上
住房面积	实际数值，单位为平方米
住房产权	原始定义：1＝自购住房，2＝自建住房，3＝租赁，＝4借住，5＝单位住房，6＝回迁房，7＝继承等方式取得住房；重新定义：0＝非自己的房子，1＝自己的房子
住房设施	0＝否，1＝是
通勤方式	原始定义：1＝私家汽车，2＝公共交通，3＝步行，4＝电动车或自行车，5＝其他；重新定义：0＝非公共交通，1＝公共交通
通勤时耗	原始定义：实际数值，单位为小时；重新定义：0＝低于0.7905小时，1＝高于0.7905小时

（四）工作变量

涉及工作的变量有工作状态、工作性质、工作职业、工作单位、工作时间、工资薪酬、工作管理活动、工作兴趣程度和工作自主决定程度九个。如表3－6所示，工作状态由就业、失业、待业、无业、退休和其他六个选项定义，然而，结合工作状态的分布状况，本研究将失业、待业、无业、退休和其他定义为非就业状态并赋值为0；就业状态赋值为1；工作性质从全职和非全职进行衡量，依次赋值1和0；而工作职业在实际生活中有很多，比如务农，国家机关、党群组织、企业、事业单位负责人等；由于工作职业的不同，工作单位通常包括企业、党政机关、事业单位等七类。

工作时间是劳动者投入到工作活动的小时数（Ng & Feldman，2008）[339]，在研究中，工作时间采用实际数值进行定义。然而，根据国家的劳动合同法，每日工作时长不得超过 8 小时。所以，在实证分析中，将工作时间低于 8 小时的赋值为 0，工作时间在 8 小时以上的赋值为 1。本研究采用实际数值衡量工资薪酬，通过设置“您月均可支配工资薪酬为多少元?”这一问题来获取；居民在工作中的管理活动包括既管理别人又受别人管理、只管理别人不受别人管理、只受别人管理但不管理别人和既不管理别人又不受别人管理四个状态，依次赋值 1—4；本研究采用五级李克特量表衡量居民的工作兴趣程度，选项有完全没兴趣、没兴趣、一般、有兴趣和非常有兴趣五个，依次赋值 1—5；在工作自主决定程度方面，本研究设置了完全自主决定、能在一定程度上自主、在很少程度上自主、完全不能自主四个选项进行定义，依次赋值 1—4。

表 3 –6　　工作变量的定义

变量	定义
工作状态	原始定义：1 = 就业，2 = 失业，3 = 待业，4 = 无业，5 = 退休，6 = 其他；重新定义：0 = 非就业，1 = 就业
工作性质	0 = 非全职工作，1 = 全职工作
工作职业	1 = 务农人员，2 = 国家机关、党群组织、企业、事业单位负责人，3 = 单位中层管理人员，4 = 专业技术人员，5 = 办事人员和有关人员（即普通职员），6 = 商业、服务业人员，7 = 生产、运输设备操作人员及有关人员，8 = 军人，9 = 其他
工作单位	1 = 企业，2 = 党政机关，3 = 事业单位，4 = 社会团体、居委会、村委会，5 = 无单位、自雇（包括个体户），6 = 军队，7 = 其他
工作时间	原始定义：实际数值，单位为小时；重新定义：0 =8 小时及以下，1 =8 小时以上
工资薪酬	实际数值，单位为元/月
工作管理活动	1 = 既管理别人又受别人管理，2 = 只管理别人不受别人管理，3 = 只受别人管理但不管理别人，4 = 既不管理别人又不受别人管理
工作兴趣程度	1 = 完全没兴趣，2 = 没兴趣，3 = 一般，4 = 有兴趣，5 = 非常有兴趣
工作自主决定程度	1 = 完全自主决定，2 = 能在一定程度上自主，3 = 在很少程度上自主，4 = 完全不能自主

（五）健康变量

在现有文献研究中，吴丽等（2009）[340]和侯振虎等（2018）[341]均采用自评身体健康进行衡量，每一个被访者在非常好、比较好、一般、差和非常差五个选项中进行选择。基于此，本研究也采用居民自评身体健康衡量居民健康状况，但是选项设置了很不健康、比较不健康、一般、比较健康和很健康五个，依次赋值1—5。居民身体健康与是否参与锻炼和锻炼频率息息相关。本研究采用0、1变量衡量居民身体锻炼情况，0表示否，1表示是；结合翟元（2014）[342]对身体锻炼频率的变量定义，本研究设置了每天、一周2—3次、一周1次、一月2—3次、一月1次和一年少于10次六个选项衡量身体锻炼频率，依次赋值1—6进行定义。本研究关于健康变量的定义详见表3－7。

表3－7　健康变量的定义

变量	定义
自评身体健康	1＝很不健康，2＝比较不健康，3＝一般，4＝比较健康，5＝很健康
身体锻炼	0＝否，1＝是
锻炼频率	1＝每天，2＝一周2—3次，3＝一周1次，4＝一月2—3次，5＝一月1次，6＝一年少于10次

（六）休闲变量

结合王健等（2009）[343]、徐延辉等（2016）[273]和李粉等（2018）[117]对休闲活动和休闲时长变量定义的结果，本研究也从休闲时长和休闲活动两方面反映居民休闲状况。在休闲时长方面，通过设置"您月均实际休闲时长为多少天？"这一问题来获取，选项包括2天以下、3—4天、5—6天、7—8天和9天及以上五个，依次赋值1—5；而休闲活动通过设置"在过去一年中，您的空闲时间一般从事哪项活动（可多项）？"这一问题来反映，现有的休闲活动有与朋友或亲戚聚会、外出散步或闲逛、外出逛街购物、外出看电影、参加体育锻炼、在家听音乐或上网打游戏、在家睡觉或做家务、学习充电、外出旅游、其他十个，然而，在实证分析中，本研究将十项休闲活动重新定义为0、1变量。本研究关于休闲变量的定义见表3－8。

表3－8　　休闲变量的定义

变量	定义
休闲时长	1＝2天以下，2＝3—4天，3＝5—6天，4＝7—8天，5＝9天及以上
休闲活动	1＝与朋友或亲戚聚会，2＝外出散步或闲逛，3＝外出逛街购物，4＝外出看电影，5＝参加体育锻炼，6＝在家听音乐或上网打游戏，7＝在家睡觉或做家务，8＝学习充电，9＝外出旅游，10＝其他

（七）交际变量

居民交际通常会涉及交际对象和交际频率。在综合田丽等（2013）[344]和朱晓文等（2018）[345]对交际对象、交际频率和交际方式进行衡量的基础上，本研究从与朋友、家人、亲戚和同事或同学交际来衡量交际对象，设置了包括总是、经常、有时、很少和从不五个选项的李克特量表来衡量交际频率，依次赋值1—5。此外，随着互联网经济和智能化的发展，居民交际的方式也变得多样，比如面对面近距离交际、远距离交际等。所以，结合居民交际的对象和频率，本研究设置了与朋友、家人、亲戚、同事或同学近距离交际和与朋友、家人、亲戚、同事或同学远距离交际衡量了居民的交际状况，选项为交际频率，即总是、经常、有时、很少和从不五个选项。本研究关于交际变量的定义见表3－9。

表3－9　　交际变量的定义

变量		定义
近距离交际	朋友	1＝总是，2＝经常，3＝有时，4＝很少，5＝从不
	家人	1＝总是，2＝经常，3＝有时，4＝很少，5＝从不
	亲戚	1＝总是，2＝经常，3＝有时，4＝很少，5＝从不
	同事或同学	1＝总是，2＝经常，3＝有时，4＝很少，5＝从不
远距离交际	朋友	1＝总是，2＝经常，3＝有时，4＝很少，5＝从不
	家人	1＝总是，2＝经常，3＝有时，4＝很少，5＝从不

续表

变量		定义
远距离交际	亲戚	1＝总是，2＝经常，3＝有时，4＝很少，5＝从不
	同事或同学	1＝总是，2＝经常，3＝有时，4＝很少，5＝从不

（八）效用变量

根据效用在幸福感研究中的内涵，居民效用采用居民对生活中某一领域或因素的满意度进行衡量。在现有研究中，大部分学者通常会采用单一题项，设置不同的问题对不同领域的满意度进行衡量，但是回答选项一般包括“极其满意、非常满意、比较满意、不太满意、一点也不满意”五个（胡晓君等，2017）[346]或者“非常不满意、无所谓和非常满意”三个（陈雨田等，2011）[325]。此外，也有学者采用0—10之间的数字来描述，其中0表示“非常不满意”，10表示“非常满意”（金江等，2011）[87]。尽管这种测量的方法简便，但研究表明该指标具备心理测量学的充分性，且效度和信度高（Veenhoven，1996）。所以，本研究则采用了1—10十级评分量表衡量了居民经济、住房、工作、健康、交际和休闲的效用，数值越高，效用越高，其中经济效用由收入效用和消费效用反映；住房效用包括住房面积效用、住房设施效用、住房环境效用、社区治安效用和社区绿化效用五个；工作效用则由工作职业效用、工资薪酬效用、工作环境效用、工作保障效用和工作时间效用五个构成；健康效用从自己、父母、配偶或伴侣和孩子的身心健康四个效用反映；与家庭成员、亲戚、朋友、同事或同学交际效用反映了居民交际的效用；休闲效用则由休闲时间效用和休闲活动效用反映。本研究关于居民生活效用因素的变量定义见表3－10。

表3－10　居民生活效用因素的变量定义

变量	选项	最小值	最大值	变量	选项	最小值	最大值
经济	收入	1	10	休闲	时间	1	10
	消费	1	10		活动	1	10

续表

变量	选项	最小值	最大值	变量	选项	最小值	最大值
住房	面积	1	10	工作	职业	1	10
	设施	1	10		工资	1	10
	环境	1	10		环境	1	10
	治安	1	10		保障	1	10
	绿化	1	10		时间	1	10
健康	自己	1	10	交际	家庭成员	1	10
	父母	1	10		亲戚	1	10
	配偶或伴侣	1	10		朋友	1	10
	孩子	1	10		同事或同学	1	10

（九）偏好变量

已有研究显示，国内外对收入偏好量化测量的研究较少。国内学者陈雨田等（2011）[325]在 Tang 和 Chiu（2003）制定的金钱偏好问卷的基础上，选取了 9 个题目进行测量，高分代表个体对金钱的积极情感，即希望富有、认为金钱重要并将金钱作为一种激励，采用 5 点量表对各题目的同意程度进行衡量，1 表示“非常不同意”，3 表示“无所谓”，5 表示“非常同意”。秦萍等（2014）[347]采用实验设计的方法，构建不同的问题，通过参与者的偏好来预测未来子孙的相对收入偏好。所以，本书在结合影响居民幸福感的因素的基础上，设置“请您对影响您生活幸福的因素进行排序?（按影响程度高低排序）”这一问题衡量居民的偏好情况，选项分别是影响居民幸福感的“收入、住房、工作或学习、健康、休闲和交际”六个因素。所以，居民偏好则采用了居民对某一因素的重视程度来衡量，将其排序第一的赋值 1，排序第二的赋值 2，排序第三的赋值 3，以此类推，数值越高，偏好越低。本研究关于偏好因素的变量定义见表 3－11。

表 3-11　偏好因素的变量定义

变量	定义
收入偏好	1 = 非常偏好，2 = 比较偏好，3 = 稍微偏好，4 = 稍微不偏好，5 = 比较不偏好，6 = 非常不偏好
住房偏好	1 = 非常偏好，2 = 比较偏好，3 = 稍微偏好，4 = 稍微不偏好，5 = 比较不偏好，6 = 非常不偏好
工作或学习偏好	1 = 非常偏好，2 = 比较偏好，3 = 稍微偏好，4 = 稍微不偏好，5 = 比较不偏好，6 = 非常不偏好
健康偏好	1 = 非常偏好，2 = 比较偏好，3 = 稍微偏好，4 = 稍微不偏好，5 = 比较不偏好，6 = 非常不偏好
休闲偏好	1 = 非常偏好，2 = 比较偏好，3 = 稍微偏好，4 = 稍微不偏好，5 = 比较不偏好，6 = 非常不偏好
交际偏好	1 = 非常偏好，2 = 比较偏好，3 = 稍微偏好，4 = 稍微不偏好，5 = 比较不偏好，6 = 非常不偏好

第二节　模型构建与样本分布

为了验证本研究提出的理论假设，根据调研所获得的数据，结合变量定义，本书设置了不同的模型对影响居民主观幸福感的因素、路径和机理进行了分析。

一、模型构建

（一）回归模型——影响因素分析

基于 DiTella 等（2001）[348]、Knight 等（2009）[349] 和刘斌等（2012）[350] 对居民主观幸福感影响因素的研究文献，本章构建了影响居民主观幸福感因素的模型。由于本书的因变量——居民主观幸福感采用 1—10 十级量表进行衡量，类似于连续变量；同时，各变量与居民主观幸福感交叉统计趋势类似于线性。故，本书构建了以下回归模型进行影响因素的分析。

$$Y = \alpha + \beta X + \sum \gamma Z + \varepsilon_{i} \tag{3-4}$$

公式（3－4）为回归方程，式中的 Y 为因变量，即居民主观幸福感；X 为自变量，即居民收入、住房、工作、健康、交际和休闲六大相关变量；Z 为控制变量，包括居民性别、年龄、教育、婚姻、宗教信仰和政治面貌六个特征变量，以及除引入的自变量外的其他五个维度的典型变量；ε 为随机误差项；α、β 和 γ 分别为常数项、自变量和控制变量的估计系数。

（二）结构方程模型——影响路径分析

为了验证影响居民主观幸福感路径的理论假说，结合孙凤（2007）[351]、吴静（2009）[352]和吕洁华等（2015）[353]采用结构方程模型分析影响居民幸福感路径的方法，本书同样构建了结构方程模型对其进行分析。相比传统的回归分析，结构方程模型更适合分析多原因、多结果，以及间接影响的问题，该模型由结构方程和测量方程两部分组成，具体形式如下：

$$\eta = B\eta + \Gamma\xi + \zeta \tag{3-5}$$

$$X = \Lambda_{X}\xi + \delta \text{ , } Y = \Lambda_{Y}\eta + \varepsilon \tag{3-6}$$

公式（3－5）为结构方程，反映潜变量之间的因果关系。式中 η 为内因潜变量，即居民经济、住房、健康、休闲、交际和主观幸福感六个变量；ξ 为外因潜变量，即居民工作变量；B 和 Γ 为回归系数；ζ 为内因潜在变量的误差项。公式（3－6）为测量方程，反映潜变量与其观测变量间的线性关系。式中 X 为外因潜变量的观测变量；Y 为内因潜变量的观测变量或显变量；Λ_X 和 Λ_Y 分别为观测变量在相应潜变量上的因子载荷矩阵；δ 和 ε 分别为相应测量方程的误差项。

（三）有调节的中介模型——影响机理分析

为了分析居民主观幸福感的影响机理，基于以上研究理论，结合温忠麟等（2014）[354]对有调节中介模型的阐述，本书构建了一个有调节的中介模型。在模型分析过程中，首先分析自变量的中介效应；接着探索调节变量对影响居民主观幸福感的调节作用。

$$Y = c_0 + c_1X + c_2U + c_3UX + e_1 \quad (3-7)$$

$$W = a_0 + a_1X + a_2U + a_3UX + e_2 \quad (3-8)$$

$$Y = c'_0 + c'_1X + c'_2U + b_1W + b_2UW + e_3 \quad (3-9)$$

在以上公式中，Y 为因变量，即居民主观幸福感；X 为自变量，即居民个体收入；W 为中介变量，即居民个体收入效用；U 为调节变量，即居民个体收入偏好；UX 表示居民个体收入与偏好的交互作用；UW 表示居民个体偏好与收入效用的交互作用；Z 为控制变量，包括性别、年龄、教育、婚姻、是否生育、政治面貌、住房面积、工作状况、身体健康、休闲时长、中层交际和内层交际。

二、样本分布

本研究主要从区域、个体特征、收入、住房、工作、健康、休闲和交际八个方面分析样本的分布状况。

（一）区域分布

从区域层面分析，本研究主要从四大功能区、是否为城六区和 16 区角度分析样本的户籍、住房和工作所在地的分布状况。本研究中关于调查样本的区域分布情况见表 3－12。

表 3－12　调查样本的区域分布情况（N＝1070）

地区	户籍所在地		住房所在地		工作所在地	
	样本数（个）	占比（%）	样本数（个）	占比（%）	样本数（个）	占比（%）
城六区	437	40.9	631	59.0	667	62.4
首都功能核心区	87	8.2	109	10.2	127	11.9
东城区	36	3.4	45	4.2	60	5.6
西城区	51	4.8	64	6.0	67	6.3
城市功能拓展区	350	32.7	522	48.8	540	50.5

续表

地区	户籍所在地		住房所在地		工作所在地	
	样本数（个）	占比（%）	样本数（个）	占比（%）	样本数（个）	占比（%）
朝阳区	125	11.7	194	18.1	202	18.9
丰台区	67	6.3	114	10.7	78	7.3
石景山区	26	2.4	32	3.0	32	3.0
海淀区	132	12.3	182	17.0	228	21.3
非城六区	315	29.4	439	41.0	368	34.4
城市发展新区	210	19.6	343	32.1	282	26.3
顺义区	31	2.9	50	4.7	50	4.7
通州区	31	2.9	68	6.4	55	5.1
大兴区	49	4.6	77	7.2	63	5.9
房山区	45	4.2	51	4.8	41	3.8
昌平区	54	5.0	97	9.1	73	6.8
生态涵养发展区	105	9.8	96	9.0	86	8.1
门头沟区	11	1.0	16	1.5	15	1.4
平谷区	23	2.1	21	2.0	18	1.7
密云区	31	2.9	24	2.2	19	1.8
怀柔区	18	1.7	19	1.8	17	1.6
延庆区	22	2.1	16	1.5	17	1.6
其　他	318	29.7	—	—	35	3.3

在户籍所在地方面，除户籍不在北京市的318个样本外，从是否为城六区角度分析，户籍在城六区样本所占比重大于非城六区，样本数依次为437个和315个，所占比重分别为40.9%和29.4%。从四大功能区角度分析，户籍在城市功能拓展区的样本最多，为350个，占总样本的32.7%；其次是户籍位于城市发展新区的样本，样本数为210个，所占比重为19.6%；样本数排序第三的是生态涵养发展区，样本数为105个，所占比重为9.8%；而户籍在首都功能核心区的样本数最少，比重仅为8.2%。从16区的角度分析，户籍在海淀区的样本数最多，为132个，比重为

12.3%；其次是户籍在朝阳区的样本，样本数为125个，所占比重为11.7%；户籍在其他14个区的样本所占比重均在10%以下，其中户籍在门头沟区、怀柔区和延庆区的样本数在16个区中排在后三位，分别为11个、18个和22个。

在住房所在地方面，从是否为城六区分析，表3－12显示，城六区的样本所占比重最高，比例为59.0%，已过半；非城六区的样本数为439个，所占比重为41%。从四大功能区分析，城市功能拓展区的样本数最多，为522个，所占比重为48.8%；其次是城市发展新区，样本数为343个，所占比重为32.1%；首都功能核心区和生态涵养发展区的样本数分别为109个和96个，所占比重依次为10.2%和9.0%。从16区角度分析，东城、西城、朝阳、丰台、石景山、海淀、顺义、通州、大兴、房山、门头沟、昌平、平谷、密云、怀柔和延庆共16区样本所占比例依次是4.2%、6.0%、18.1%、10.7%、3.0%、17.0%、4.7%、6.4%、7.2%、4.8%、1.5%、9.1%、2.0%、2.2%、1.8%和1.5%；其中住房在朝阳区、海淀区和丰台区的样本所占比重大于10%，住房在其他13个区的样本所占比重均在10%以下。

在工作所在地方面，除在其他地方工作或者目前没有工作的样本外，从是否为城六区角度分析，由表3－12可知，在城六区工作的样本数为667个，所占比重已过半，为62.4%；而在非城六区工作的样本数为368个，所占比重为34.4%。从四大功能区角度分析，在城市功能拓展区工作的样本数最多，为540个，所占比重刚过50%，为50.5%；其次是在城市发展新区工作的样本，样本数为282个，所占比重为26.3%；而在首都功能核心区和生态涵养发展区工作的样本数分别为127个和86个，所占比重依次为11.9%和8.1%。从16区角度分析，工作在海淀区的样本数最多，为228个，所占比重为21.3%；其次是在朝阳区工作的样本，样本数为202个，所占比重为18.9%；工作在其他14个区的样本数较少，占总样本的比重均在10%以下，其中在门头沟区、怀柔区和延庆区工作的样本数在16个区中排在后三位，所占比重依次为1.4%、1.6%和1.6%。

综合以上分析可知，无论在户籍所在地，还是在住房所在地和工作所在地，从是否为城六区角度分析，样本主要集中在城六区；从四大功能区分析，样本主要集中在城市功能拓展区和城市发展新区；从 16 区角度分析，样本主要集中在海淀区和朝阳区。根据本研究在抽样过程中的北京市 16 区最小样本规模的分布情况（如表 3－2 所示）可知，从区域层面看，本次调查的样本用于分析具有代表性。

（二）个体特征分布

居民的个体特征涉及性别、年龄、教育程度、婚姻状况、是否生育、户籍类型、宗教信仰和政治面貌八个方面。

如表 3－13 所示，从性别分析，男女样本数分别为 550 个和 520 个，所占比重分别为 51.4% 和 48.6%，男性样本数略多于女性样本数，符合实际情况。

表 3－13　　调查样本的个体特征（性别）分布（N＝1070）

统计内容	样本数（个）	占比（%）
女	520	48.6
男	550	51.4

如表 3－14 所示，从年龄分析，20 岁及以下的样本有 113 个，占样本总数的 10.6%，在所有年龄段中排序第三；20—35 岁的样本数最多，为 632 个，占样本总数的 59.1%；35—50 岁的样本数位居第二，为 217 个，占样本总数的 20.3%；50—65 岁的样本数为 73 个，所占比重为 6.8%，排序第四；65 岁以上的样本数仅为 35 个，占样本总数的 3.3%。

表 3－14　　调查样本的个体特征（年龄）分布（N＝1070）

统计内容	样本数（个）	占比（%）
20 岁及以下	113	10.6
20—35 岁	632	59.1
35—50 岁	217	20.3
50—65 岁	73	6.8
65 岁以上	35	3.3

从教育程度分析，表3－15显示，在所有调查样本中，大专或本科学历的样本数最多，为507个，所占比重为47.4%；其次是高中或中专学历的样本，样本数为223个，占样本总数的20.8%；样本数排序第三的是硕士学位的居民，样本数为157个，所占比重为14.7%；而初中、博士和小学及以下教育程度的样本数分别为110个、49个和24个，所占比重依次为10.3%、4.6%和2.2%，占比排在后三位。

表3－15　调查样本的个体特征（教育程度）分布（N＝1070）

统计内容	样本数（个）	占比（%）
小学及以下	24	2.2
初中	110	10.3
高中或中专	223	20.8
大专或本科	507	47.4
硕士	157	14.7
博士	49	4.6

如表3－16所示，从婚姻状况来看，有配偶或伴侣的样本数最多，为713个，占样本总数的66.6%，已经过半；没有配偶或伴侣的样本数为357个，占样本总数的33.4%，不到40%。表3－16显示，初婚状态的样本数最多，为470个，占样本总数的43.9%；其次是单身状态的样本，为325个，所占比例为30.4%；接着是恋爱状态的样本，样本数为203个，所占比例为19%；再婚、分居未离婚、离婚、丧偶状态的样本数分别为31个、9个、20个和12个，所占比例依次是2.9%、0.8%、1.9%和1.1%。如表3－17所示，在所有样本中，没有生育孩子的样本数居多，有618个，所占比重为57.8%；而生育孩子的样本数为452个，所占比重为42.2%。

表3－16　调查样本的个体特征（婚姻状态）分布（N＝1070）

统计内容	样本数（个）	占比（%）
单身	325	30.4
恋爱	203	19.0

续表

统计内容	样本数（个）	占比（%）
初婚	470	43.9
再婚	31	2.9
分居未离婚	9	0.8
离婚	20	1.9
丧偶	12	1.1

表3－17　　调查样本的个体特征（子女情况）分布（N＝1070）

统计内容		样本数（个）	占比（%）
未生育子女		618	57.8
已生育子女个数	1个	352	32.9
	2个	87	8.1
	3个及以上	13	1.2

从户籍类型分析，表3－18显示，农业户籍的样本数有304个，所占比重为28.4%；非农业户籍的样本数为766个，所占比重已过半，为71.6%。

表3－18　　调查样本的个体特征（户籍类型）分布（N＝1070）

统计内容	样本数（个）	占比（%）
非农业户籍	766	71.6
农业户籍	304	28.4

如表3－19所示，从宗教信仰分析，没有宗教信仰的样本居多，样本数为964个，所占比重高达90.1%；拥有宗教信仰的样本数有106个，所占比重仅为9.9%。在拥有宗教信仰的样本中，从不参与宗教活动的样本数最多，有44个，所占比重为41.5%；参与不同频次宗教活动的样本数为62个，所占比重已过半，为58.5%。

表 3-19　调查样本的个体特征（宗教信仰）分布（N=1070）

统计内容		样本数（个）	占比（%）
无宗教信仰且不参与宗教活动		964	90.09
有宗教信仰且参与宗教活动	从不	44	4.11
	一年少于5次	32	3.00
	一年5—10次	5	0.47
	一月1次	6	0.56
	一月2—3次	4	0.37
	一周1次	2	0.19
	一周2—3次	4	0.37
	其他	9	0.84

如表 3-20 所示，从政治面貌来看，非中共党员的样本数最多，为 816 个，所占比重已过半，为 76.3%；中共党员的样本数为 254 个，占样本总数的 23.7%。总体而言，非中共党员的样本数远远多于中共党员。具体来说，群众的样本数最多，为 542 个，所占比重过半，为 50.7%；其次是共青团员，样本数为 542 个，占样本总数的 50.7%；中共党员的样本数排在第三名，为 254 个，所占比重为 23.7%；民主党派的样本数最少，有 6 个，仅占样本总数的 0.6%。

表 3-20　调查样本的个体特征（政治面貌）分布（N=1070）

统计内容	样本数（个）	占比（%）
中共党员	254	23.7
民主党派	6	0.6
共青团员	268	25.0
群众	542	50.7

在所有样本中，非学生样本较多，为 847 个，所占比重为 79.2%；学生样本有 223 个，占样本总数的 20.8%。综合以上分析可知，调查样本的个体特征分布主要集中在男性、20—35 岁、大专或本科学历、已婚、非农业户籍、没有宗教信仰的非学生群众居民。从个体特征的分布看，调查样

本具有代表性。

第三节　本章小结

本章阐述了本书研究的数据来源、变量定义、模型构建和样本分布。数据来源于2017年对北京市16区1070名居民的实地抽样调查，涉及收入、住房、工作、健康、休闲和交际六大变量，以及对应的效用和偏好变量。基于调查的数据和定义的变量，结合本书研究的主要内容，本章构建了回归模型分析影响居民主观幸福感的因素，建构了结构方程模型分析影响居民主观幸福感的路径，建立了有调节的中介模型分析影响居民主观幸福感的机理。最后分析了调查样本在区域和个体特征两个层面的分布，结果表明本次调查的样本具有代表性。本章分析的内容为接下来的研究奠定了基础。

第四章　居民生活现状与主观幸福感的特征分析

为了验证第二章提出的影响居民主观幸福感的六棱锥模型假设，在第三章分析内容的基础上，首先从居民收入、住房、工作、健康、休闲、交际、效用和偏好八个方面分析了居民的生活状况；接着分析了居民主观幸福感的群体特征。

第一节　居民生活现状

一、月均可支配收入较低且增速缓慢

（一）月均可支配收入水平较低

除学生居民外，居民的月均可支配收入为7959.11元，如表4－1所示，在非学生居民中，月均可支配收入在5000—10000元之间的居民最多，有373个，所占比重为34.9%；其次是收入在5000元及以下的居民，样本数为367个，占样本总数的34.3%；收入在10000—15000元之间的样本数有47个，所占比重为4.4%，排在第三位；收入在15000—20000元之间的样本数排在第四位，为36个，所占比重为3.4%；月均可支配收入在20000元以上的样本最少，有24个，所占比例仅为2.2%。可见，北京市居民的月均可支配收入处于较低水平。

表 4－1　　　　　　居民的绝对收入状况（N＝1070）

统计内容		样本数（个）	占比（%）
绝对收入	不适应缺失	223	20.8
	5000 元及以下	367	34.3
	5000—10000 元	373	34.9
	10000—15000 元	47	4.4
	15000—20000 元	36	3.4
	20000 元以上	24	2.2

（二）月均可支配收入增速缓慢且差距不明显

从纵向相对收入分析，如表 4－2 所示，在拥有收入的 847 个样本（即非学生样本）中，收入相比去年没有变化的居民最多，有 393 个，在拥有收入的全部样本中所占比重为 46.4%；相比去年，收入提高了的样本数排在第二位，有 341 个，占非学生样本数的 40.3%；收入相比去年下降的样本数有 113 个，占非学生样本数的 13.3%。从横向相对收入分析，收入在与他人进行比较时，处于差不多水平的样本数最多，有 445 个，占非学生样本数的 52.5%；处于偏低水平的样本数排在第二位，有 299 个，占非学生样本数的 35.3%；处于偏高水平的样本数最少，有 103 个，占非学生样本数的 12.2%。可见，北京市居民的月均可支配收入增长速度缓慢，差距不明显。

表 4－2　　　　　　居民相对收入状况（N＝1070）

统计内容		样本数（个）	占比（%）	统计内容		样本数（个）	占比（%）
纵向	提高了	341	40.3	横向	偏高	103	12.2
	没有变化	393	46.4		差不多	445	52.5
	下降了	113	13.3		偏低	299	35.3

注：表 4－2 中的“占比”系“统计内容”对应的样本数在“非学生样本数”中的占比情况。

二、住房产权以非自己为主且人均面积较小但设施良好

（一）人均住房面积较小

居民人均住房面积为26.94平方米，如表4-3所示，在所有样本中，人均住房面积在20—40平方米的样本数最多，为668个，占总样本的比重为62.43%，已过半；其次是人均住房面积为20平方米及以下的样本，样本规模为285个，所占比重为26.64%；而住房面积在40—60平方米的样本数排在第三位，样本规模为79个，占总样本的7.38%；样本数排在第四位和第五位的分别是80平方米以上和60—80平方米的居民，样本规模分别为20个和18个，所占比重依次为1.87%和1.68%。可见，北京市居民的人均住房面积较小。

表4-3　　居民的住房面积状况（N=1070）

统计内容	样本数（个）	占比（%）
$20m^2$ 及以下	285	26.64
20—$40m^2$	668	62.43
40—$60m^2$	79	7.38
60—$80m^2$	18	1.68
$80m^2$ 以上	20	1.87

（二）住房产权以非自己的为主

如表4-4所示，住房产权不属于自己的居民较多，有560个，占样本总数的52.3%；住房属于自己的样本数为510个，占总样本数的47.7%。可见，北京市居民的住房产权不属于自己的居民较多。

表4-4　　居民的住房产权状况（N=1070）

统计内容	样本数（个）	占比（%）
自己的住房	510	47.7
非自己的住房	560	52.3

（三）住房设施良好

如表 4－5 所示，住房设施不存在与他户共用情况的样本数居多，有 766 个，占样本总数的 71.6%；然而，仍然有 304 个样本居民的住房设施与他户共用，所占比重为 28.4%。可见，北京市居民的住房设施良好。

表 4－5　　居民的住房设施状况（N＝1070）

统计内容	样本数（个）	占比（%）
非共用	766	71.6
共用	304	28.4

（四）通勤方式以公共交通出行为主

在一定程度上，居住状况决定了通勤状况。从通勤方式分析，表 4－6 显示，采用公共交通出行的样本较多，有 493 个，占样本总数的 46.1%；其次是使用私家汽车出行的样本，样本数为 223 个，所占比重为 20.8%；采用步行、电动车或自行车和出租或单位公车出行的样本数分别排在第三、第四和第五位，样本数分别有 163 个、142 个和 49 个，所占比重依次为 15.2%、13.3%和 4.6%。

表 4－6　　调查样本的居住特征（通勤方式）分布（N＝1070）

统计内容	样本数（个）	占比（%）
私家汽车	223	20.8
公共交通	493	46.1
步行	163	15.2
电动车或自行车	142	13.3
出租或单位公车	49	4.6

（五）通勤时耗在 1 小时及以下居多

在通勤时耗方面，北京市居民从住房到单位的通勤时耗的平均水平为

0. 79 小时，在所有样本中，通勤时耗在平均水平以上的样本较多，有 643 个，所占比重已过半，为 60. 1%；通勤时耗在平均水平以下的样本数为 427 个，所占比重为 39. 9%。若将通勤时耗分为五等级进行分析，如表 4－7 所示，通勤时耗在 0. 5—1. 0 小时之间的样本最多，样本数为 556 个，所占比重高达 52%；通勤时耗在 0. 5 小时以下的样本数为 409 个，所占比重为 38. 2%，位居第二；通勤时耗在 1. 0—1. 5 小时、1. 5—2. 0 小时和 2. 0 小时以上的样本数分别为 47 个、43 个和 15 个，所占比重依次为 4. 4%、4. 0% 和 1. 4%，分别排在第三、第四和第五位。

表 4－7　调查样本的居住特征（通勤时耗）分布（N＝1070）

统计内容	样本数（个）	占比（%）
0. 5 小时及以下	409	38. 2
0. 5—1. 0 小时	556	52. 0
1. 0—1. 5 小时	47	4. 4
1. 5—2. 0 小时	43	4. 0
2. 0 小时以上	15	1. 4

三、在民营企业全职就业为主但薪酬较低

（一）就业居民较多

除 223 个学生样本外，如表 4－8 所示，处于就业状态的样本数最多，有 743 个，占样本总数的 69. 4%；处于非就业状态的样本数为 104 个，所占比重为 9. 7%。具体来讲，已退休的居民，样本数为 46 个，占样本总数的 4. 3%；处于失业、待业、无业和其他状态的样本数分别为 15 个、18 个、20 个和 5 个，所占比重依次为 1. 4%、1. 7%、1. 9% 和 0. 5%。可见，北京市居民大部分处于就业状态。

表 4－8　　居民的工作状态状况（N＝1070）

统计内容	样本数（个）	占比（%）
就业	743	69.4
非就业	104	9.7

（二）全职工作为主

如表 4－9 所示，从事全职工作的样本数最多，为 709 个，在处于就业状态的全部样本中所占比重过半，高达 95.4%；从事非全职工作的样本数为 34 个，所占比重仅为 4.6%。可见，北京市居民以全职工作为主。

表 4－9　　居民的工作性质状况（N＝1070）

统计内容	样本数（个）	占比（%）
非全职	34	4.6
全职	709	95.4

注：表 4－9 中的“占比”系“统计内容”对应的样本数在处于就业状态的全部样本中的占比。

（三）工作职业多样

从事商业、服务业的样本数最多，为 233 个，所占比重为 31.4%；其次是普通职员，样本数为 126 个，所占比重为 17.0%；样本数排在第三位的是专业技术人员，样本数有 104 个，所占比重为 14.0%；单位负责人和中层管理者的样本数分别为 88 个和 74 个，所占比重分别为 11.8% 和 10.0%；务农、生产或运输设备操作人员及有关人员、军人和自由职业等的样本数分别为 15 个、27 个、15 个和 61 个，所占比重均在 10% 以下，分别为 2.0%、3.6%、2.0% 和 8.2%。

表 4－10　　居民的工作职业状况（N＝1070）

统计内容	样本数（个）	占比（%）
务农	15	2.0
单位负责人	88	11.8

续表

统计内容	样本数（个）	占比（%）
中层管理	74	10.0
专业技术人员	104	14.0
普通职员	126	17.0
商业、服务人员	233	31.4
生产或运输设备操作人员及有关人员	27	3.6
军人	15	2.0
自由职业等	61	8.2

注：表4－10中的“占比”系“统计内容”对应的样本数在处于就业状态的全部样本中的占比。

（四）工作单位以民营企业居多

如表4－11所示，在企业工作的样本较多，样本数有431个，所占比重为58.0%；其次是在事业单位工作的样本，样本数有129个，所占比重为17.4%；以无单位或自雇（包括个体户）方式工作的样本数为81个，所占比重为10.9%，排在第三位；在党政机关、社会团体或居/村委会、军队和其他单位工作的样本数分别为47个、15个、6个和34个，所占比重均在10%以下，依次为6.3%、2.0%、0.8%和4.6%。

表4－11　　居民的工作单位状况（N＝1070）

统计内容	样本数（个）	占比（%）
企业	431	58.0
党政机关	47	6.3
事业单位	129	17.4
社会团体或居/村委会	15	2.0
无单位或自雇（包括个体户）	81	10.9
军队	6	0.8
其他	34	4.6

注：表4－11中的“占比”系“统计内容”对应的样本数在处于就业状态的全部样本中的占比。

在企业工作的431个样本中，如表4－12所示，工作单位属于民营企业的样本数最多，有258个，所占比重接近60%，为59.9%；其次是国营单位，样本数有92个，所占比重为21.3%；接着是外资企业，样本数为48个，所占比重为11.1%；而工作单位为央企和中外合资企业的样本数分别为15个和18个，所占比重均在10%以下，依次为3.5%和4.2%。

表4－12 调查样本的工作特征（企业类型）分布（N＝1070）

统计内容	样本数（个）	占比（%）
国营	92	21.3
民营	258	59.9
外资	48	11.1
央企	15	3.5
中外合资	18	4.2

注：表4－12中的“占比”系“统计内容”对应的样本数于“在企业工作的431个样本”中的占比。

（五）工作时间集中在8小时及以下

北京市居民工作的平均时间为8.75小时，工作时间低于平均水平的样本数较多，为454个，所占比重为61.1%；而高于平均水平的样本数为289个，所占比重为38.9%。从工作时间是否超过8小时的角度分析，如表4－13所示，工作时间在8小时及以下的样本数较多，有449个，所占比重为60.4%；工作时间在8小时以上的样本数为294个，所占比重接近40%，为39.6%。可见，北京市居民的工作时间集中在8小时及以下。

表4－13 居民的工作时间状况（N＝1070）

统计内容	样本数（个）	占比（%）
8小时及以下	449	60.4
8小时以上	294	39.6

（六）月均可支配工资薪酬较低

在就业样本中，月均可支配工资为 7741.11 元，低于平均工资水平的样本有 474 个，所占比重为 64.1%；高于平均工资水平的样本较少，为 267 个，所占比重为 35.9%。将工资薪酬分为五等级进行分析，如表 4－14 所示，工资在 5000—10000 元之间的样本数最多，为 361 个，占就业样本的 48.59%；工资在 5000 元及以下的样本数位居第二，有 295 个，所占比重为 39.70%；样本数排在第三位的是工资在 20000 元以上的居民，样本数有 46 个，所占比重为 6.19%；而工资在 10000—15000 元和 15000—20000 元的样本数分别为 33 个和 8 个，所占比重依次为 4.44% 和 1.08%，均在 10% 以下。可见，北京市居民的月均可支配工资薪酬集中在 10000 元以下。

表 4－14　　居民的工资薪酬状况（N＝1070）

统计内容	样本数（个）	占比（%）
5000 元及以下	295	39.70
5000—10000 元	361	48.59
10000—15000 元	33	4.44
15000—20000 元	8	1.08
20000 元以上	46	6.19

注：表 4－14 中的“占比”系“统计内容”对应的样本数在处于就业状态的全部样本中的占比。

（七）只受管理的居民较多

从工作管理活动分析，如表 4－15 所示，只受别人管理但不管理别人的样本居多，有 356 个，占就业样本的 47.9%；其次是既管理别人又受别人管理的样本，样本数为 297 个，所占比重为 40.0%；样本数排在第三位的是既不管理别人又不受别人管理的样本，样本数为 60 个，所占比重为 8.1%；只管理别人但不受别人管理的样本数为 30 个，所占比重仅为 4.0%。可见，北京市居民在工作管理活动中集中于只受别人管理但不管理别人和既管理别人又受别人管理。

表 4－15　　居民的工作管理活动状况（N＝1070）

统计内容	样本数（个）	占比（%）
既管理别人，又受别人管理	297	40.0
只管理别人，不受别人管理	30	4.0
既不管理别人，又不受别人管理	60	8.1
只受别人管理，不管理别人	356	47.9

注：表 4－15 中的“占比”系“统计内容”对应的样本数在处于就业状态的全部样本中的占比。

（八）工作兴趣一般

从工作兴趣程度分析，如表 4－16 所示，工作兴趣程度为一般的样本最多，为 331 个，占就业样本的 44.5%；对工作感到有兴趣的样本数排在第二位，样本数为 283 个，所占比重为 38.1%；对工作感到非常有兴趣的样本有 62 个，所占比重为 8.3%，低于 10%；对工作感到没兴趣和完全没兴趣的样本数分别为 54 个和 13 个，所占比重依次为 7.3% 和 1.7%。可见，北京市居民对工作的兴趣程度以一般和有兴趣为主。

表 4－16　　居民的工作兴趣程度状况（N＝1070）

统计内容	样本数（个）	占比（%）
完全没兴趣	13	1.7
没兴趣	54	7.3
一般	331	44.5
有兴趣	283	38.1
非常有兴趣	62	8.3

注：表 4－16 中的“占比”系“统计内容”对应的样本数在处于就业状态的全部样本中的占比。

（九）一定的工作自主决定程度

从工作自主决定程度分析，如表 4－17 所示，能在一定程度上自主决定的样本数较多，为 406 个，所占比重已过半，为 54.6%；在很少程度上能自主决定的样本数为 199 个，占就业样本的 26.8%，排在第二位；在工作中能完全自主决定的样本数排在第三位，为101个，所占比重为13.6%；而在工作中完全不能自主决定的样本数最少，有37个，所占比重仅为5.0%。可见，在工作中能在一定程度上自主决定的居民较多。

表4－17　　居民的工作自主决定程度状况（N＝1070）

统计内容	样本数（个）	占比（%）
完全自主	101	13.6
一定程度	406	54.6
很少程度	199	26.8
完全不能自主	37	5.0

注：表4－17中的“占比”系“统计内容”对应的样本数在处于就业状态的全部样本中的占比。

四、自评比较健康且有锻炼的习惯

（一）自评比较健康的样本较多

如表4－18所示，自评比较健康的样本最多，为436个，占样本总数的40.7%；自评身体健康状况为一般的样本数位居第二，为282个，所占比重为26.4%；自评很健康的样本数为209个，所占比重为19.5%；自评比较不健康的样本数排在第四位，为113个，所占比重为10.6%；自评很不健康的样本最少，为30个，所占比重仅为2.8%。可见，样本居民对自己身体自评健康状况不是很有信心，或者说过半居民的身体处于比较健康和一般的状态。

表4－18　　居民的身体健康状况（N＝1070）

统计内容	样本数（个）	占比（%）
很不健康	30	2.8
比较不健康	113	10.6
一般	282	26.4
比较健康	436	40.7
很健康	209	19.5

（二）锻炼频次以每周 2—3 次为主

参与身体锻炼的居民较多，样本数为 786 个，所占比重超过 70%，为 73.5%；没有参与身体锻炼的样本数为 284 个，占样本总数的 26.5%。如表 4－19 所示，在参与锻炼的居民中，一周参与 2—3 次锻炼的样本最多，样本数为 294 个，所占比重为 37.4%；一周参与 1 次锻炼的样本数排在第二位，为 159 个，所占比重为 20.2%；每天参与锻炼的样本数有 152 个，占参与锻炼的全部样本的 19.3%；一月参与 2—3 次和 1 次锻炼的样本数分别有 75 个和 36 个，所占比重分别是 9.5% 和 4.6%；一年参加锻炼少于 10 次的样本数有 70 个，所占比重为 8.9%。可见，在参与锻炼的样本中，一周参加 2—3 次锻炼的样本较多。

表 4－19　　居民锻炼身体的频率状况（N＝1070）

统计内容	样本数（个）	百分比（%）
每天 1 次	152	19.3
一周 2—3 次	294	37.4
一周 1 次	159	20.2
一月 2—3 次	75	9.5
一月 1 次	36	4.6
一年少于 10 次	70	8.9

注：表 4－19 中的“占比”系“统计内容”对应的样本数在参与身体锻炼的全部样本中的占比。

五、享受国家法定节假日且休闲活动多样

（一）休闲时长以 7—8 天居多

如表 4－20 所示，北京市居民月均实际休息时长为 7—8 天的样本数最多，有 358 个，占样本总数的 33.5%；月均休息 9 天及以上的样本数排在第二位，有 208 个，所占比重为 19.4%；休息 3—4 天的样本数为 189 个，所占比重为 17.7%，排在第三位；休息 5—6 天的样本数为 162 个，所占比

重为15.1%，排在第四位；休息2天及以下的样本最少，为153个，所占比重为14.3%。可见，大部分居民的休闲时长为7—8天。

表4-20 居民的休闲状况（N=1070）

统计内容		样本数（个）	占比（%）
月均休闲时长	2天及以下	153	14.3
	3—4天	189	17.7
	5—6天	162	15.1
	7—8天	358	33.5
	9天及以上	208	19.4

（二）休闲活动多样

居民休闲时通常会选择与朋友或亲戚聚会、外出散步或闲逛、外出逛街购物、外出看电影、体育锻炼、在家听音乐或上网打游戏、在家睡觉或做家务、学习充电、外出旅游、在家带孩子等活动。在休闲时，97.9%的居民有休闲活动。如表4-21所示，在参与休闲活动的居民中，在家睡觉或做家务的样本较多，有565个，所占比重为52.8%；与朋友或亲戚聚会的样本数排在第二位，为554个，所占比重为51.8%；样本数排在第三位的是外出散步或闲逛，样本数为459个，所占比重为42.9%；样本数排在后三位的休闲方式分别是其他活动、外出旅游和学习充电，样本数分别为48个、196个和231个，比重依次为4.6%、18.3%和21.6%；外出逛街购物、外出看电影、在家听音乐或上网打游戏和体育锻炼的样本数分别为441个、404个、358个和293个，所占比重依次为41.2%、37.8%、33.5%和27.4%。可见，在家睡觉或做家务和与朋友或亲戚聚会的居民较多。

表4-21 居民的休闲状况（N=1070）

统计内容		样本数（个）	占比（%）	统计内容		样本数（个）	占比（%）
与朋友或亲戚聚会	否	493	46.1	体育锻炼	否	754	70.5
	是	554	51.8		是	293	27.4

续表

统计内容		样本数（个）	占比（%）	统计内容		样本数（个）	占比（%）
散步或闲逛	否	508	47.5	在家听音乐或上网打游戏	否	689	64.4
	是	459	42.9		是	358	33.5
逛街购物	否	606	56.6	在家睡觉或做家务	否	402	37.6
	是	441	41.2		是	565	52.8
看电影	否	643	60.1	学习充电	否	816	76.3
	是	404	37.8		是	231	21.6
旅游	否	554	51.8	其他	否	999	95.4
	是	196	18.3		是	48	4.6

六、交际呈现差序格局特征

（一）经常与家人交际

如表 4－22 所示，从聚餐等近距离交际分析，经常交际的样本数最多，有 317 个，占样本总数的 29.6%；样本数排在第二位的是很少交际的居民，样本数为 267 个，所占比重为 25.0%；有时交际的样本数有 264 个，所占比重为 24.7%；而总是交际的样本数排在第四位，有 163 个，所占比重为 15.2%；从不交际的样本数最少，有 59 个，所占比重仅为 5.5%。从通电话等远距离交际分析，经常交际的样本数位居第一，有 426 个，占样本总数的 39.8%；总是交际的样本数排在第二位，有 275 个，所占比重为 25.7%；有时交际的样本数排在第三位，有 230 个，所占比重为 21.5%；很少和从不交际的样本数分别有 118 个和 21 个，所占比重依次为 11.0% 和 2.0%。可见，在近距离交际中，与家人经常交际的样本居多；在远距离交际中，与家人交际的样本数会随着频率的提升而呈现“倒 U 型”变化趋势，其中最高点是经常交际的样本居民。

表 4－22　　居民与家人交际状况（N＝1070）

交际频率	近距离交际		远距离交际	
	样本数（个）	占比（%）	样本数（个）	占比（%）
总是	163	15.2	275	25.7
经常	317	29.6	426	39.8
有时	264	24.7	230	21.5
很少	267	25.0	118	11.0
从不	59	5.5	21	2.0

（二）很少与亲戚交际

如表 4－23 所示，从聚餐等近距离交际分析，很少交际的样本数位列第一，有 512 个，所占比重为 47.9%，接近 50%；有时交际的样本数排在第二位，有 297 个，占样本总数的 27.8%；经常、从不和总是交际的样本数分别为 109 个、99 个和 53 个，所占比重依次为 10.2%、9.3% 和 5.0%。从通电话等远距离交际分析，依然是很少交际的样本数最多，有 427 个，所占比重为 39.9%；有时交际的样本数位居第二，有 331 个，所占比重为 30.9%；经常、从不和总是交际的样本数分别有 153 个、92 个和 67 个，所占比重依次为 14.3%、8.6% 和 6.3%。可见，在全部样本居民中，无论是近距离交际还是远距离交际，与亲戚交际的样本数和所占比重会随着频率的提升而呈现“倒 U 型”变化趋势，其中最高点均是很少交际的样本居民。

表 4－23　　居民与亲戚交际状况（N＝1070）

交际频率	近距离交际		远距离交际	
	样本数（个）	占比（%）	样本数（个）	占比（%）
总是	53	5.0	67	6.3
经常	109	10.2	153	14.3
有时	297	27.8	331	30.9
很少	512	47.9	427	39.9
从不	99	9.3	92	8.6

（三）有时与朋友交际

如表 4 – 24 所示，从聚餐等近距离交际分析，有时交际的样本数最多，有 367 个，占样本总数的 34. 3%；很少交际的样本数排在第二位，有 276 个，所占比重为 25. 8%；经常交际的样本数排在第三位，有 269 个，所占比重为 25. 1%；总是交际的样本数为 112 个，所占比重为 10. 5%，排在第四位；从不交际的样本数有 46 个，所占比重仅为 4. 3%。从通电话等远距离交际分析，有时交际的样本数居多，有 387 个，所占比重为 36. 2%；样本数排在第二位的是经常交际的居民，样本数为 312 个，所占比重为 29. 2%；样本数排在第三位的是很少交际的居民，样本数为 216 个，比重为 20. 2%；总是交际的样本数为 119 个，所占比重为 11. 1%；从不交际的样本数有 36 个，所占比重仅为 3. 4%。可见，在全部样本居民中，无论是近距离交际还是远距离交际，与朋友交际的样本数和所占比重会随着频率的提升而呈现“倒 U 型”变化趋势，其中最高点都是有时交际的居民。

表 4 – 24　　居民与朋友交际状况（N = 1070）

交际频率	近距离交际		远距离交际	
	样本数（个）	占比（%）	样本数（个）	占比（%）
总是	112	10. 5	119	11. 1
经常	269	25. 1	312	29. 2
有时	367	34. 3	387	36. 2
很少	276	25. 8	216	20. 2
从不	46	4. 3	36	3. 4

（四）有时与同事或同学交际

从聚餐等近距离交际分析，有时交际的居民较多，样本数有 378 个，占样本总数的 35. 3%；其次是很少交际的居民，样本数有 311 个，所占比重为 29. 1%；样本数排在第三位的是经常交际的居民，样本数为 229 个，所占比重为 21. 4%；而总是和从不交际的样本数分别排在第四和第五位，样本数分别有85个和67个，比重依次为7.9%和6.3%。从通电话等远距离交际分析，依然是有时交际的样本居多，有379个，占样本总数的35.4%；很少交际的样本数有273个，所占比重为25.5%，位居第二；经常交际的样本数排在第三位，有254个，所占比重为23.7%；而总是和从不交际的样本数分别为88个和76个，所占比重依次为8.2%和7.1%。可见，在全部样本居民中，无论是近距离交际还是远距离交际，与同事或同学交际的样本数和所占比重会随着频率的提升而呈现“倒U型”变化趋势，其中最高点亦是有时交际的居民。

表4-25　　居民与同事或同学交际状况（N=1070）

交际频率	近距离交际		远程交际	
	样本数（个）	占比（%）	样本数（个）	占比（%）
总是	85	7.9	88	8.2
经常	229	21.4	254	23.7
有时	378	35.3	379	35.4
很少	311	29.1	273	25.5
从不	67	6.3	76	7.1

总之，在样本居民中，经常与家人交际、很少与亲戚交际、有时与朋友和同事或同学交际的居民较多。此外，除与家人近距离交际外，与家人远距离交际，以及与亲戚、朋友和同事或同学交际的样本数和样本所占比重会随着频率的提升而呈现“倒U型”变化趋势。可见，与不同对象的交际频率符合现实生活中居民的交际情况。

八、自评非物质条件更满足

如表4-26所示，通过计算六大维度中各变量效用的平均值可知，健康效用值最高，为7.68，标准差为1.71；其次是交际效用值，为7.54，标准差为1.77；接着是休闲效用值，为6.55，标准差为2.13；工作效用值为6.39，排在第四位，标准差为1.83；住房效用排在第五位，住房效用值为

6. 29，标准差为 1. 98；经济效用值最低，仅为 5. 37，标准差为 2. 12。总的来说，居民对六大维度的效用值排序为健康 > 交际 > 休闲 > 工作 > 住房 > 经济。

表 4 – 26　　居民的生活效用状况（N = 1070）

变量	极小值	极大值	均值	标准差	样本量（个）
经济	1	10	5. 37	2. 12	847
住房	1	10	6. 29	1. 98	1070
工作	1	10	6. 39	1. 83	748
健康	1	10	7. 68	1. 71	401
交际	1	10	7. 54	1. 77	971
休闲	1	10	6. 55	2. 13	1070

九、优先偏好健康和物质条件

（一）非常偏好收入

如表 4 – 27 所示，在收入偏好方面，非常偏好的样本数最多，有 328 个，占样本总数的 30. 65%；其次是比较偏好的居民，样本数为 241 个，所占比重为 22. 52%；接着是稍微偏好的居民，样本数有 145 个，所占比重为 13. 55%；稍微不偏好、比较不偏好和非常不偏好收入的样本数分别为 119 个、74 个和 52 个，所占比重依次为 11. 12%、6. 92% 和 4. 86%。可见，在样本居民中，对收入非常偏好的居民较多；同时，样本居民规模随着偏好程度的加深而增多。

（二）比较偏好住房

如表 4 – 27 所示，在住房偏好方面，比较偏好的样本数居多，有 189 个，占样本总数的 17. 66%；其次是稍微偏好的居民，样本数为 174 个，所占比重为 16. 26%；样本数排在第三位的是比较不偏好的居民，有 168 个，所占比重为 15. 70%；非常不偏好的样本数排在第四位，有 163 个，所占比重为 15. 23%；稍微不偏好和非常偏好的样本数分别有 148 个和 85 个，所占比重依次为 13.83% 和 7.94%。可见，在样本居民中，对住房比较偏好的居民较多；同时，居民样本规模随着偏好程度的加深而呈现“倒 W 型”变化趋势。

（三）稍微偏好工作或学习

如表 4－27 所示，在工作或学习偏好方面，稍微偏好的样本数位居首位，有 233 个，占样本总数的 21.78%；其次是比较偏好的样本居民，样本数有 204 个，所占比重为 19.07%；稍微不偏好的样本数排在第三位，有 198 个，所占比重为 18.50%；非常偏好的样本数有 120 个，所占比重为 11.21%，排在第四位；比较不偏好和非常不偏好的样本数分别有 95 个和 89 个，所占比重依次为 8.88% 和 8.32%，均在 10% 以下。可见，在所有样本中，对工作或学习稍微偏好的居民较多；同时，居民样本数随着偏好程度的加深而呈“倒 U 型”变化趋势。

（四）非常偏好健康

如表 4－27 所示，在健康偏好方面，非常偏好的样本数最多，有 425 个，占样本总数的 39.72%；其次是稍微偏好的居民，样本数有 153 个，所占比重为 14.30%；样本数排在第三位的是稍微不偏好的居民，样本数有 148 个，所占比重为 13.83%；接着是比较偏好的居民，样本数比稍微不偏好的样本数减少了 4 个，为 144 个，所占比重为 13.46%；比较不偏好和非常不偏好的样本数分别有 48 个和 38 个，所占比重均在 5% 以下，分别为 4.49% 和 3.55%。可见，在所有样本中，对健康非常偏好的居民最多；同时，居民样本数随着偏好程度的加深而呈现先增加再下降再上升的趋势。

（五）非常不偏好休闲

如表 4－27 所示，在休闲偏好方面，非常不偏好的样本数最多，有 427 个，占样本总数的 39.91%；其次是比较不偏好的居民，样本数有 189 个，所占比重为 17.66%；样本数排在第三位的是稍微不偏好的居民，有 106 个，所占比重接近 10%，为 9.91%；接着是稍微偏好的样本，样本数有 104 个，所占比重为 9.72%；比较偏好和非常偏好的样本数分别为 55 个和

21 个，所占比重依次为 5. 14% 和 1. 96%。可见，在所有样本中，非常不偏好休闲的居民居多；同时，居民样本规模随着偏好程度的加深而呈现线性下降的趋势。

（六）比较不偏好交际

如表 4－27 所示，在交际偏好方面，比较不偏好的样本数排在第一位，有 313 个，占样本总数的 29. 25%；其次是稍微不偏好的居民，样本数有 175 个，所占比重为 16. 36%；接着是比较偏好的居民，样本数有 145 个，所占比重为 13. 55%；样本数排在第四位的是稍微偏好的居民，样本数有 137 个，所占比重为 12. 80%；非常不偏好和非常偏好的样本数分别为 111 个和 54 个，所占比重依次为 10. 37% 和 5. 05%。可见，在所有样本中，比较不偏好的居民较多；同时，居民样本规模随着偏好程度的加深呈现“倒 W 型”变化趋势。

表 4－27　　居民的偏好状况（N＝1070）

偏好程度	收入		住房		工作或学习	
	样本数（个）	占比（%）	样本数（个）	占比（%）	样本数（个）	占比（%）
非常偏好	328	30. 65	85	7. 94	120	11. 21
比较偏好	241	22. 52	189	17. 66	204	19. 07
稍微偏好	145	13. 55	174	16. 26	233	21. 78
稍微不偏好	119	11. 12	148	13. 83	198	18. 50
比较不偏好	74	6. 92	168	15. 70	95	8. 88
非常不偏好	52	4. 86	163	15. 23	89	8. 32
偏好程度	健康		休闲		交际	
	样本数（个）	占比（%）	样本数（个）	占比（%）	样本数（个）	占比（%）
非常偏好	425	39. 72	21	1. 96	54	5. 05
比较偏好	144	13. 46	55	5. 14	145	13. 55
稍微偏好	153	14. 30	104	9. 72	137	12. 80
稍微不偏好	148	13. 83	106	9. 91	175	16. 36
比较不偏好	48	4. 49	189	17. 66	313	29. 25
非常不偏好	38	3. 55	427	39. 91	111	10. 37

综合以上分析，在所有样本居民中，非常偏好健康和收入、比较偏好住房、稍微偏好工作或学习、非常不偏好休闲、比较不偏好交际的样本居民较多。然而，样本居民更加偏好健康，还是更加偏好收入？答案是健康，由两者的样本数和所占比重可知，偏好健康的样本数和所占比重均大于收入，所以样本居民对健康的偏好优于收入。因此，在所有样本中，样本居民对收入、住房、工作或学习、健康、休闲和交际的偏好排序是健康 > 收入 > 住房 > 工作或学习 > 交际 > 休闲。

第二节　居民主观幸福感的群体特征

根据本研究用于测度北京市居民主观幸福感的 10 个选项可知，如表 4 - 28 所示，报告幸福感为 8 的样本数最多，有 301 个，占样本总数的 28.13%；其次是报告幸福感为 6 的居民，样本数为 177 个，所占比重为 16.54%；接着是报告幸福感为 7 的居民，样本数有 163 个，所占比重为 15.23%；样本数排在第四和第五位的分别是报告幸福感为 5 和 10 的居民，样本数分别有 120 个和 111 个，所占比重依次为 11.21% 和 10.37%；而样本数排在后五位的分别是报告幸福感为 2、1、3、4 和 9 的居民，样本数分别为 13 个、24 个、28 个、35 个和 95 个，均少于 100 个，所占比重依次为 1.21%、2.24%、2.62%、3.27% 和 8.88%，均在 10% 以下。可见，居民报告幸福感在 5 以上的样本数居多。

表 4 - 28　　居民主观幸福感情况（N = 1070）

主观幸福感评分	1	2	3	4	5	6	7	8	9	10
样本数（个）	24	13	28	35	120	177	163	301	95	111
占比（%）	2.24	1.21	2.62	3.27	11.21	16.54	15.23	28.13	8.88	10.37

从区域层面分析，图 4 - 1 显示，居民主观幸福感评分在 6.0—8.0 之间，其中评分在 6.0—7.0 之间的地区有 8 个，所占比重为 50%；评分在 7.0—8.0 之间的地区也有 8 个，所占比重为 50%。大兴区的居民幸福感最

高，评分为 7. 42；其次是西城区和通州区的居民，幸福感评分都为 7. 41；幸福感评分排在第三位的是石景山区的居民，评分为 7. 34；密云区和房山区居民的幸福感评分都为 7. 25，排在第四位；海淀区和平谷区居民的主观幸福感评分分别为 7. 12 和 7. 10，依次排在第五和第六位。而幸福感评分排在后五位的分别是怀柔区、延庆区、昌平区、朝阳区和东城区，评分依次为 6. 11、6. 31、6. 54、6. 73 和 6. 75。可见，发展水平高的地区，居民幸福感水平却不一定高；居民幸福感水平高的区域，区域发展水平也不一定高；两者间存在相悖的关系，即“发展—幸福”悖论[438]。

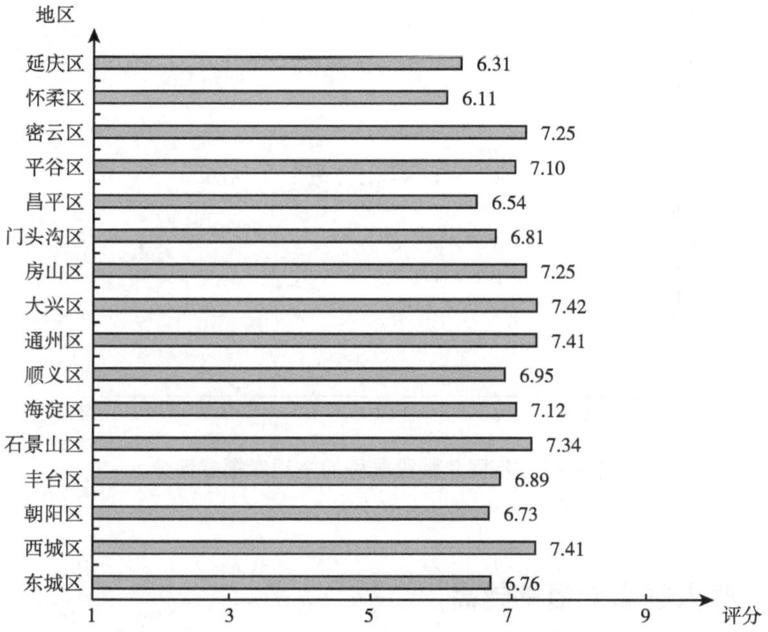

图 4 –1　不同地区居民的主观幸福感评分

从个体特征方面分析，在性别方面，女性的幸福感评分高于男性，其中女性的幸福感评分为 7. 15，男性为 6. 83。在年龄方面，年龄越年长的居民幸福感评分越低，年龄与居民的主观幸福感评分之间总体呈现负线性相关关系，其中 20 岁及以下居民的幸福感评分最高，为 7. 65；其次是 35—50 岁之间的居民，幸福感评分为 6. 98；幸福感评分排在第三位的是 20—35 岁之间的居民，评分为 6. 93；50—65 岁和 65 岁以上的居民幸福感评分分别为6.74和6.40。在教育程度方面，大专或本科以下居民的幸福感高于大专或本科及以上的居民，幸福感评分依次为7.02和6.97。在婚姻状态方面，有配偶或伴侣的居民幸福感评分高于没有配偶或伴侣的居民，幸福感评分依次为7.10和6.75。从是否生育孩子来看，生育孩子的居民幸福感评分低于没有生育孩子的居民，幸福感评分依次为6.97和7.00。在宗教信仰方面，拥有宗教信仰的居民幸福感评分高于没有宗教信仰的居民，幸福感评分依次为7.28和6.95。从政治面貌分析，非中共党员的幸福感评分高于中共党员的幸福感评分，分别为6.99和6.95。

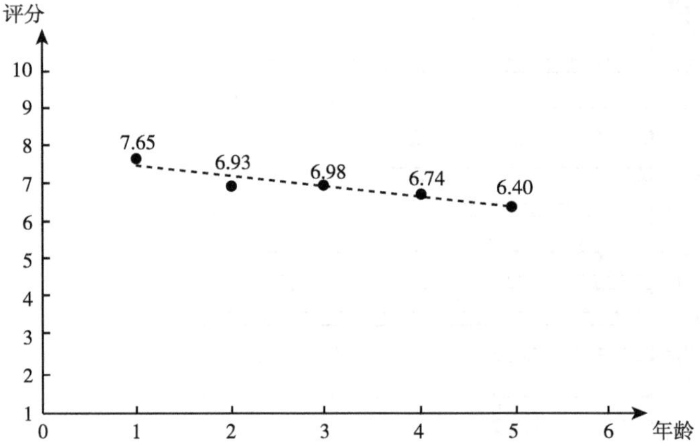

图4-2　不同年龄段居民的主观幸福感评分

一、收入越高幸福感越高

在绝对收入方面，为了更加清晰地分析收入与主观幸福感之间的关系，本研究将收入划分为5000元及以下、5000—10000元、10000—15000元、15000—20000元和20000元以上五个等级，并描述性统计了每个收入等级的居民主观幸福感。图4-3显示，月均可支配收入在20000元以上居民的主观幸福感最高，评分为7.79；月均可支配收入在5000—10000元和10000—15000元之间居民的主观幸福感评分排在第二位，均为7.00；主观幸福感评分排在第三位的是人均可支配收入在15000—20000元之间的居民，评分为 6. 97；而人均可支配收入在 5000 元及以下居民的主观幸福感最低，评分为 6. 68。可见，居民主观幸福感随着月均可支配收入的提高而呈现上升的趋势。

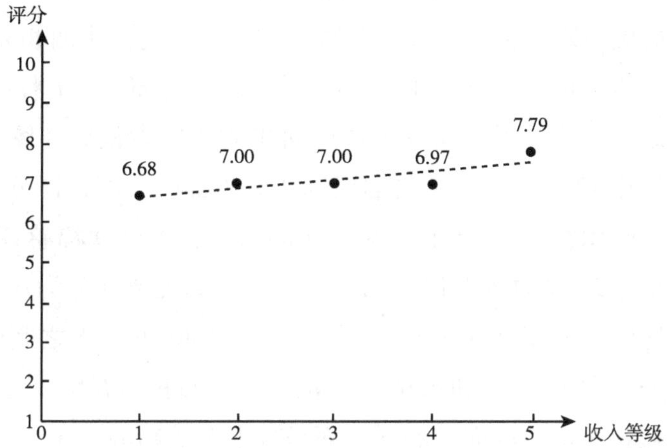

图 4 –3　不同绝对收入居民的主观幸福感

在相对收入方面，从纵向相对收入分析，居民主观幸福感随着月均可支配收入较往年提高的程度而增加，收入较去年提高的居民的主观幸福感最高，为 7. 26；其次是收入没有变化的居民，主观幸福感评分为 6. 67；相比去年，收入下降的居民的主观幸福感最低，为 6. 48。从横向相对收入分析，居民主观幸福感随着月均可支配收入较他人增高的程度而提高，收入相比他人属于偏高状态的居民的主观幸福感最高，为 7. 22；其次是与他人收入差不多的居民，主观幸福感评分为 7. 11；而相比他人收入处于偏低状态的居民的主观幸福感最低，仅为 6. 43。

二、住房越好幸福感越高

从住房产权分析，住房属于自己的居民的幸福感显著高于住房不属于自己的居民，幸福感评分依次为 7. 23 和 6. 76。从住房设施来看，住房设施与他户共用的居民幸福感低于住房设施不与他户共用的居民，幸福感评分依次为6.81和7.06。从通勤方式分析，采用公共交通出行的居民幸福感低于采用非公共交通出行的居民，幸福感评分依次为6.90和7.06。从通勤时耗分析，通勤时耗在平均水平以下的居民的幸福感为7.08，高于通勤时耗在平均水平以上的居民（6.92）。从住房面积分析，为了清晰地分析人均住房面积与居民主观幸福感之间的关系，本书将人均住房面积划分成20平方米及以下、20—40平方米、40—60平方米、60—80平方米和80平方米以上五个等级，并分析了不同等级住房面积的居民幸福感。图4－4显示，人均住房面积在80平方米以上的居民的主观幸福感最高，评分为7.50；其次是人均住房面积在20—40平方米之间的居民，主观幸福感评分为7.12；人均住房面积在20平方米及以下的居民的主观幸福感评分为6.74，排在第三位；而人均住房面积在40—60平方米和60—80平方米之间的居民的主观幸福感评分依次为6.72和6.67，分别排在第四和第五位。可见，居民的主观幸福感随着人均住房面积的增加而呈现上升的趋势。

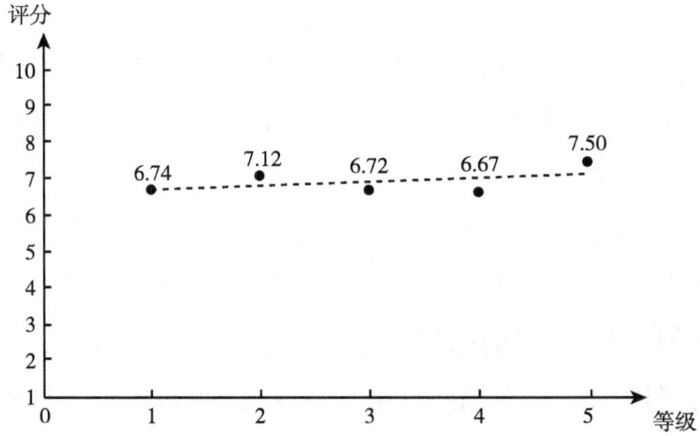

图4－4　不同住房面积居民的主观幸福感评分

三、不同类型工作的居民，幸福感有所不同

在工作状态方面，就业状态居民的幸福感高于非就业状态的居民，幸福感评分依次为6.92和6.60。从工作性质分析，从事全职工作的居民的幸

福感高于非全职工作的居民，幸福感评分依次为6.93和6.82。在工作职业方面，居民幸福感因工作职业的不同而不同，其中作为中层管理者的居民的幸福感评分最高，为7.27；其次是单位负责人，幸福感评分为7.26；接着是作为普通职员的居民，幸福感评分为7.05；幸福感评分排在第四位的是务农的居民，评分为7.00；其他工作职业的居民的幸福感评分均在7.0以下，其中商业或服务人员和自由职业等居民的幸福感评分最低，均为6.67。

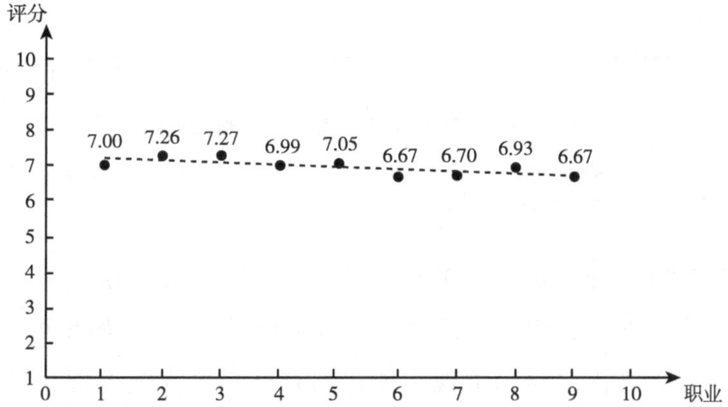

图4－5　不同工作职业居民的主观幸福感

注：1表示务农，2表示单位负责人，3表示中层管理，4表示专业技术人员，5表示普通职员，6表示商业或服务人员，7表示生产或运输设备操作人员及有关人员，8表示军人，9表示自由职业等

如图4－6所示，在工作单位方面，居民幸福感随工作单位的不同而不同，其中幸福感最高的是在军队工作的居民，评分高达8.00；其次是在社会团体或居/村委会工作的居民，幸福感评分为7.53；幸福感评分排在第三位的有两个，分别是在事业单位和其他单位工作的居民，幸福感均为7.15；没有工作单位/自雇（包括个体户）的居民幸福感评分排在第四位，为7.05；而在企业和党政机关工作的居民幸福感评分依次为6.78和6.87，分别排在后两位。在企业工作的居民中，工作单位为中央直属企业的居民的幸福感评分最高，为7.47；其次是在中外合资企业工作的居民，幸福感评分为7.31；接着是在国营企业工作的居民，幸福感评分为7.09；而在民营企业和外资企业工作的居民，幸福感评分分别排在后两位，幸福感评分

依次为6.59和6.80。

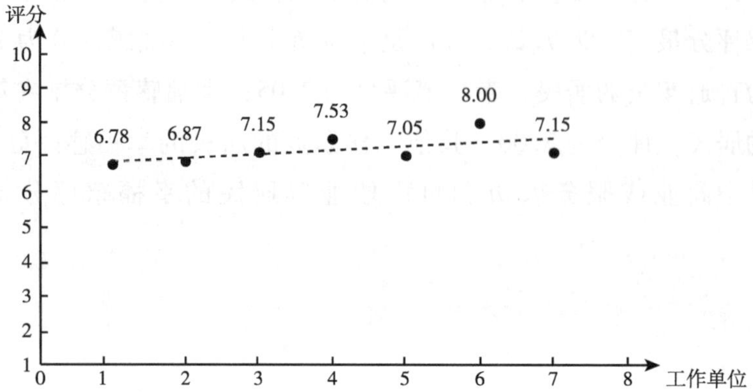

图4-6 不同工作单位居民的主观幸福感

注：1表示企业，2表示党政机关，3表示事业单位，4表示社会团体或居/村委会，5表示无单位/自雇（包括个体户），6表示军队，7表示其他。

在工作时间方面，每天工作8小时及以下的居民的幸福感高于每天工作8小时以上的居民，幸福感评分分别是7.08和6.68。如图4-7（a）所示，在工资薪酬方面，居民主观幸福感随着月均可支配工资薪酬的增加呈现上升趋势，其中月均可支配工资薪酬在10000—15000元之间的居民的幸福感评分最低，为6.70；其次是月均可支配工资薪酬在5000元及以下的居民的幸福感评分为，6.71；接着是工资薪酬在5000—10000元之间的居民的幸福感评分，为7.00；而工资薪酬在15000—20000元和20000元以上的居民幸福感评分较高，评分依次为7.50和7.72。

如图4-7（b）所示，在工作管理活动方面，居民幸福感视管理活动的不同而不同，其中既管理别人又受别人管理的居民的幸福感评分最高，达到7.11；其次是只管理别人但不受别人管理的居民，评分为6.93；接着是既不管理别人又不受别人管理的居民，评分为6.87；只受别人管理且不管理别人的居民的幸福感评分最低，为6.77。

如图4-7（c）所示，在工作兴趣方面，居民主观幸福感随着对工作兴趣程度的加深而提高，其中对工作非常有兴趣的居民的幸福感评分最高，高达8.47；其次是对工作有兴趣的居民，幸福感评分为7.21；幸福感评分

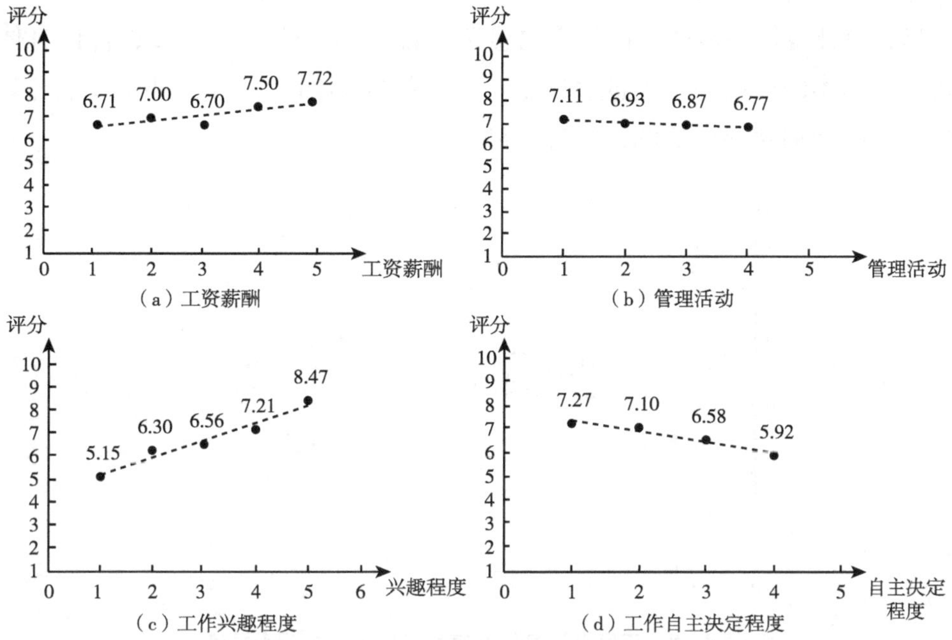

图4－7 工资薪酬、管理活动、兴趣程度和自主决定程度与主观幸福感的关系图

排在第三位的是工作兴趣一般的居民，评分为6.56；对工作没兴趣的居民的幸福感评分为6.30，排在第四位；对工作完全没兴趣的居民的幸福感评分最低，仅为5.15。

如图4－7（d）所示，在工作自主决定程度方面，居民幸福感随着在工作中自主决定程度的降低而下降，其中在工作中能够完全自主决定的居民的幸福感评分最高，达到7.27；接着是能在一定程度上自主决定的居民的幸福感评分，为7.10；幸福感评分排在第三位的是在很小程度上自主决定的居民，评分为6.58；幸福感评分最低的是完全不能自主决定的居民，评分仅为5.92。

四、身体越健康且有锻炼习惯的居民的幸福感越高

如图4－8所示，在自评身体健康方面，居民主观幸福感随着自评身体健康程度的加强而呈上升的趋势，其中主观幸福感最高的是自评身体很健

康的居民，评分高达 7.87；其次是自评身体比较健康的居民，评分为 7.15；自评身体一般的居民的幸福感评分排在第三位，为 6.65；自评身体比较不健康的居民的幸福感评分为 6.13，排在第四位；自评身体很不健康的居民的幸福感评分最低，仅为 4.87。

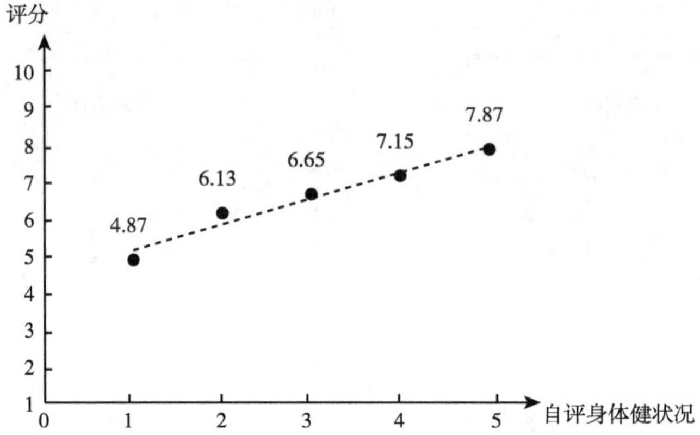

图 4 – 8　不同自评身体健康状况居民的主观幸福感

如图 4 – 9 所示，在身体锻炼方面，参与锻炼的居民的幸福感评分高于不参与锻炼的居民，幸福感评分依次为 7.13 和 6.59。在参与锻炼的居民中，居民主观幸福感随着锻炼频次的下降而下降，其中每天锻炼的居民的幸福感评分最高，高达 7.61；其次是一周锻炼 1 次的居民，幸福感评分为

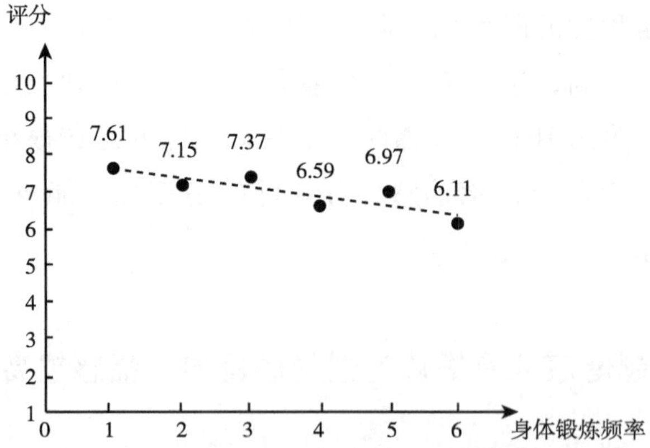

图 4 – 9　不同身体锻炼频率居民的主观幸福感

7.37；接着是一周锻炼2—3次的居民，幸福感评分为7.15；幸福感评分排在第四位的是一月锻炼1次的居民，评分为6.97；幸福感评分排在第五位的是一月锻炼2—3次的居民，评分为6.59；1年锻炼少于10次的居民的幸福感评分最低，仅为6.11。

五、幸福感随休闲时长增加而增加且与活动内容相关

如图4-10所示，在休闲时长方面，居民主观幸福感随着休闲时长的增加而增加，其中月均休闲时长为2天及以下的居民的幸福感评分最低，为6.74；其次是月均休闲时长为3—4天的居民的幸福感评分，为6.77；接着是月均休闲时长为5—6天的居民的幸福感评分，为7.05；幸福感评分排在第四位的是休闲时长为9天及以上的居民，评分为7.10；休闲时长为7—8天的居民的幸福感评分最高，评分为7.11。

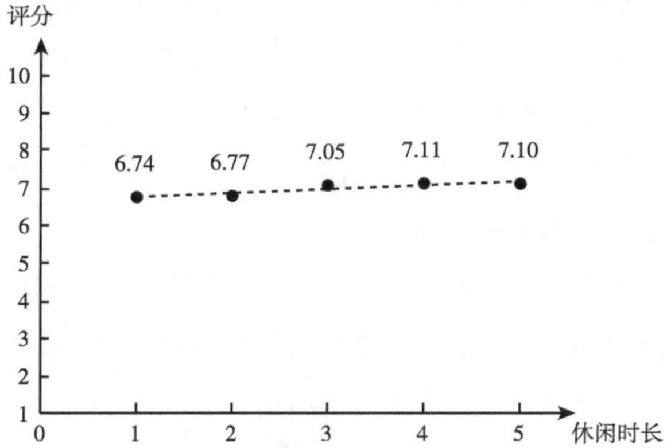

图4-10　不同休闲时长居民的主观幸福感

如表4-29所示，在休闲活动方面，居民主观幸福感随着休闲活动的不同而不同，在家睡觉或做家务的居民的主观幸福感评分低于不在家睡觉或做家务的居民，幸福感评分依次为6.97和7.13；参与其他休闲活动的居民幸福感高于没有参与此项活动的居民。

表4－29　　参与不同休闲活动的居民的主观幸福感

休闲活动	1	2	3	4	5	6	7	8	9
是	7.25	7.15	7.30	7.22	7.36	7.09	6.97	7.11	7.55
否	6.70	6.93	6.77	6.85	6.85	6.94	7.13	6.96	6.88

注：1表示与朋友或亲戚聚会，2表示外出散步或闲逛，3表示外出逛街购物，4表示外出看电影，5表示参加体育锻炼，6表示在家听音乐或上网打游戏，7表示在家睡觉或做家务，8表示学习充电，9表示外出旅游。

六、幸福感与交际距离的远近有关

（一）居民主观幸福感随与朋友交际频率的下降而呈现先上升再下降的趋势

如图4－11（a）所示，从近距离交际分析，居民主观幸福感随着交际频率的下降而呈现先上升再下降的趋势，其中经常与朋友交际的居民的幸福感评分最高，达到7.24；其次是总是交际的居民，幸福感评分为7.20；幸福感评分排在第三位的是有时交际的居民，评分为7.02；很少交际的居民的幸福感评分为6.75，排在第四位；绝不交际的居民的幸福感评分最低，评分仅为6.15。如图4－11（b）所示，从远距离交际分析，居民主观幸福感随着交际频率的下降而呈先上升再下降的趋势，其中经常交际的居民的幸福感评分最高，评分为7.20；其次是总是交际的居民，评分为

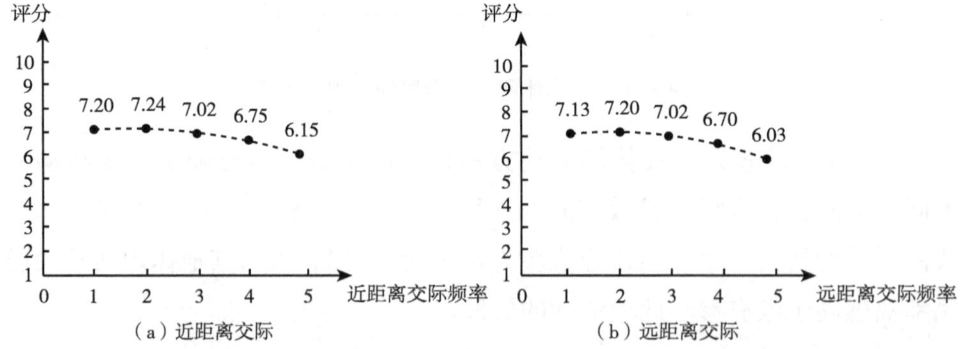

图4－11　与朋友近距离和远距离交际和主观幸福感的关系图

7.13；接着是有时交际的居民，幸福感评分为7.02；幸福感评分排在第四位的是很少交际的居民，评分为6.70；绝不交际的居民的幸福感评分最低，仅为6.03。

（二）居民主观幸福感随与家人交际频率的下降而下降

如图4-12（a）所示，从近距离交际分析，居民主观幸福感随着交际频率的下降而下降，其中总是交际的居民幸福感最高，评分高达7.54；其次是经常交际的居民，幸福感评分为7.16；幸福感评分排在第三和第四位的是有时和很少交际的居民，评分依次为7.10和6.47；主观幸福感评分最低的是从不交际的居民，评分为6.37。如图4-12（b）所示，从远距离交际分析，居民主观幸福感随着交际频率的下降而下降，其中幸福感最高的是总是交际的居民，评分为7.34；其次是经常交际的居民，幸福感评分为7.00；接着是有时交际的居民，幸福感评分为6.96；很少和从不交际的居民，幸福感评分依次为6.31和6.00，分别排在后两位。

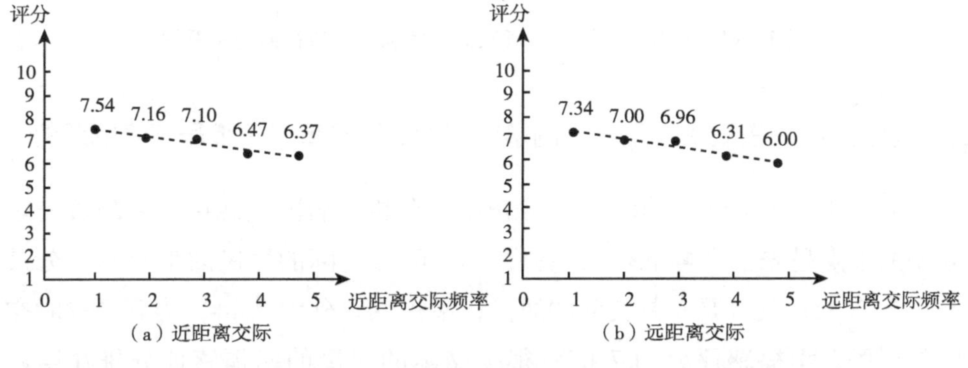

图4-12　与家人近距离和远距离交际和主观幸福感的关系图

（三）居民主观幸福感随与亲戚交际频率的下降而下降

如图4-13（a）所示，从近距离交际分析，居民主观幸福感随着交际频率的下降而呈现下降的趋势，其中总是交际的居民的幸福感评分最高，评分为7.39；其次是经常交际的居民，幸福感评分为7.26；接着是有时交际的居民，幸福感评分为7.03；很少交际的居民的幸福感评分为6.86，排在第四位；从不交际的居民的幸福感评分最低，评分仅为6.66。如图4－13（b）所示，从远距离交际分析，居民主观幸福感随着交际频率的下降而呈现下降的趋势，其中幸福感评分最高的是总是交际的居民，评分高达7.64；其次是有时交际的居民，幸福感评分为7.13；接着是经常交际的居民，幸福感评分为7.09；很少交际的居民的幸福感评分排在第四位，评分为6.95；从不交际的居民的幸福感评分最低，幸福感评分仅为6.28。

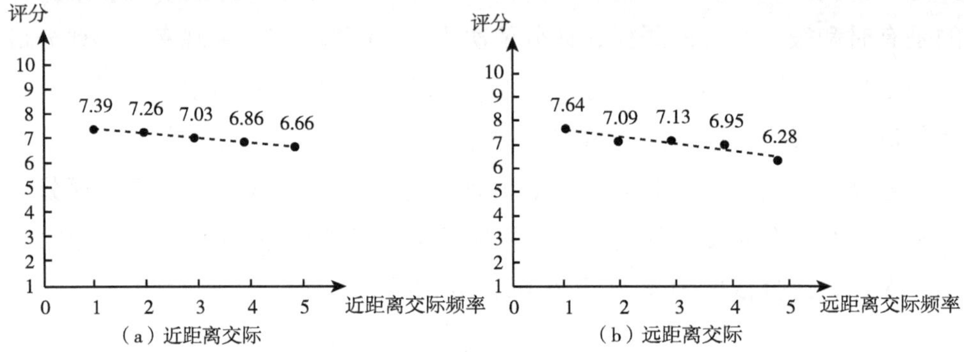

图4－13　与亲戚近距离和远距离交际和主观幸福感的关系图

（四）居民主观幸福感随与同事或同学交际频率的下降呈下降的趋势

如图4－14（a）所示，从近距离交际分析，居民主观幸福感随着交际频率的下降呈先上升再下降的趋势，其中经常交际的居民的幸福感评分最高，为7.38；其次是总是交际的居民，幸福感评分为7.14；接着是有时交际的居民，幸福感评分为7.05；很少交际的居民的幸福感评分排在第四位，评分为6.74；从不交际的居民的幸福感的评分最低，仅为6.21。如图4－14（b）所示，从远距离交际分析，居民主观幸福感随交际频率的下降呈先上升再下降的趋势，其中经常交际的居民，幸福感评分最高，为7.41；其次是总是交际的居民，幸福感评分为7.27；接着是有时交际的居民，评分为6.94；幸福感评分排在第四位的是很少交际的居民，评分为6.72；从不交际的居民幸福感评分最低，为6.45。

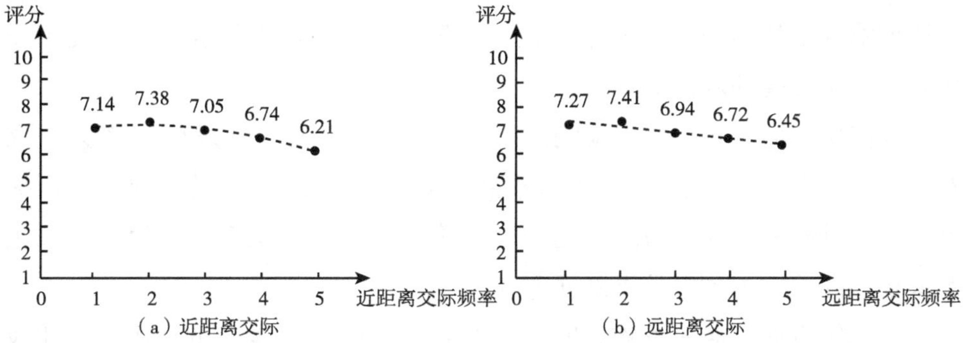

图 4－14 与同事或同学近距离和远距离交际和主观幸福感的关系图

第三节 本章小结

经过分析，充分掌握了居民生活、偏好、效用和主观幸福感的状况。

居民月均可支配收入处于较低水平，增长速度缓慢，差距不明显。居民幸福感随着月均可支配收入的增加呈现上升趋势；收入较去年提高、相比他人处于偏高状态的居民幸福感高于收入较去年下降和相比他人处于偏低状态的居民。

在住房方面，居民的住房产权不属于自己的居民较多，居民的人均住房面积较小，住房设施良好。从居民主观幸福感层面分析，住房属于自己、住房设施不与他户共用的居民幸福感分别高于住房不属于自己、住房设施与他户共用的居民，居民主观幸福感随着人均住房面积的增加而呈现上升趋势。

在工作方面，除学生群体外，处于就业状态的居民较多。在就业居民中，在企业从事全职商业或服务业、每天工作时间低于 8 小时、月均工资低于 7741.11 元、在工作中只受别人管理不管理别人、对工作兴趣一般、能在一定程度上自主决定的居民居多。从居民主观幸福感层面分析，处于就业状态、全职工作和每天工作 8 小时及以下的居民幸福感依次高于非就业状态、非全职工作和每天工作 8 小时以上的居民；不同工作职业、工作单位和工作管理活动的居民幸福感有所不同；居民幸福感随着月均可支配工资薪酬的增加而增加，随着对工作兴趣程度的加深而提高，随着在工作中自主决定程度的降低而下降。

在健康方面，自评比较健康、平时参与体育锻炼且锻炼频率为一周2—3次的居民居多。居民主观幸福感随着自评身体健康程度的上升而提高，呈上升趋势；参与锻炼的居民幸福感高于不参与锻炼的居民；居民主观幸福感随着锻炼频次的下降而下降。

在休闲方面，居民月均休闲时长集中于7—8天，参与的休闲活动比较丰富。居民主观幸福感随着休闲时长的增加而增加。休闲活动的不同，也会引起居民的幸福感存在差异，其中在家睡觉或做家务的居民幸福感低于不在家睡觉或做家务的居民；在其他休闲活动方面，参与其他休闲活动居民的幸福感高于不参与其他休闲活动的居民。

在交际方面，经常与家人交际、很少与亲戚交际、有时与朋友交际和有时与同事或同学交际的居民较多。从居民主观幸福感层面分析，在与朋友近距离和远距离交际过程中，居民主观幸福感随着交际频率的下降而呈现先上升再下降的趋势。在与家人和亲戚交际的过程中，无论是近距离交际还是远距离交际，居民主观幸福感随着交际频率的下降而呈现下降的趋势。在与同事或同学近距离交际过程中，居民主观幸福感随着交际频率的下降而呈现先上升再下降的趋势；从远距离交际来看，居民主观幸福感随着交际频率的下降而呈现下降的趋势。

从居民对经济、住房、工作或学习、健康、休闲和交际的效用分析，六维度的效用值排序为健康 > 交际 > 休闲 > 工作或学习 > 住房 > 经济。从居民偏好六维度的状况来看，居民非常偏好健康和收入、比较偏好住房、稍微偏好工作或学习、比较不偏好交际、非常不偏好休闲，居民对六维度的偏好排序是健康 > 收入 > 住房 > 工作或学习 > 交际 > 休闲。

第五章　居民主观幸福感的影响因素分析

为了验证第二章提出的影响居民主观幸福感因素的研究假设，在第三章分析内容的基础上，结合北京市居民生活和主观幸福感的状况，首先分析了个体特征、收入、住房、工作、健康、休闲和交际七个方面相关变量与主观幸福感的相关性；其次采用逐步回归方法分析了影响居民主观幸福感的因素；最后更换变量形式和分析方法对影响居民主观幸福感因素的结果进行稳健性检验。

第一节　居民主观幸福感的相关性分析

性别、年龄、教育程度和政治面貌与主观幸福感存在负相关关系，相关系数均在0.1以下，其中性别和年龄与主观幸福感在0.01水平下显著负相关；而婚姻和宗教信仰与主观幸福感存在正相关关系，相关系数依然在0.1以下，其中婚姻与主观幸福感在0.01水平下显著正相关。

一、收入变量与主观幸福感的相关性

如表5-1所示，绝对收入与主观幸福感在0.01水平下显著正相关，相关系数为0.119；纵向相对收入与主观幸福感存在负相关关系，在0.01水平下显著负相关，相关系数为-0.149；横向相对收入与主观幸福感显著负相关，相关系数为-0.153。总的来说，收入变量与主观幸福感间的相关性不高，相关系数均在0.35以下。绝对收入与性别、年龄、教育、婚姻、宗教信仰和政治面貌六个特征变量间存在正相关关系，相关系数均在0.25

以下；纵向相对收入与教育、婚姻、宗教信仰、政治面貌和绝对收入存在负相关关系，而与性别、年龄存在正相关关系，相互间的相关系数均在0.15以下。横向相对收入与教育、婚姻、宗教信仰、政治面貌和绝对收入同样存在负相关关系，而与性别、年龄和纵向相对收入却存在正相关关系，其间的相关系数均小于0.35。

从收入变量与其他五个维度变量间的相关性分析，绝对收入与住房面积和工作状态存在显著的正相关关系，而与休闲时长、中层交际和内层交际存在负相关关系，与身体健康之间不存在相关性，其间的相关系数均在0.15以下。纵向相对收入与住房面积和中层交际之间存在正相关关系，而与工作状态、身体健康、休闲时长和内层交际存在负相关关系，相互间的相关系数均在0.1以下。横向相对收入与中层交际和内层交际存在正相关关系，与其他变量则存在负向相关关系，且相关系数均小于0.15。

表5-1　　收入变量的Pearson相关系数矩阵

变量	7	8	9	10
7. 绝对收入	1			
8. 纵向相对收入	-0.121**	1		
9. 横向相对收入	-0.304**	0.194**	1	
10. 主观幸福感	0.119**	-0.149**	-0.153**	1

变量	1. 性别	2. 年龄	3. 教育	4. 婚姻	5. 宗教信仰	6. 政治面貌
7. 绝对收入	0.049	0.02	0.216**	0.140**	0.011	0.159**
8. 纵向相对收入	0.110**	0.042	-0.143**	-0.04	-0.035	-0.109**
9. 横向相对收入	0.002	0.013	-0.083*	-0.120**	-0.089**	-0.013
10. 主观幸福感	—	—	—	—	—	—

变量	住房面积	工作状态	身体健康	休闲时长	中层交际	内层交际
7. 绝对收入	0.126**	0.080*	0	-0.005	-0.104**	-0.066
8. 纵向相对收入	0.005	-0.021	-0.080*	-0.074*	0.083*	-0.036
9. 横向相对收入	-0.081*	-0.066	-0.072*	-0.002	0.110**	0.041
10. 主观幸福感	—	—	—	—	—	—

注：** 表示在0.01水平上（双侧）显著相关，* 表示在0.05水平上（双侧）显著相关；收入变量和工作状态变量的样本数为847个，其他变量的样本数为1070个；—表示不适用或无内容。

二、住房变量与主观幸福感的相关性

住房产权与主观幸福感在0.01水平下显著正相关，系数为0.115；住房面积与主观幸福感在0.1水平下显著正相关，系数为0.067；住房设施与主观幸福感存在负相关关系，系数为-0.056。总的来说，住房变量与主观幸福感的相关性不高，系数均在0.15以下。住房产权与年龄、婚姻、宗教信仰和住房面积也存在正相关关系，而与性别、教育、政治面貌、住房设施、通勤方式和通勤时耗存在负相关关系，其中与住房设施的相关系数较高，为-0.518。住房面积与六大个体特征变量和通勤时耗均存在正相关关系，而与住房设施和通勤方式存在显著的负相关关系，相互间的相关系数的绝对值均在0.35以下。住房设施与年龄和婚姻也存在显著的负相关关系，与性别、教育、宗教信仰、政治面貌、通勤方式和通勤时耗存在正相关关系，其间的相关系数的绝对值都小于0.25。

表5-2　住房变量的Pearson相关系数矩阵

变量	7	8	9	10	11	12	13
7. 居住时长	1						
8. 住房来源	0.208 **	1					
9. 住房面积	0.179 **	0.345 **	1				
10. 住房设施	-0.151 **	-0.518 **	-0.344 **	1			
11. 通勤方式	-0.072 *	-0.106 **	-0.067 *	0.041	1		
12. 通勤时耗	0.013	-0.017	0.064 *	0.065 *	0.219 **	1	
13. 主观幸福感	0.020	0.115 **	0.067 *	-0.056	-0.03	-0.04	1

变量	1. 性别	2. 年龄	3. 教育	4. 婚姻	5. 宗教信仰	6. 政治面貌
7. 居住时长	0.005	0.121 **	0.014	0.119 **	-0.009	0.071 *
8. 住房来源	-0.042	0.164 **	-0.015	0.199 **	0.028	-0.005
9. 住房面积	0.016	0.057	0.111 **	0.022	0.018	0.086 **
10. 住房设施	0.036	-0.227 **	0.085 **	-0.231 **	0.034	0.024

续表

变量	1. 性别	2. 年龄	3. 教育	4. 婚姻	5. 宗教信仰	6. 政治面貌
11. 通勤方式	-0.058	-0.081**	0.031	-0.064*	-0.004	-0.007
12. 通勤时耗	-0.063*	-0.097**	0.075*	-0.123**	-0.011	0.073*
13. 主观幸福感	—	—	—	—	—	—

变量	绝对收入	工作状态	身体健康	休闲时长	中层交际	内层交际
7. 居住时长	0.052	-0.051	-0.069*	0.087**	0.016	-0.02
8. 住房来源	0.113**	-0.038	-0.009	0.073*	0.051	-0.184**
9. 住房面积	0.126**	-0.033	-0.019	0.03	-0.053	-0.018
10. 住房设施	-0.094**	0.079*	-0.003	-0.115**	-0.034	0.139**
11. 通勤方式	-0.008	0.006	0.011	0.008	-0.081**	0.016
12. 通勤时耗	0.023	-0.175**	-0.031	0.048	-0.002	0.031
13. 主观幸福感	—	—	—	—	—	—

注：** 表示在 0.01 水平上（双侧）显著相关，* 表示在 0.05 水平上（双侧）显著相关；绝对收入变量和工作状态变量的样本数为 847 个，其他变量的样本数为 1070 个；—表示不适用或无内容。

从住房变量与其他五个维度变量间的相关性分析，住房产权与绝对收入、休闲时长和中层交际之间存在正相关关系，与工作状态、身体健康和内层交际存在负相关关系，且相关系数的绝对值均在 0.2 以下。住房面积与绝对收入和休闲时长存在正相关关系，与工作状态、身体健康、中层交际和内层交际存在负相关关系，其间的相关系数的绝对值均在 0.15 以下。住房设施与工作状态和内层交际存在显著的正相关关系，而与绝对收入、身体健康、休闲时长和中层交际之间存在负相关关系，其相关系数的绝对值均小于 0.15。

三、工作变量与主观幸福感的相关性

工作状态和工作性质均与主观幸福感存在正相关关系，系数依次为 0.053 和 0.011；工作职业、工作管理活动和工作自主决定程度均与主观幸福感存在负相关关系，系数依次为 -0.097、-0.080 和 -0.161，依次在

0.01、0.05 和 0.01 水平下显著；工作单位、工资薪酬、工作兴趣程度与主观幸福感存在显著的正相关关系，系数分别为 0.078、0.087 和 0.290；工作时间与主观幸福感存在负相关关系，系数为 -0.046。

工作性质与企业类型、工作时间、工资薪酬、兴趣程度、自主决定程度和主观幸福感之间存在正相关关系，而与工作职业、工作单位和管理活动之间存在负相关关系，其间的相关系数的绝对值均在 0.2 以下。工作职业与企业类型、工作时间、工资薪酬、兴趣程度和自主决定程度之间存在负相关关系，而与工作单位和管理活动之间存在显著的正相关关系，其间的相关系数的绝对值均小于 0.2。工作单位与工作时间、管理活动和兴趣程度同样存在正相关关系，而与工资薪酬和自主决定程度存在显著的负相关关系，其间的相关系数均在 0.2 以下。工作时间与工资薪酬和兴趣程度之间依然存在负相关关系，而与工资薪酬和自主决定程度之间存在显著的正相关关系，其间的相关系数的绝对值都小于 0.15。工资薪酬与兴趣程度之间存在显著的正相关关系，而与管理活动和自主决定程度之间存在显著的负相关关系，其相关系数的绝对值均在 0.2 以下。管理活动与兴趣程度和自主决定程度存在显著的正相关关系，其间的相关系数的绝对值均在 0.25 以下。兴趣程度与自主决定程度存在显著的负相关关系，其间的相关系数的绝对值均在 0.30 以下。

在工作变量与个体特征变量间的相关性方面，表 5 - 3 显示，工作状态与性别、年龄、婚姻和宗教信仰之间存在负相关关系，而与教育和政治面貌存在显著的正相关关系，除工作状态与年龄间的相关系数的绝对值较高外，其他相关系数的绝对值均在 0.25 以下。工作性质与婚姻和宗教信仰之间存在负相关关系，而与性别、年龄、教育和政治面貌之间存在正相关关系，其间的相关系数均在 0.1 以下。工作职业除与宗教信仰存在正相关关系外，与其他变量均存在负相关关系，相关系数的绝对值都小于 0.25。工作单位与婚姻和宗教信仰之间存在正相关关系，而与性别、年龄、教育和政治面貌存在负相关关系，相关系数的绝对值均在 0.1 以下。工作时间与性别和宗教信仰之间存在正相关关系，而与年龄、教育、婚姻和政治面貌存在负相关关系，相关系数均在 0.2 以下。工资薪酬除与宗教信仰存在正相关关系外，与其他五大特征变量之间存在显著的正相关关系，相关系数都小于0.2。管理活动与六大特征变量存在负相关关系，其中与年龄、教育、婚姻、宗教信仰和政治面貌之间的关系是显著的，相关系数均在0.15以下。兴趣程度与教育、婚姻和宗教信仰之间存在正相关关系，与性别、年龄和政治面貌之间存在负相关关系，相关系数都小于0.15。自主决定程度与教育之间存在显著的负相关关系，与其他五个特征变量存在负相关关系，相关系数均在0.1以下。

表5-3　　工作变量的 Pearson 相关系数矩阵

变量	7	8	9	10	11	12	13	14	15	16	17
7	1										
8	.c	1									
9	.c	-0.177 **	1								
10	.c	-0.105 **	0.100 **	1							
11	.c	0.007	-0.021	.c	1						
12	.c	0.121 **	-0.065	0.013	-0.078	1					
13	.c	0.063	-0.148 **	-0.175 **	0.119 *	-0.135 **	1				
14	.c	-0.033	0.193 **	0.010	-0.021	0.054	-0.297 **	1			
15	.c	0.039	-0.047	0.123 **	0.024	-0.069	0.195 **	-0.095 **	1		
16	.c	0.051	-0.051	-0.144 **	-0.032	0.099 **	-0.121 **	0.211 **	-0.238 **	1	
17	0.053	0.011	-0.097 **	0.078 *	0.028	-0.046	0.087 *	-0.080 *	0.290 **	-0.161 **	1

变量	1. 性别	2. 年龄	3. 教育	4. 婚姻	5. 宗教信仰	6. 政治面貌
7. 工作状态	-0.041	-0.445 **	0.220 **	-0.012	-0.054	0.094 **
8. 工作性质	0.015	0.010	0.102 **	-0.015	-0.096 **	0.030
9. 工作职业	-0.030	-0.115 **	-0.194 **	-0.029	0.050	-0.206 **
10. 工作单位	-0.005	-0.027	-0.067	0.031	0.036	-0.056
11. 企业类型	0.019	0.045	0.009	0.002	-0.010	-0.082
12. 工作时间	0.100 **	-0.038	-0.167 * *	-0.044	0.007	-0.015
13. 工资薪酬	0.089 *	0.198 **	0.156 **	0.099 **	0.010	0.128 **

续表

变量	1. 性别	2. 年龄	3. 教育	4. 婚姻	5. 宗教信仰	6. 政治面貌
14. 管理活动	-0.036	-0.131 **	-0.103 **	-0.126 **	-0.106 **	-0.122 **
15. 兴趣程度	-0.043	-0.005	0.098 **	0.053	0.107 **	-0.026
16. 自主决定程度	-0.065	-0.024	-0.094 *	-0.021	-0.057	0.016
17. 主观幸福感	—	—	—	—	—	—

变量	绝对收入	住房面积	身体健康	休闲时长	中层交际	内层交际
7. 工作状态	0.080 *	-0.033	0.158 **	-0.248 **	-0.114 **	0.064
8. 工作性质	0.026	-0.016	-0.003	0.034	-0.033	0.011
9. 工作职业	-0.078 *	-0.095 **	0.048	-0.086 *	0	0.032
10. 工作单位	-0.043	-0.052	0.076 *	-0.021	0.017	-0.044
11. 企业类型	0.120 *	-0.045	0.008	-0.041	-0.004	0.065
12. 工作时间	-0.054	-0.123 **	-0.069	-0.185 **	0.089 *	0.072
13. 工资薪酬	0.483 **	0.129 **	-0.037	0.033	-0.160 **	-0.074 *
14. 管理活动	-0.162 **	-0.150 **	0.006	-0.014	0.066	0.087 *
15. 兴趣程度	0.175 **	0.048	0.233 **	0.073 *	-0.186 **	-0.098 **
16. 自主决定程度	-0.099 **	-0.091 *	-0.077 *	0.044	0.121 **	0.082 *
17. 主观幸福感	—	—	—	—	—	—

注：** 表示在 0.01 水平上（双侧）显著相关，* 表示在 0.05 水平上（双侧）显著相关；c 是因为至少有一个变量为常量，所以无法进行计算；表中的 17 表示主观幸福感；绝对收入变量和工作状态变量的样本数为 847 个，企业类型变量的样本数为 431 个，其他工作变量的样本数均为 743 个，剩余变量的样本数为 1070 个；—表示不适用或无内容。

在工作变量与其他五个维度变量的相关性方面，表 5 - 3 显示，工作状态与绝对收入、身体健康和内层交际存在正相关关系，而与住房面积、休闲时长和中层交际存在负相关关系，相关系数的绝对值均在 0.25 以下。工作性质与绝对收入、休闲时长和内层交际之间存在正相关关系，而与住房面积、身体健康和中层交际之间存在负相关关系，相关系数的绝对值均在 0.1 以下。工作职业与中层交际不存在相关关系，与身体健康和内层交际存在正相关关系，而与绝对收入、住房面积和休闲时长存在显著的负相关关系，相关系数的绝对值均小于 0.1。工作单位与身体健康和中层交际之间存在正相关关系，而与绝对收入、住房面积、休闲时长和内层交际存在负相关关系，相关系数的绝对值均在 0.1 以下。工作时间与中层交际和内层交际存在正相关关系，而与绝对收入、住房面积、身体健康和休闲时长存在负相关关系，相关系数的绝对值都在 0.2 以下。工资薪酬与绝对收入之间的相关性较高，相关系数为 0.483，与住房面积和休闲时长存在正相关关系，而与其他变量存在负相关关系，其间相关系数的绝对值都小于 0.2。管理活动与身体健康、中层交际和内层交际之间存在正相关关系，而与其他变量存在负相关关系，相关系数的绝对值均小于 0.2。兴趣程度与中层交际和内层交际之间存在显著的负相关关系，与其他变量存在正相关关系，相关系数的绝对值都在 0.2 以下。自主决定程度与休闲时长、中层交际和内层交际存在正相关关系，而与绝对收入、住房面积和身体健康存在显著的负相关关系，相关系数均在 0.15 以下。

四、健康变量与主观幸福感的相关性

身体健康与主观幸福感存在正相关关系，相关系数为 0.310，在 0.01 水平下显著；与锻炼情况依然存在显著的正相关关系，而与锻炼频率存在显著的负相关关系，其间的相关系数依次为 0.310、0.158 和 -0.195，绝对值均在 0.35 以下。身体锻炼与主观幸福感在 0.01 水平下显著正相关，系数为 0.118；锻炼频率与主观幸福感依然在 0.01 水平下显著负相关，系数为 -0.190。

在健康变量与个体特征变量间的相关性方面，表 5-4 显示，身体健康与婚姻和宗教信仰之间存在正相关关系，而与性别、年龄、教育和政治面貌存在负相关关系，相关系数均在 0.2 以下。锻炼情况除与婚姻存在负相关关系，而与其他变量存在正相关关系，相关系数都在 0.15 以下。锻炼频率与性别、宗教信仰和政治面貌存在负相关关系，而与其他变量存在正相关关系，相关系数都小于 0.1。

在健康变量与其他五个维度变量的相关性方面，由表 5-4 可知，身体健康与绝对收入不存在相关性，与工作状态存在显著的正相关关系，与其他变量存在负相关关系，相关系数均在 0.2 以下。锻炼情况与绝对收入、住房面积和休闲时长存在正相关关系，而与工作状态、中层交际和内层交际存在负相关关系，相关系数都在 0.2 以下。锻炼频率与工作状态存在显著的正相关关系，而与其他变量存在负相关关系，相关系数均在 0.15 以下。

表 5－4　　健康变量的 Pearson 相关系数矩阵

变量	7	8	9	10
7. 身体健康	1			
8. 锻炼	0.158 **	1		
9. 锻炼频率	－0.195 **	.c	1	
10. 主观幸福感	0.310 **	0.118 **	－0.190 **	1

变量	1. 性别	2. 年龄	3. 教育	4. 婚姻	5. 宗教信仰	6. 政治面貌
7. 身体健康	－0.036	－0.170 **	－0.081 **	0.002	0.077 *	－0.026
8. 锻炼	0.135 **	0.020	0.010	－0.012	0.072 *	0.027
9. 锻炼频率	－0.002	0.015	0.006	0.003	－0.008	－0.057
10. 主观幸福感	—	—	—	—	—	—

变量	绝对收入	住房面积	工作状态	休闲时长	中层交际	内层交际
7. 身体健康	0	－0.019	0.158 **	－0.015	－0.156 **	－0.055
8. 锻炼	0.075 *	0.095 **	－0.041	0.016	－0.166 **	－0.074 *
9. 锻炼频率	－0.030	－0.040	0.110 **	－0.003	－0.005	－0.063
10. 主观幸福感	—	—	—	—	—	—

注：** 表示在 0.01 水平上（双侧）显著相关，* 表示在 0.05 水平上（双侧）显著相关；c 是因为至少有一个变量为常量，所以无法进行计算；绝对收入变量和工作状态变量的样本数为 847 个，锻炼频率变量的样本数为 786 个，其他变量的样本数为 1070 个；—表示不适用或无内容。

五、休闲变量与主观幸福感的相关性

休闲时长与主观幸福感在 0.05 水平下显著正相关，系数为 0.072。在休闲活动方面，与朋友或亲戚聚会、外出逛街购物、外出看电影、参加体育锻炼、外出旅游均与主观幸福感在 0.01 水平下显著正相关，系数依次为

0. 138、0. 132、0. 090、0. 116 和 0. 149；外出散步或闲逛、在家听音乐或上网打游戏和学习充电与主观幸福感存在正相关关系，系数分别为 0. 056、0. 036 和 0. 032；在家睡觉或做家务与主观幸福感存在负相关关系，系数为 -0. 039。

在休闲变量与主观幸福感及相互间的相关性方面，表 5-5 显示，休闲时长与主观幸福感存在显著的正相关关系，与聚会存在负相关关系，而与其他休闲活动存在显著的正相关关系，其间的相关系数的绝对值均在 0. 15 以下。聚会与主观幸福感之间存在显著的正相关关系，与其他休闲活动也存在显著的正相关关系，其中与逛街购物和看电影等的相关系数较高，依次为 0. 305 和 0. 331，其他相关系数均在 0. 25 以下。散步或闲逛与主观幸福感存在正相关关系，但不显著；与其他休闲活动存在显著的正相关关系；其间的相关系数的绝对值均小于 0. 25。逛街购物与主观幸福感之间存在显著的正相关关系，并且与其他休闲活动也存在正相关关系，其中与看电影的相关系数较高，为 0. 377；其他的相关系数都在 0. 3 以下。看电影与主观幸福感之间存在显著的正相关关系，与其他休闲活动也存在显著的正相关关系，其间的相关系数都在 0. 35 以下，其中与外出旅游的相关系数较高，为 0. 338。参加体育锻炼与主观幸福感之间存在显著的正相关关系，与其他休闲活动也存在显著的正相关关系，其间的相关系数均在 0. 3 以下。在家听音乐或上网打游戏与主观幸福感之间存在正相关关系，但不显著，与其他休闲活动同样存在显著的正相关关系，相关系数都在 0. 2 以下。在家睡觉或做家务与主观幸福感存在负相关关系，而与其他休闲活动存在显著的正相关关系，相关系数的绝对值都在 0. 15 以下。学习充电与主观幸福感存在正相关关系，但不显著，与外出旅游存在显著的正相关关系，相关系数均在 0. 2 以下。外出旅游与主观幸福感之间存在显著的正相关关系，相关系数为 0. 149。

表 5-5　　休闲变量的 Pearson 相关系数矩阵

变量	7	8	9	10	11	12	13	14	15	16	17
7	1										
8	-0. 009	1									

续表

变量	7	8	9	10	11	12	13	14	15	16	17
9	0.087**	0.149**	1								
10	0.088**	0.305**	0.219**	1							
11	0.120**	0.331**	0.176**	0.377**	1						
12	0.083**	0.196**	0.150**	0.166**	0.240**	1					
13	0.094**	0.156**	0.068*	0.188**	0.264**	0.192**	1				
14	0.088**	0.072*	0.159**	0.196**	0.076*	0.068*	0.057	1			
15	0.077*	0.110**	0.090**	0.167**	0.222**	0.284**	0.155**	0.096**	1		
16	0.080*	0.223**	0.147**	0.272**	0.338**	0.248**	0.119**	0.108**	0.179**	1	
17	0.072*	0.138**	0.056	0.132**	0.090**	0.116**	0.036	-0.039	0.032	0.149**	1

变量	1. 性别	2. 年龄	3. 教育	4. 婚姻	5. 宗教信仰	6. 政治面貌
7	-0.086**	0.180**	-0.013	0.012	-0.004	0.019
8	-0.052	-0.099**	0.100**	0.027	-0.022	0.035
9	0.032	0.154**	0.019	-0.013	0.055	0.004
10	-0.304**	-0.119**	0.100**	0.014	0.036	0.021
11	-0.175**	-0.195**	0.163**	-0.083**	0.021	0.044
12	0.083**	0.045	0.061*	0.002	0.016	0.125**
13	0.008	-0.254**	0.086**	-0.171**	-0.042	-0.012
14	-0.091**	0.105**	-0.035	0.070*	-0.019	0.011
15	-0.031	-0.117**	0.089**	-0.093**	0.018	0.059
16	-0.097**	0.012	0.032	0.123**	0.062	0.015
17	—	—	—	—	—	—

变量	绝对收入	住房面积	工作状态	身体健康	中层交际	内层交际
7	-0.005	0.030	-0.248**	-0.015	-0.040	-0.119**
8	0.079*	0.025	0.096**	0.086**	-0.198**	-0.111**
9	0.030	-0.033	-0.088*	0.023	-0.071*	-0.100**
10	0.060	0.042	0.096**	0.102**	-0.105**	-0.037
11	0.107**	0.030	0.126**	0.101**	-0.198**	-0.035

续表

变量	绝对收入	住房面积	工作状态	身体健康	中层交际	内层交际
12	0.113**	0.003	0.027	0.190**	-0.156**	-0.004
13	-0.010	0.025	0.041	0.016	-0.101**	0.074*
14	-0.021	-0.049	-0.017	-0.010	-0.044	-0.032
15	0.124**	0.001	0.034	0.064*	-0.147**	0.021
16	0.177**	0.016	0.100*	0.080*	-0.109**	-0.132**
17	—	—	—	—	—	—

注：**表示在0.01水平上（双侧）显著相关，*表示在0.05水平上（双侧）显著相关；7表示休闲时长，8表示与朋友或亲戚聚会，9表示外出散步或闲逛，10表示外出逛街购物，11表示外出看电影，12表示参加体育锻炼，13表示在家听音乐或上网打游戏，14表示在家睡觉或做家务，15表示学习充电，16表示外出旅游，17表示主观幸福感；8、10、11、12、13和15六个变量的样本数为1047，9和14两个变量的样本数为967个，变量16的样本数为750个，其他变量的样本数为1070个；—表示不适用或无内容。

在休闲变量与个体特征变量的相关性方面，表5-5显示，休闲时长与性别、教育和宗教信仰存在负相关关系，而与年龄、婚姻和政治面貌存在正相关关系，相关系数的绝对值都小于0.2。外出聚会与教育、婚姻和政治面貌之间存在正相关关系，而与性别、年龄和宗教信仰存在负相关关系，其间的相关系数的绝对值均小于0.1。外出散步除了与婚姻存在负相关关系外，与其他五个特征变量均存在正相关关系，相关系数的绝对值均小于0.2。外出逛街购物与性别和年龄存在显著的负相关关系，而与其他四个特征变量存在正相关关系，相关系数的绝对值均在0.35以下。看电影与性别、年龄和婚姻存在显著的负相关关系，而与教育、宗教信仰和政治面貌存在正相关关系，相关系数的绝对值均小于0.2。参与体育锻炼与个体特征变量均存在正相关关系，相关系数均在0.15以下。在家听音乐或上网打游戏与性别和教育存在正相关关系，而与其他四个特征变量存在负相关关系，其间的相关系数的绝对值都在0.3以下。在家睡觉或做家务与年龄、婚姻和政治面貌存在正相关关系，而与其他三个特征变量存在负相关关系，相互间的相关系数的绝对值均小于0.15。学习充电与性别、年龄和婚姻之间存在负相关关系，而与其他三个变量存在正相关关系，其相关系数的绝对值均小于0.15。外出旅游除了与性别存在显著的负相关关系外，与其他五个变量均存在正相关关系，其间的相关系数的绝对值均在 0. 15 以下。

在休闲变量与其他五个维度变量的相关性方面，表 5 – 5 显示，休闲时长与住房面积存在正相关关系，而与绝对收入、工作状态、身体健康、中层交际和内层交际之间存在负相关关系，其相关系数的绝对值均在 0. 25 以下。外出聚会与中层交际和内层交际存在显著的负相关关系，与其他四个变量存在正相关关系，其相关系数的绝对值均小于 0. 2。外出散步或闲逛与绝对收入和身体健康存在正相关关系，但不显著，而与其他四个变量存在负相关关系，相关系数的绝对值均小于 0. 1。外出逛街购物、看电影、参与体育锻炼和外出旅游与中层交际和内层交际均存在负相关关系，而与其他四个变量均存在正相关关系，其相关系数的绝对值均在 0. 2 以下。在家听音乐或上网打游戏与绝对收入和中层交际之间存在负相关关系，而与其他变量均存在正相关关系，相关系数的绝对值均在 0. 15 以下。在家睡觉或做家务与六大变量均存在负相关关系，相关系数的绝对值均小于 0. 1。学习充电与中层交际存在显著的负相关关系，而与其他变量存在正相关关系，其相关系数的绝对值均小于 0. 15。

六、交际变量与主观幸福感的相关性

与不同对象的近距离交际和远距离交际与主观幸福感均存在显著的负相关关系，其相关系数的绝对值均在 0. 2 以下。在交际变量间的相关性方面，不同对象的近距离交际和远距离交际均存在显著的正相关关系，其中与朋友近距离交际和与同事或同学近距离交际、与朋友远距离交际和与家人近距离交际、与亲戚近距离交际和与亲戚近距离交际与亲戚远距离交际和与同事或同学近距离交际、与同事或同学远距离交际和与朋友远距离交际、与亲戚远距离交际和与同事或同学远距离交际之间的相关性较强，其相关系数依次为 0. 545、0. 549、0. 526、0. 587、0. 601、0. 445 和 0. 475，均在 0. 4 以上。可见，交际变量之间的相关性较高，但与主观幸福感之间的相关性较低。

表 5-6　　交际变量的 Pearson 相关系数矩阵

变量	7	8	9	10	11	12	13	14	15
7	1								
8	0.350 **	1							
9	0.349 **	0.526 **	1						
10	0.545 **	0.253 **	0.304 **	1					
11	0.549 **	0.258 **	0.317 **	0.381 **	1				
12	0.241 **	0.338 **	0.209 **	0.212 **	0.391 **	1			
13	0.259 **	0.304 **	0.587 **	0.226 **	0.445 **	0.345 **	1		
14	0.295 **	0.171 **	0.217 **	0.601 **	0.475 **	0.286 **	0.382 **	1	
15	-0.115 **	-0.181 **	-0.116 **	-0.134 **	-0.106 **	-0.149 **	-0.096 **	-0.139 **	1

变量	1. 性别	2. 年龄	3. 教育	4. 婚姻	5. 宗教信仰	6. 政治面貌
7	-0.001	0.177 **	-0.051	0.101 **	-0.035	-0.034
8	0.058	-0.002	0.026	-0.085 **	-0.004	0.022
9	-0.022	-0.071 *	0.052	-0.047	-0.013	0.028
10	-0.016	0.183 **	-0.087 **	0.127 **	0.026	-0.061 *
11	0.025	0.020	0.023	0.023	-0.031	0.014
12	0.124 **	-0.045	0.007	-0.078 *	0.024	-0.024
13	-0.063 *	-0.154 **	0.124 **	-0.025	-0.016	-0.004
14	-0.026	0.039	-0.030	0.068 *	0.013	-0.085 **
15	—	—	—	—	—	—

注：** 表示在 0.01 水平上（双侧）显著相关，* 表示在 0.05 水平上（双侧）显著相关；7 表示与朋友近距离交际，8 表示与家人近距离交际，9 表示与亲戚近距离交际，10 表示与同事或同学近距离交际，11 表示与朋友远距离交际，12 表示与家人远距离交际，13 表示与亲戚远距离交际，14 表示与同事或同学远距离交际，15 表示主观幸福感；上述变量对应的样本数均为 1070 个；—表示不适用或无内容。

在交际变量与个体特征变量间的相关性方面，表 5-6 显示，与朋友近距离交际和年龄、婚姻均存在显著的正相关关系，而与其他变量存在负相关关系，其相关系数的绝对值均在 0.2 以下。与家人近距离交际和性别、教育、政治面貌存在正相关关系，而与其他三个变量存在负相关关系，其相关系数的绝对值均在0.1以下。与亲戚近距离交际和教育、政治面貌存在正相关关系，而与其他变量存在负相关关系，其相关系数的绝对值都小于0.1。与同事或同学近距离交际和年龄、婚姻、宗教信仰存在正相关关系，而与其他三个变量存在负相关关系，相关系数都在0.2以下。与朋友远距离交际仅仅和宗教信仰存在负相关关系，与其他五个变量均存在正相关关系，相关系数均在0.1以下。与家人远距离交际和性别、教育、宗教信仰存在正相关关系，而与其他三个变量存在负相关关系，相关系数的绝对值均在0.15以下。与亲戚远距离交际仅仅和教育存在显著的正相关关系，而与其他五个变量存在负相关关系，相关系数均在0.2以下。与同事或同学远距离交际和年龄、婚姻、宗教信仰之间存在正相关关系，而与其他三个变量存在负相关关系，相关系数均小于0.1。

若将交际变量均纳入模型中进行分析，可能会引起多重共线性的问题，为了避免问题的产生，本研究采用了因子分析对不同对象的近距离交际和远距离交际状况进行降维处理。在分析中，KMO的检验结果为0.701，接近于1，Bartlett球形检验Sig值为0.000，小于显著水平0.05，结果显著，表明变量适合作因子分析。在分析中，采用了最大方差法旋转因子，从旋转因子矩阵可知，如表5-7所示，第一公因子由与朋友近距离交际、与同事或同学近距离交际、与朋友远距离交际和与同事或同学远距离交际四个变量共同决定，故命名为中层交际；第二公因子则由与家人近距离交际、与亲戚近距离交际、与家人远距离交际和与亲戚远距离交际四个变量共同决定，故命名为内层交际。中层交际和内层交际与主观幸福感之间均存在显著的负相关关系，相关系数的绝对值依次为0.128和0.146。

表5-7　　不同交际对象的因子旋转矩阵

变量		中层交际	内层交际
近距离交际	朋友	0.66	0.31
	家人	0.10	0.76
	亲戚	0.14	0.83
	同事或同学	0.83	0.10

续表

变量		中层交际	内层交际
远距离交际	朋友	0.68	0.36
	家人	0.32	0.47
	亲戚	0.26	0.71
	同事或同学	0.80	0.10

综合以上分析可知，在个体特征方面，性别、年龄、教育和政治面貌与主观幸福感之间存在负相关关系，婚姻和宗教信仰与主观幸福感存在正相关关系，其中交际、宗教信仰和政治面貌的相关关系不显著。在收入状况方面，绝对收入与主观幸福感之间存在显著的正相关关系，而纵向相对收入和横向相对收入与主观幸福感之间存在显著的负相关关系。在住房状况方面，居住时长、住房面积和住房来源与主观幸福感之间存在正相关关系，其中住房面积和住房来源的相关关系显著；住房设施、通勤方式和通勤时耗与主观幸福感存在负相关关系。在工作状况方面，工作状态、工作性质、工作单位、工资薪酬和工作兴趣程度与主观幸福感均存在正相关关系，其中工作单位、工资薪酬和工作兴趣程度的相关关系显著；工作职业、管理活动和自主决定程度与主观幸福感均存在显著的负相关关系。在健康状况方面，自评身体健康、锻炼情况与主观幸福感之间存在显著的正相关关系，锻炼频率与主观幸福感存在显著的负相关关系。在休闲状况方面，除在家睡觉或做家务与主观幸福感存在负相关关系外，休闲时长和其他休闲活动与主观幸福感均存在正相关关系，其中外出聚会、逛街购物、看电影、参与体育锻炼和学习充电的相关关系显著。在交际状况方面，内层交际和中层交际与主观幸福感均存在显著的负相关关系。以上结果基本符合本研究的预期假设，并且与描述性分析结果一致。然而，相关性分析仅仅证明了变量相互间具有相关性，但是具体的因果关系和影响程度还需要进一步的回归分析。

第二节　居民主观幸福感的影响因素分析

一、收入的影响分析

在控制个体特征变量和其他五个维度变量后得出了回归结果，如表5-8所示。模型1、模型2和模型3依次分析了绝对收入、纵向相对收入和横向相对收入对居民主观幸福感的影响；模型4分析了在绝对收入、纵向相对收入和横向相对收入共同作用下三者对居民主观幸福感的影响状况。

模型1主要是对绝对收入与居民主观幸福感之间的关系假设H1a进行检验。从模型1的回归结果可以看出，绝对收入的回归系数为0.074，在0.05水平下显著，表明绝对收入提高1单位，居民主观幸福感便会提高0.074单位，故可以认为绝对收入对居民主观幸福感有直接显著的正向影响，即假设H1a得到了验证。

表5-8　　收入对居民主观幸福感影响的回归分析结果

变量	被解释变量：主观幸福感			
	模型1	模型2	模型3	模型4
常量	-0.04 (0.034)	-0.043 (0.034)	-0.04 (0.034)	-0.041 (0.034)
性别	-0.049 (0.034)	-0.033 (0.034)	-0.046 (0.033)	-0.04 (0.034)
年龄	-0.064 (0.041)	-0.057 (0.041)	-0.059 (0.041)	-0.062 (0.041)
教育	-0.011 (0.037)	-0.013 (0.037)	-0.006 (0.037)	-0.025 (0.037)
婚姻	0.149*** (0.037)	0.154*** (0.036)	0.146*** (0.037)	0.138*** (0.037)

续表

变量	被解释变量：主观幸福感			
	模型 1	模型 2	模型 3	模型 4
宗教信仰	0.028 (0.032)	0.028 (0.032)	0.022 (0.032)	0.02 (0.032)
政治面貌	-0.018 (0.035)	-0.022 (0.035)	-0.01 (0.035)	-0.023 (0.035)
住房面积	0.075 ** (0.033)	0.089 *** (0.033)	0.078 ** (0.033)	0.079 ** (0.033)
工作状态	-0.011 (0.038)	0.001 (0.037)	-0.007 (0.038)	-0.008 (0.038)
身体健康	0.255 *** (0.034)	0.244 *** (0.034)	0.25 *** (0.034)	0.244 *** (0.034)
休闲时长	0.027 (0.035)	0.018 (0.035)	0.027 (0.035)	0.02 (0.035)
中层交际	-0.093 *** (0.035)	-0.095 *** (0.034)	-0.092 *** (0.034)	-0.083 ** (0.034)
内层交际	-0.111 *** (0.035)	-0.123 *** (0.034)	-0.114 *** (0.035)	-0.118 *** (0.034)
绝对收入	0.074 ** (0.035)			0.045 (0.036)
纵向相对收入		-0.12 *** (0.033)		-0.103 *** (0.034)
横向相对收入			-0.099 *** (0.033)	-0.069 ** (0.035)
F 统计量	10.969 ***	11.728 ***	11.353 ***	10.704 ***
R^2	0.146	0.155	0.151	0.162
调整后的 R^2	0.133	0.142	0.137	0.147
DW	2.017	1.995	1.996	1.987

注：*、**、*** 分别表示在 10%、5% 和 1% 水平下显著；括号内的系数为标准误差；样本量为 847 个。

模型 2 主要是对纵向相对收入与居民主观幸福感之间的关系假设 H1b 进行检验。从模型 2 的回归结果可以看出，纵向相对收入的回归系数为 -0.12，在 0.01 水平下显著，表明纵向相对收入下降 1 个单位，居民主观幸福感会提高 0.12 单位，故可以认为纵向相对收入显著地负向影响居民主观幸福感，即收入相比去年越高的居民幸福感越高，模型 2 的回归结果验证了假设 H1b。

模型 3 主要是对横向相对收入与居民主观幸福感之间的关系假设 H1c 进行检验。从模型 3 的回归结果可知，横向相对收入的回归系数为 -0.099，在 0.01 水平下显著，表明横向相对收入下降 1 个单位，居民主观幸福感会提高 0.099 单位，故可以认为横向相对收入对居民主观幸福感有直接显著的负向影响，即收入相比他人越高，居民感受到的幸福越多，模型 3 的回归结果支持了假设 H1c。

模型 4 主要是对绝对收入、纵向相对收入和横向相对收入与居民主观幸福感之间的关系假设 H1d 进行检验。从模型 4 的回归结果可以看出，绝对收入对居民主观幸福感的影响虽然有正向影响，但并不显著；纵向相对收入的回归系数为 -0.103，在 0.01 水平下显著；横向相对收入的回归系数为 -0.069，在 0.05 水平下显著。可见，当在模型中纳入相对收入后，绝对收入对居民主观幸福感的影响由显著变成了不显著，而相对收入的影响依然显著，并且纵向相对收入的影响程度更大，模型 4 的回归结果支持了假设 H1d。

二、住房的影响分析

表 5-9 显示，在控制了个体特征变量和收入、工作、健康、休闲和交际五个维度变量后得到了回归结果。模型 5、模型 6 和模型 7 依次分析了住房面积、住房产权和住房设施对居民主观幸福感的影响，模型 8 比较分析了三个住房因素共同作用下对居民主观幸福感的影响程度。

模型 5 主要对住房面积与居民主观幸福感之间的关系假设 H2a 进行了检验。从模型 5 的回归结果可知，住房面积的回归系数为 0.075，在 0.05 水平下显著，表明住房面积提高 1 单位，居民主观幸福感会提高 0.075 单位，故可以认为住房面积对居民主观幸福感有直接显著的正向影响，即假设 H2a 也得到了支持。

模型 6 主要检验住房产权与居民主观幸福感之间的关系假设 H2b。从模型 6 的回归结果可以看出，住房产权的回归系数为 0.102，并且在 0.01 水平下显著，表明住房产权属于自己的居民幸福感更高，故可以认为住房产权显著地正向影响居民主观幸福感，回归结果检验了假设 H2b。

模型 7 主要对住房设施与居民主观幸福感之间关系的假设 H2c 进行检验。从模型 7 的回归结果可以看出，住房设施的回归系数为 -0.043，但不显著，故可以认为住房设施对居民主观幸福感没有显著的负向影响作用，即假设 H2c 同样得到了验证。

模型 8 主要对住房面积、住房产权和住房设施与居民主观幸福感之间的关系假设 H2d 进行检验。从模型 8 的回归结果可以看出，住房面积和住房设施的回归系数依次为 0.049 和 0.01，两个变量均不显著；而住房产权的回归系数为 0.088，在 0.05 水平下显著；回归结果表明，住房面积对居民主观幸福感的影响由显著地正向影响变得不显著，住房产权依然显著地正向影响居民主观幸福感，住房设施并没有显著地影响居民主观幸福感。可见，在同时分析三个变量对居民主观幸福感的影响时，住房产权对居民主观幸福感的影响程度更大，并且显著，假设 H2d 得到了验证。

表 5-9　住房对居民主观幸福感影响的回归分析结果

变量	被解释变量：主观幸福感（SWB）			
	模型 5	模型 6	模型 7	模型 8
常量	-0.04 (0.034)	-0.032 (0.034)	-0.041 (0.034)	-0.033 (0.034)
性别	-0.049 (0.034)	-0.044 (0.034)	-0.045 (0.034)	-0.047 (0.034)
年龄	-0.064 (0.041)	-0.081* (0.042)	-0.066 (0.042)	-0.081* (0.042)
教育	-0.011 (0.037)	-0.011 (0.037)	-0.002 (0.037)	-0.017 (0.037)

续表

变量	被解释变量：主观幸福感（SWB）			
	模型 5	模型 6	模型 7	模型 8
婚姻	0.149*** （0.037）	0.126*** （0.037）	0.138*** （0.037）	0.132*** （0.038）
宗教信仰	0.028 （0.032）	0.027 （0.032）	0.032 （0.032）	0.026 （0.032）
政治面貌	-0.018 （0.035）	-0.011 （0.035）	-0.012 （0.036）	-0.015 （0.035）
绝对收入	0.074** （0.035）	0.078** （0.035）	0.081** （0.035）	0.073** （0.035）
工作状态	-0.011 （0.038）	-0.02 （0.038）	-0.015 （0.038）	-0.017 （0.038）
身体健康	0.255*** （0.034）	0.257*** （0.034）	0.255*** （0.034）	0.257*** （0.034）
休闲时长	0.027 （0.035）	0.035 （0.035）	0.03 （0.035）	0.032 （0.035）
中层交际	-0.093*** （0.035）	-0.098*** （0.035）	-0.093*** （0.035）	-0.098*** （0.035）
内层交际	-0.111*** （0.035）	-0.101*** （0.035）	-0.113*** （0.035）	-0.101*** （0.035）
住房面积	0.075** （0.033）			0.049 （0.036）
住房产权		0.102*** （0.035）		0.088** （0.039）
住房设施			-0.043 （0.036）	0.01 （0.04）
F 统计量	10.969***	11.274***	10.64***	9.89***
R^2	0.146	0.15	0.142	0.151
调整后的 R^2	0.133	0.136	0.129	0.136
DW	2.017	2.02	2.017	2.018

备注：*、**、*** 分别表示在10%、5%和1%水平下显著；括号内的系数为标准误差；样本量为847个。

三、工作的影响分析

在控制了个体特征变量和其他五个维度的变量后得到了工作对居民主观幸福感的回归结果，如表 5－10 所示。模型 9 至模型 17 依次分析了工作状态、工作性质、工作职业、工作单位、工作时间、工资薪酬、工作管理活动、工作兴趣程度和工作自主决定程度对居民主观幸福感的影响；模型 18 分析了各工作变量共同作用下对居民主观幸福感的影响程度。

模型 9 主要对工作状态与居民主观幸福感之间的关系假设 H3a 进行检验。从模型 9 的回归结果可知，工作状态的回归系数为 －0.011，但不显著，故可以认为工作状态并没有显著地负向影响居民主观幸福感，即就业居民的主观幸福感低于非就业居民的主观幸福感，假设 H3a 得到了检验。

模型 10 主要对工作性质与居民主观幸福感之间的关系假设 H3b 进行检验。从模型 10 的回归结果可以看出，工作性质的回归系数为 0.014，依然不显著，表明工作性质对居民主观幸福感不存在显著的正向影响作用，故支持了假设 H3b。

模型 11 主要对工作职业与居民主观幸福感之间的关系假设 H3c 进行检验。从模型 11 的回归结果可知，工作职业的回归系数为 －0.105，并且在 0.01 水平下显著相关，故认为工作职业显著地负向影响居民主观幸福感，即假设 H3c 得到了支持。

模型 12 主要对工作单位与居民主观幸福感之间的关系假设 H3d 进行检验。从模型 12 的回归结果可以看出，工作单位的回归系数为 0.062，在 0.1 水平下显著相关，表明了工作单位对居民主观幸福感有直接显著的正向影响，结果检验了假设 H3d 的内容。

模型 13 主要对工作时间与居民主观幸福感之间的关系假设 H3e 进行检验。从模型 13 的回归结果可以看出工作时间的回归系数为 －0.058，但是并不显著，可见工作时间对居民主观幸福感并没有显著的负向影响作用，具体表现为工作时间在 8 小时以上的居民幸福感低于在 8 小时以内的居民幸福感，即假设 H3e 得到了验证。

表 5 – 10　　工作对居民主观幸福感影响的回归分析结果

（模型 9 至模型 13）

变量	被解释变量：主观幸福感（SWB）				
	模型 9	模型 10	模型 11	模型 12	模型 13
常量	-0.04 (0.034)	-0.044 (0.036)	-0.043 (0.035)	-0.044 (0.035)	-0.043 (0.035)
性别	-0.049 (0.034)	-0.07** (0.036)	-0.074** (0.036)	-0.071** (0.036)	-0.066* (0.036)
年龄	-0.064 (0.041)	-0.116** (0.05)	-0.132*** (0.05)	-0.112** (0.05)	-0.124** (0.05)
教育	-0.011 (0.037)	-0.01 (0.04)	-0.024 (0.04)	-0.006 (0.04)	-0.022 (0.041)
婚姻	0.149*** (0.037)	0.156*** (0.04)	0.157*** (0.04)	0.153*** (0.04)	0.151*** (0.04)
宗教信仰	0.028 (0.032)	0.035 (0.035)	0.036 (0.035)	0.031 (0.035)	0.036 (0.035)
政治面貌	-0.018 (0.035)	-0.014 (0.037)	-0.029 (0.037)	-0.013 (0.037)	-0.013 (0.037)
绝对收入	0.074** (0.035)	0.073* (0.037)	0.066* (0.037)	0.078** (0.037)	0.076** (0.037)
住房面积	0.075** (0.033)	0.083** (0.035)	0.078** (0.035)	0.084** (0.035)	0.078** (0.035)
身体健康	0.255*** (0.034)	0.224*** (0.037)	0.225*** (0.037)	0.22*** (0.037)	0.223*** (0.037)
休闲时长	0.027 (0.035)	0.012 (0.038)	0.007 (0.038)	0.013 (0.038)	0.005 (0.038)
中层交际	-0.093*** (0.035)	-0.097*** (0.038)	-0.1*** (0.038)	-0.098** (0.038)	-0.091** (0.038)
内层交际	-0.111*** (0.035)	-0.102*** (0.037)	-0.101*** (0.037)	-0.098*** (0.037)	-0.097** (0.037)
工作状态	-0.011 (0.038)				

续表

变量	被解释变量：主观幸福感（SWB）				
	模型 9	模型 10	模型 11	模型 12	模型 13
工作性质		0.014 (0.035)			
工作职业			-0.105*** (0.036)		
工作单位				0.062* (0.035)	
工作时间					-0.058 (0.037)
F 统计量	10.969***	8.22***	8.947***	8.483***	8.418***
R^2	0.146	0.128	0.138	0.131	0.131
调整后的 R^2	0.133	0.112	0.122	0.116	0.115
DW	2.017	2.005	2.028	2.006	2.007

如表 5-11 所示，模型 14 主要对工资薪酬与居民主观幸福感之间的关系假设 H3f 进行检验。由工资薪酬与绝对收入的相关性分析可知，两者间存在较高的相关性，所以在模型中将绝对收入这一控制变量剔除，分析工资薪酬对居民主观幸福感的影响。从模型 14 的回归结果可知，工资薪酬的回归系数为 0.069，在 0.1 水平下显著相关，故可以认为工资薪酬显著地正向影响居民主观幸福感，即假设 H3f 得到了支持。

模型 15 主要对工作管理活动与居民主观幸福感之间的关系假设 H3g 进行检验。从模型 15 的回归结果可以看出，工作管理活动的回归系数为 -0.031，但是不显著，故可以认为工作管理活动对居民主观幸福感的影响是负向的，但是不显著，即验证了 H3g 的假设。

模型 16 主要对工作兴趣程度与居民主观幸福感之间的关系假设 H3h 进行检验。从模型 16 的回归结果可以看出，工作兴趣程度的回归系数为 0.207，在 0.01 水平下显著相关，表明工作兴趣程度加深 1 单位，居民主观幸福感会提高 0.207 单位，故可以认为工作兴趣程度显著地正向影响居民主观幸福感，结果检验了假设 H3h。

模型 17 主要对工作自主决定程度与居民主观幸福感之间的关系假设 H3i 进行检验。由模型 17 的回归结果可知，工作自主决定程度的回归系数为 -0.116，在 0.01 水平下显著相关，表明工作自主决定程度下降 1 单位，居民主观幸福感提高 0.116 单位，故可以认为工作自主决定程度显著地负向影响居民主观幸福感，即假设 H3i 得到支持。

模型 18 主要对工作状态、工作性质、工作职业、工作单位、工作时间、工资薪酬、工作管理活动、工作兴趣程度和工作自主决定程度与居民主观幸福感之间关系的假设 H3j 进行检验。由于绝对收入与工资薪酬存在较高的相关性，同时工作状态缺失相关系数，所以在模型中剔除绝对收入和工作状态两个变量。模型 18 的回归结果显示，工作性质、工作单位、工资薪酬和工作管理活动的回归系数依次为 0.002、0.042、0.034 和 0.011，均不显著；工作职业的回归系数为 -0.116，在 0.01 水平下显著相关；工作时间的回归系数为 -0.067，在 0.1 水平下显著相关；工作兴趣程度的回归系数为 0.182，在 0.01 水平下显著相关；工作自主决定程度的回归系数为 -0.088，在 0.05 水平下显著相关。结果表明，工作性质、工作单位、工资薪酬和工作管理活动对居民主观幸福感没有显著地正向影响作用；工作职业、工作时间和工作自主决定程度显著地负向影响居民主观幸福感；而工作兴趣程度显著地正向影响居民主观幸福感。可见，在同时纳入工作变量后，工作职业、工作时间、工作兴趣程度和工作自主决定程度对居民主观幸福感的影响作用更显著，且影响程度从高到低依次是工作兴趣程度、工作职业、工作自主决定程度和工作时间，即假设 H3j 得到了支持。

表 5-11 工作对居民主观幸福感影响的回归分析结果（模型 14 至模型 18）

变量	被解释变量：主观幸福感（SWB）				
	模型 14	模型 15	模型 16	模型 17	模型 18
常量	-0.041 (0.035)	-0.043 (0.036)	-0.042 (0.035)	-0.042 (0.035)	-0.037 (0.034)

续表

变量	被解释变量：主观幸福感（SWB）				
	模型 14	模型 15	模型 16	模型 17	模型 18
性别	-0.071 ** (0.036)	-0.071 ** (0.036)	-0.065 * (0.035)	-0.078 ** (0.036)	-0.071 ** (0.035)
年龄	-0.118 ** (0.051)	-0.118 ** (0.05)	-0.109 ** (0.049)	-0.119 ** (0.05)	-0.14 *** (0.05)
教育	-0.006 (0.04)	-0.01 (0.04)	-0.032 (0.039)	-0.022 (0.04)	-0.072 * (0.041)
婚姻	0.159 *** (0.04)	0.153 *** (0.04)	0.145 *** (0.039)	0.154 *** (0.04)	0.14 *** (0.039)
宗教信仰	0.034 (0.035)	0.03 (0.035)	0.019 (0.034)	0.028 (0.035)	0.023 (0.034)
政治面貌	-0.013 (0.037)	-0.017 (0.037)	0.001 (0.036)	-0.006 (0.037)	-0.007 (0.036)
绝对收入	—	0.068 * (0.038)	0.038 (0.037)	0.061 (0.037)	—
住房面积	0.085 ** (0.035)	0.079 ** (0.035)	0.081 ** (0.034)	0.077 ** (0.035)	0.07 ** (0.034)
身体健康	0.226 *** (0.037)	0.224 *** (0.037)	0.177 *** (0.037)	0.215 *** (0.037)	0.173 *** (0.037)
休闲时长	0.012 (0.038)	0.013 (0.038)	0.006 (0.037)	0.022 (0.038)	-0.001 (0.037)
中层交际	-0.094 ** (0.038)	-0.096 *** (0.038)	-0.068 * (0.037)	-0.086 ** (0.038)	-0.057 (0.038)
内层交际	-0.105 *** (0.037)	-0.1 *** (0.037)	-0.091 ** (0.037)	-0.093 ** (0.037)	-0.08 ** (0.037)
工作状态					—
工作性质					0.002 (0.035)

续表

变量	被解释变量：主观幸福感（SWB）				
	模型 14	模型 15	模型 16	模型 17	模型 18
工作职业					-0.116*** (0.036)
工作单位					0.042 (0.035)
工作时间					-0.067* (0.036)
工资薪酬	0.069* (0.038)				0.034 (0.039)
管理活动		-0.031 (0.037)			0.011 (0.037)
兴趣程度			0.207*** (0.037)		0.182*** (0.037)
自主决定				-0.116*** (0.036)	-0.088** (0.036)
F 统计量	8.853***	8.266***	11.009***	9.145***	8.687***
R^2	0.127	0.128	0.164	0.14	0.186
调整后的 R^2	0.113	0.113	0.149	0.125	0.164
DW	2.001	2.007	2.007	1.987	2.031

注：*、**、*** 分别表示在 10%、5% 和 1% 水平下显著；括号内的系数为标准误差；样本量为 743 个。

四、健康的影响分析

在控制居民个体特征和其他五个维度的变量后得到了健康对居民主观幸福感影响的回归结果，如表 5-12 所示。模型 19 至模型 21 依次分析了身体健康、锻炼情况和锻炼频率对居民主观幸福感的影响；模型 22 分析了身体健康、锻炼情况和锻炼频率对居民主观幸福感的影响程度。

表 5 – 12　　健康对居民主观幸福感影响的回归分析结果

变量	被解释变量：主观幸福感（SWB）			
	模型 19	模型 20	模型 21	模型 22
常量	–0.04 (0.034)	–0.043 (0.035)	0.007 (0.04)	–0.001 (0.04)
性别	–0.049 (0.034)	–0.072** (0.035)	–0.085** (0.039)	–0.079** (0.039)
年龄	–0.064 (0.041)	–0.108** (0.042)	–0.085* (0.047)	–0.063 (0.046)
教育	–0.011 (0.037)	–0.052 (0.038)	–0.053 (0.044)	–0.036 (0.043)
婚姻	0.149*** (0.037)	0.163*** (0.038)	0.181*** (0.043)	0.171*** (0.043)
宗教信仰	0.028 (0.032)	0.043 (0.033)	0.038 (0.034)	0.027 (0.034)
政治面貌	–0.018 (0.035)	–0.016 (0.037)	0.018 (0.041)	0.015 (0.04)
绝对收入	0.074** (0.035)	0.066* (0.036)	0.03 (0.039)	0.039 (0.039)
住房面积	0.075** (0.033)	0.074** (0.034)	0.069* (0.038)	0.066* (0.038)
工作状态	–0.011 (0.038)	0.022 (0.039)	0.007 (0.043)	–0.014 (0.043)
休闲时长	0.027 (0.035)	0.032 (0.036)	0.005 (0.041)	0.006 (0.041)
中层交际	–0.093*** (0.035)	–0.119*** (0.036)	–0.093** (0.04)	–0.077* (0.04)
内层交际	–0.111*** (0.035)	–0.118*** (0.036)	–0.116*** (0.043)	–0.108** (0.042)
身体健康	0.255*** (0.034)			0.155*** (0.042)

续表

变量	被解释变量：主观幸福感（SWB）			
	模型 19	模型 20	模型 21	模型 22
身体锻炼		0.081 ** (0.034)		—
锻炼频率			-0.198 *** (0.037)	-0.167 *** (0.038)
F 统计量	10.969 ***	6.717 ***	6.204 ***	6.882 ***
R^2	0.146	0.095	0.121	0.141
调整后的 R^2	0.133	0.081	0.101	0.121
DW	2.017	1.978	1.977	1.995

注：*、**、*** 分别表示在10%、5%和1%水平下显著；锻炼频率变量的样本量为601 个，其他变量的样本量为847 个。

模型 19 对身体健康与居民主观幸福感之间的关系假设 H4a 进行了检验。从模型 19 的回归结果可以看出，身体健康的回归系数为 0.255，在 0.01 水平下显著，说明身体健康提高 1 单位，居民主观幸福感会提高 0.255 单位，故可以认为身体健康对居民主观幸福感有直接显著的正向影响，即检验了假设 H4a 的内容。

模型 20 对身体锻炼与居民主观幸福感之间的关系假设 H4b 进行了检验。由模型 20 的回归结果可知，身体锻炼的回归系数为 0.081，在 0.05 水平下显著，说明参与锻炼的居民幸福感高于不参与锻炼的居民，故可以认为身体锻炼显著地正向影响居民主观幸福感，分析结果验证了假设 H4b。

模型 21 对锻炼频率与居民主观幸福感之间的关系假设 H4c 进行了检验。从模型 21 的回归结果可以看出，锻炼频率的回归系数为 -0.198，并且在 0.01 水平下显著，表明锻炼频率提高 1 单位，居民的主观幸福感则会降低 0.198 单位，故可以认为锻炼频率显著地负向影响居民主观幸福感，即假设 H4c 得到了检验。

模型 22 对身体健康、身体锻炼和锻炼频率与主观幸福感之间的关系假设 H4d 进行了检验。由于身体锻炼变量缺少相关系数，所以在模型 22 中删除了身体锻炼这一变量。从模型 22 的回归结果可以看出，身体健康的回归系数为0.155，在0.01水平下显著；锻炼频率的回归系数为-0.167，依然在0.01水平下显著；回归结果表示身体健康显著地正向影响居民主观幸福感，而锻炼频率显著地负向影响居民主观幸福感，其中锻炼频率的影响程度更大，假设H4d亦得到了支持。

五、休闲的影响分析

在控制居民个体特征和收入、住房、工作、身体健康和交际变量后得到了休闲对居民主观幸福感影响的回归结果，如表5-13显示。模型23分析了休闲时长对居民主观幸福感的影响，模型24分析了不同休闲活动对居民主观幸福感的影响，模型25对比分析了休闲时长和休闲活动对居民主观幸福感的影响程度。

模型23对休闲时长与居民主观幸福感之间的关系假设H5a进行了检验。从模型23的回归结果可以看出，休闲时长的回归系数为0.027，但是不显著，表明休闲时长对主观幸福感并没有显著的正向影响，分析结果支持了假设H5a。

模型24对不同休闲活动与居民主观幸福感之间的关系假设H5b进行了检验。由模型24的回归结果可知，外出看电影的回归系数为-0.039，但是不显著；在家睡觉或做家务的回归系数为-0.086，并且在0.05水平下显著；其他休闲活动的回归系数均为正，但是都不显著；结果表明在家睡觉或做家务的休闲活动对居民主观幸福感有显著的负向影响，即假设H5b得到了支持。

模型25对休闲时长和不同休闲活动与居民主观幸福感之间的关系假设H5c进行了检验。从模型25可以看出，在家睡觉或做家务的回归系数为-0.087，在0.05水平下显著；外出看电影的回归系数为负，并且不显著；休闲时长和其他休闲活动的回归系数均为正，并且不显著。可见，在休闲时长和休闲活动的共同作用下，在家睡觉或做家务的休闲活动显著地负向影响居民主观幸福感，并且影响程度最大，即假设H5c亦得到了检验。

表 5 - 13 休闲对居民主观幸福感影响的回归分析结果

变量	被解释变量：主观幸福感（SWB）		
	模型 23	模型 24	模型 25
常量	-0.04 (0.034)	-0.042 (0.042)	-0.038 (0.042)
性别	-0.049 (0.034)	-0.044 (0.042)	-0.038 (0.042)
年龄	-0.064 (0.041)	-0.05 (0.048)	-0.066 (0.049)
教育	-0.011 (0.037)	-0.023 (0.042)	-0.026 (0.042)
婚姻	0.149*** (0.037)	0.144*** (0.044)	0.144*** (0.044)
宗教信仰	0.028 (0.032)	0.011 (0.035)	0.013 (0.035)
政治面貌	-0.018 (0.035)	-0.014 (0.048)	-0.013 (0.048)
绝对收入	0.074** (0.035)	0.054 (0.04)	0.055 (0.04)
住房面积	0.075** (0.033)	0.073* (0.038)	0.071* (0.038)
工作状态	-0.011 (0.038)	-0.022 (0.043)	-0.009 (0.044)
身体健康	0.255*** (0.034)	0.231*** (0.042)	0.23*** (0.042)
中层交际	-0.093*** (0.035)	-0.068 (0.041)	-0.064 (0.041)
内层交际	-0.111*** (0.035)	-0.077* (0.042)	-0.07* (0.042)
休闲时长	0.027 (0.035)		0.061 (0.043)

续表

变量	被解释变量：主观幸福感（SWB）		
	模型 23	模型 24	模型 25
与朋友或亲戚聚会		0.041 (0.042)	0.047 (0.042)
外出散步或闲逛		0.001 (0.041)	0.001 (0.041)
外出逛街购物		0.04 (0.045)	0.039 (0.045)
外出看电影		-0.039 (0.047)	-0.047 (0.047)
参加体育锻炼		0.001 (0.045)	0.005 (0.046)
在家听音乐或上网打游戏		0.044 (0.045)	0.041 (0.045)
在家睡觉或做家务		-0.086** (0.04)	-0.087** (0.04)
学习充电		0.016 (0.045)	0.011 (0.046)
外出旅游		0.065 (0.043)	0.064 (0.043)
F 统计量	10.969***	4.474***	4.371***
R^2	0.146	0.135	0.138
调整后的 R^2	0.133	0.105	0.107
DW	2.017	1.977	1.982

注：*、**、*** 分别表示在 10%、5% 和 1% 水平下显著；括号内的系数为标准误差；模型 23、模型 24 和 25 模型的样本量依次为 847 个、623 个和 623 个。

六、交际的影响分析

在控制了居民个体特征变量和其他五个维度的变量后得到了交际对居民主观幸福感影响的回归结果，如表 5－14 所示。模型 26 和模型 27 分别分析了中层交际和内层交际对居民主观幸福感的影响，模型 28 分析了中层交际和内层交际对居民主观幸福感的影响程度。

表 5-14 交际对居民主观幸福感影响的回归分析结果

变量	被解释变量：主观幸福感（SWB）		
	模型 26	模型 27	模型 28
常量	-0.039 (0.034)	-0.045 (0.034)	-0.04 (0.034)
性别	-0.057 * (0.034)	-0.045 (0.034)	-0.049 (0.034)
年龄	-0.052 (0.041)	-0.069 * (0.041)	-0.064 (0.041)
教育	-0.016 (0.037)	-0.008 (0.037)	-0.011 (0.037)
婚姻	0.161 (0.037)	0.136 *** (0.037)	0.149 *** (0.037)
宗教信仰	0.028 (0.032)	0.028 (0.032)	0.028 (0.032)
政治面貌	-0.02 (0.036)	-0.014 (0.036)	-0.018 (0.035)
绝对收入	0.082 ** (0.035)	0.086 ** (0.035)	0.074 ** (0.035)
住房面积	0.082 ** (0.033)	0.075 ** (0.033)	0.075 ** (0.033)
工作状态	-0.011 (0.038)	-0.006 (0.038)	-0.011 (0.038)
身体健康	0.26 *** (0.034)	0.268 *** (0.034)	0.255 *** (0.034)
休闲时长	0.04 (0.035)	0.034 (0.035)	0.027 (0.035)
中层交际	-0.099 *** (0.035)		-0.093 *** (0.035)

续表

变量	被解释变量：主观幸福感（SWB）		
	模型 26	模型 27	模型 28
内层交际		-0.116*** (0.035)	-0.111*** (0.035)
F 统计量	10.916***	11.197***	10.969***
R^2	0.136	0.139	0.146
调整后的 R^2	0.123	0.126	0.133
DW	2.018	2.008	2.017

注：（1）*、**、***分别表示在10%、5%和1%水平下显著；（2）括号内的系数为标准误差；（3）样本量为847个。

模型26主要对中层交际与居民主观幸福感之间的关系假设H6a进行了检验。从模型26的回归结果可以看出，中层交际的回归系数为-0.099，在0.01水平下显著，表明中层交际频率下降1单位，居民主观幸福感便会提高0.099单位，故可以认为中层交际对居民主观幸福感有显著的正向影响作用，即假设H6a得到了验证。

模型27主要对内层交际与居民主观幸福感之间的关系假设H6b进行了检验。从模型27的回归结果可以看出，内层交际的回归系数为-0.116，并且在0.01水平下显著，说明内层交际频率下降1单位，居民主观幸福感会提高0.116单位，故可以认为内层交际显著地正向影响居民主观幸福感，结果支持了假设H6b的内容。

模型28主要对中层交际和内层交际与居民主观幸福感之间的关系假设H6c进行了检验。从模型28的回归结果可以看出，中层交际和内层交际的回归系数依次为-0.093和-0.111，并且均在0.01水平下显著，表明中层交际和内层交际均显著地正向影响居民主观幸福感，并且内层交际的影响程度更大，即假设H6c得到了支持。

在控制变量方面，从个体特征分析，除性别和年龄在个别模型中显著外，在其他模型中，回归系数均为负，并且都不显著，表明性别和年龄并没有显著地负向影响居民主观幸福感；教育程度在所有模型中的回归系数都为负，且不显著，表明教育对居民主观幸福感也没有显著的负向影响作用；婚姻在所有模型中的回归系数均为正，在0.01或0.05水平下显著，表明婚姻显著地正向影响居民主观幸福感；宗教信仰在所有模型中的回归系数均为正，但不显著，表明宗教信仰对居民主观幸福感没有显著的正向影响作用；政治面貌在所有模型中的回归系数都为负，并不显著，表明政治面貌并没有显著地负向影响居民主观幸福感。

综上所述，绝对收入显著地正向影响居民主观幸福感，而纵向相对收入和横向相对收入均显著地负向影响居民主观幸福感，其中纵向相对收入的影响程度最大。住房面积和住房产权均显著地正向影响居民主观幸福感，其中住房产权的影响程度更大；住房设施并没有显著地影响居民幸福感。工作职业和工作自主决定程度均显著地负向影响居民主观幸福感，工作单位、工资薪酬和工作兴趣程度均显著地正向影响居民主观幸福感，而工作状态、工作性质、工作时间和工作管理活动并没显著的影响作用，其中工作兴趣程度是影响程度最大的因素。

身体健康和身体锻炼均显著地正向影响居民主观幸福感，锻炼频率显著地负向影响居民主观幸福感，其中锻炼频率的影响程度最大。在休闲变量的影响分析中，休闲时长没有显著地正向影响居民主观幸福感，在家睡觉或做家务的休闲活动显著地负向影响居民主观幸福感，而其他休闲活动对居民幸福感都没有显著的影响作用；在所有休闲变量中，在家睡觉或做家务的影响程度更大。在交际变量的影响分析中，内层交际和中层交际均显著地负向影响居民主观幸福感，其中内层交际的影响程度更大。

以上分析结果基本符合预期假设，并且与描述性和相关分析结果一致，说明回归分析结果基本可靠。为了让分析结果更加稳健，本研究对所有模型的稳健性开展了进一步分析。

第三节　居民主观幸福感影响因素的稳健性检验

在充分掌握描述性分析结果的基础上，结合相关性分析的结果，检验回归分析结果的稳健性。通常来说，稳健性分析的常用方法有两个，一是更换变量，二是更换回归方法。本研究将采用这两种方法对影响居民主观幸福感的因素进行稳健性检验。

在变量方面，本节更换了四个变量的表达形式，分别是主观幸福感、绝对收入、住房面积和工资薪酬。在回归分析中，居民主观幸福感采用十级量表进行测量，在稳健性检验中，本节将此变量重新定义为五等级变量，将原来的评分1和2定义为1，表示非常不幸福；将3和4定义为2，表示比较不幸福；将5和6定义为3，表示说不上幸福不幸福；将7和8定义为4，表示比较幸福；将9和10定义为5，表示非常幸福。在回归分析中，绝对收入、住房面积和工资薪酬均为数值型变量，而在稳健性检验中，本节将绝对收入、住房面积和工资薪酬三个变量重新定义为等级型变量，即绝对收入和工资薪酬均被划分为5000元及以下、5000—10000元、10000—15000元、15000—20000元和20000元以上五个等级，人均住房面积被划分为20平方米及以下、20—40平方米、40—60平方米、60—80平方米和80平方米以上五个等级。

在回归方法方面，基于赵新宇等（2016）[355]和徐映梅等（2014）[141]使用的影响居民主观幸福感的分析方法，本节拟采用有序回归分析方法进行检验。在上节的回归分析中，变量类似于数值型变量，然而在本节中，变量被重新定义为有序分类变量，结合本书中变量的类型，本节将采用有序回归分析方法检验上节研究结果的稳健性。

一、收入影响的稳健性检验

表5－15显示，在控制了个体特征和其他五个维度变量情况的基础上，模型29、30和31依次检验了绝对收入、纵向相对收入和横向相对收入对居民主观幸福感影响的稳健性，模型32检验了三个变量同时存在时对居民主观幸福感影响的稳健性。

模型29检验了绝对收入对居民主观幸福感影响的稳健性。由模型29的回归结果可知，相比20000元以上的居民，其他收入组居民的回归系数均为负，并且在0.05水平下显著，表明居民主观幸福感随着绝对收入的提高而增加，故可以认为绝对收入显著地正向影响居民主观幸福感的结果是稳健的。

模型30检验了纵向相对收入对居民主观幸福感影响的稳健性。由模型30的回归结果得知，相比收入较去年下降的居民，收入提高和没有变化情况下的回归系数均为正，其中收入提高的居民在0.01水平下显著，故可以认为纵向相对收入显著地负向影响居民主观幸福感的结果是稳健的。

模型31检验了横向相对收入对居民主观幸福感影响的稳健型。模型31的回归结果显示，对照收入较他人偏低的居民，收入偏高和差不多情况下的回归系数均为正，并且在0.05水平下显著，故可以认为横向相对收入显著地负向影响居民主观幸福感的结果是稳健的。

表5-15 收入对居民主观幸福感影响的稳健性检验

总体分类	参照组	变量名称	模型29	模型30	模型31	模型32
阈值	非常幸福	非常不幸福	-1.994***	-0.773	-0.961*	-1.492**
		比较不幸福	-0.835	0.393	0.203	-0.321
		说不上幸福不幸福	1.043	2.287***	2.079***	1.582**
		比较幸福	3.154***	4.421***	4.188***	3.736***
控制变量	—	性别	-0.222*	-0.174	-0.227*	-0.181
		年龄	-0.183**	-0.142	-0.172*	-0.133
		教育程度	-0.084	-0.108	-0.081	-0.12
		婚姻	0.599***	0.599***	0.547***	0.548***
		宗教信仰	0.003	-0.009	-0.016	-0.051
		政治面貌	-0.016	-0.056	0.018	-0.034
		住房面积	0.299***	0.31***	0.297***	0.286**
		工作状态	-0.046	0.013	-0.048	-0.007
		身体健康	0.449***	0.441***	0.435***	0.448***
		休息时长	0.011	0.003	0.01	0.004
		中层交际	-0.176***	-0.172**	-0.172**	-0.148**
		内层交际	-0.229***	-0.244***	-0.225***	-0.25***

续表

总体分类	参照组	变量名称	模型 29	模型 30	模型 31	模型 32
绝对收入	20000 元以上	5000 元及以下	-0.952 **			-0.782 *
		5000—10000 元	-0.826 **			-0.758 *
		10000—15000 元	-0.97 **			-1.008 **
		15000—20000 元	-1.027 **			-1.162 **
纵向相对收入	下降了	提高了		0.603 ***		0.564 ***
		没有变化		0.005		-0.025
横向相对收入	偏低	偏高			0.526 **	0.319
		差不多			0.308 **	0.296 **

注：*、**、*** 分别表示在 10%、5% 和 1% 水平下显著；样本数为 847 个；连接函数为 logit 模型。

模型 32 检验了绝对收入、纵向相对收入和横向相对收入共同作用下三者对居民主观幸福感影响状况的稳健性。模型 32 的回归结果显示，对照绝对收入在 20000 元以上的居民，其他收入组居民的回归系数均为负，且在 0.05 或 0.01 水平下显著相关；对照收入较去年下降的居民，收入提高的回归系数为正，且在 0.01 水平下显著相关；对照收入较他人偏低的居民，收入偏高和差不多情况下的回归系数均为正，收入差不多的居民在 0.05 水平下显著；故可以认为绝对收入、纵向相对收入和横向相对收入显著影响居民主观幸福感的结果是稳健的。

二、住房影响的稳健性检验

在控制了个体特征变量和其他五个维度变量后得到了检验住房对居民主观幸福感影响的稳健性结果，如表 5-15 所示。模型 33—模型 35 依次检验了住房面积、住房产权和住房设施对居民主观幸福感影响结果的稳健性。模型 36 检验了住房变量共同作用下对居民主观幸福感影响结果的稳健性。

模型 33 主要检验了住房面积对居民主观幸福感影响的稳健性。从模型 33 的回归结果可以看出，不同住房面积的回归系数均为负，且在 0.1 水平下显著，表明居民主观幸福感随着住房面积的增加而提升，故可以认为住房面积对居民主观幸福感有直接显著的正向影响的结果具有稳健性。

表 5-16 住房对居民主观幸福感影响的稳健性检验

总体分类	参照组	变量名称	模型 33	模型 34	模型 35	模型 36
阈值	非常幸福	非常不幸福	-0.779	-0.577	-1.736 ***	-1.143
		比较不幸福	0.384	0.588	-0.575	0.021
		说不上幸福不幸福	2.257 *	2.465 **	1.292 ***	1.901
		比较幸福	4.355 ***	4.567 ***	3.384 ***	4.009 ***
控制变量	—	性别	-0.228 *	-0.209	-0.21	-0.217
		年龄	-0.177 *	-0.224 **	-0.19 **	-0.222 **
		教育程度	-0.068	-0.077	-0.031	-0.099
		婚姻	0.577 ***	0.49 ***	0.544 ***	0.506 ***
		宗教信仰	-0.005	0.007	0.042	-0.013
		政治面貌	-0.015	0.002	0.004	-0.007
		绝对收入	0.22 *	0.215 *	0.116	0.21 *
		工作状态	-0.07	-0.135	-0.089	-0.112
		身体健康	0.44 ***	0.446 ***	0.439 ***	0.443 ***
		休息时长	0.02	0.025	0.016	0.025
		中层交际	-0.181 ***	-0.191 ***	-0.188 ***	-0.191 ***
		内层交际	-0.226 ***	-0.205 ***	-0.229 ***	-0.206 ***
住房面积	80 平方米以上	20 平方米及以下	-0.832 *			-0.666
		20—40 平方米	-0.591			-0.517
		40—60 平方米	-0.547			-0.49
		60—80 平方米	-0.457			-0.502
住房产权	自己住房	非自己住房		-0.388 ***		-0.327 **
住房设施	是	否			0.219	0.01

注：*、**、*** 分别表示在 10%、5% 和 1% 水平下显著；样本数为 847 个；连接函数为 logit 模型。

模型 34 检验了住房产权对居民主观幸福感影响的稳健性。从模型 34 的回归结果可以看出，参照住房产权属于自己的居民，非自己住房的回归系数为负，并且在0.01水平下显著，表明住房产权显著地正向影响居民主观幸福感，故可以认为此分析结果具有稳健性。

模型35主要检验了住房设施对居民主观幸福感影响的稳健性。模型35的回归结果显示，对比住房设施存在与他户共用的情况，住房设施不与他户共用情况下的回归系数为正，但是不显著，故可以认为住房设施并没有显著地负向影响居民主观幸福感的结果具有稳健性。

模型36主要检验了住房变量共同作用下对居民主观幸福感影响的稳健性。从模型36的回归结果可以看出，住房产权的回归系数为负，且在0.05水平下显著，表明住房产权对居民主观幸福感影响显著的结果具有稳健性。

三、工作影响的稳健性检验

在控制了个体特征和其他五个维度变量后，检验了工作对居民主观幸福感影响结果的稳健性，如表5－17、表5－18所示。模型37至模型45依次检验了工作状态、工作性质、工作职业、工作单位、工作时间、工资薪酬、管理活动、工作兴趣程度和工作自主决定程度对居民主观幸福感影响结果的稳健性。模型46检验了工作变量共同作用下对居民主观幸福感影响结果的稳健性。

模型37的回归结果显示，参照就业的居民，非就业情况下的回归系数为0.059，但不显著，表明工作状态并没有显著地负向影响居民主观幸福感，检验结果与上节分析结果一致，即通过检验。

表5－17　　工作对居民主观幸福感影响的稳健性检验

总体分类	参照组	变量名称	模型37	模型38	模型39	模型40	模型41	模型46
阈值	非常幸福	非常不幸福	－1.423***	－1.808***	－1.852***	－2.133***	0.273	－4.037***
		比较不幸福	－0.263	－0.735	－0.776	－1.061*	1.353	－2.939***
		说不上幸福不幸福	1.605***	1.172**	1.157**	0.851	3.274***	－0.911
		比较幸福	3.703***	3.305***	3.328***	3.001***	5.413***	1.423*

续表

总体分类	参照组	变量名称	模型 37	模型 38	模型 39	模型 40	模型 41	模型 46
控制变量	—	性别	-0.229*	-0.274*	-0.296**	-0.29**	-0.262*	-0.303**
		年龄	-0.17*	-0.269**	-0.315***	-0.267**	-0.316***	-0.326***
		教育	-0.05	-0.026	-0.174	-0.056	-0.127	-0.329*
		婚姻	0.605***	0.616***	0.617***	0.6***	0.576***	0.542***
		宗教信仰	0.008	0.045	0.068	0.04	0.076	-0.093
		政治面貌	-0.014	-0.003	-0.094	-0.068	0	0.037
		绝对收入	0.109	0.122	0.097	0.142*	0.209	—
		住房面积	0.174**	0.182**	0.171**	0.185**	0.305***	0.113
		身体健康	0.442***	0.382***	0.404***	0.372***	0.38***	0.335***
		休息时长	0.017	0.01	-0.012	0.001	-0.007	-0.01
		中层交际	-0.189***	-0.197***	-0.212***	-0.201***	-0.173**	-0.146*
		内层交际	-0.233***	-0.224***	-0.231***	-0.226***	-0.199***	-0.223***
工作状态	就业	非就业	0.059					—
工作性质	全职	非全职		-0.03				-0.129
工作职业	其他职业	职业 1			0.712			0.97*
		职业 2			0.716**			0.888**
		职业 3			0.442			0.626*
		职业 4			0.547*			0.705**
		职业 5			0.448			0.792**
		职业 6			-0.033			0.271
		职业 7			-0.109			0.238
		职业 8			0.78			0.94*
工作单位	其他单位	单位 1				-0.375		-0.361
		单位 2				0.067		-0.053
		单位 3				-0.071		-0.217
		单位 4				0.101		-0.136

续表

总体分类	参照组	变量名称	模型37	模型38	模型39	模型40	模型41	模型46
工作单位	其他单位	单位5				-0.194		-0.354
		单位6				0.69		0.291
工作时间	8小时以上	8小时及以下					0.222	0.279*

注：*、**、***分别表示在10%、5%和1%水平下显著；样本数为743；工作职业：1表示务农，2表示单位负责人，3表示中层管理，4表示专业技术人员，5表示普通职员，6表示商业或服务人员，7表示生产或运输设备操作人员及有关人员，8表示军人，9表示自由职业等其他职业；工作单位：1表示企业，2表示党政机关，3表示事业单位，4表示社会团体或居/村委会，5表示无单位/自雇（包括个体户），6表示军队，7表示其他单位。

表5-18　　工作对居民主观幸福感影响的稳健性检验（模型42至模型46）

总体分类	参照组	变量名称	模型42	模型43	模型44	模型45	模型46
阈值	非常幸福	非常不幸福	-2.92***	0.104	-3.098**	0.282	—
		比较不幸福	-1.846**	1.182	-2.017	1.369	—
		说不上幸福不幸福	0.073	3.098***	-0.051	3.304***	—
		比较幸福	2.225***	5.234***	2.203*	5.463***	—
控制变量	—	性别	-0.287**	-0.278*	-0.244*	-0.306**	—
		年龄	-0.279**	-0.299***	-0.265**	-0.306***	—
		教育程度	-0.033	-0.072	-0.096	-0.115	—
		婚姻	0.625***	0.592***	0.574***	0.597***	—
		宗教信仰	0.008	0.045	-0.06	0.016	—
		政治面貌	0.034	-0.017	0.09	0.025	—
		绝对收入	-0.045	0.184	0.035	0.16	—
		住房面积	0.173**	0.309***	0.275**	0.296**	—
		身体健康	0.396***	0.389***	0.302***	0.368***	—
		休息时长	0.016	0.004	-0.001	0.02	—
		中层交际	-0.187**	-0.185**	-0.159**	-0.167**	—
		内层交际	-0.222***	-0.208***	-0.216***	-0.195***	—

续表

总体分类	参照组	变量名称	模型 42	模型 43	模型 44	模型 45	模型 46
工资薪酬	20000 元以上	5000 元及以下	-0.972**				-0.588*
		5000—10000 元	-0.77**				-0.628**
		10000—15000 元	-1.207***				-1.141**
		15000—20000 元	-0.031				-0.057
管理活动	只受别人管理不管理别人	既管理别人又受别人管理		0.068			0.02
		只管理别人不受别人管理		0.164			-0.054
		既不管理别人又不受别人管理		-0.11			-0.12
兴趣程度	非常有兴趣	完全没兴趣			-2.696***		-2.798***
		没兴趣			-1.631***		-1.361***
		一般			-1.764***		-1.7***
		有兴趣			-1.234***		-1.247***
自主决定程度	完全不能自主	完全自主决定				1.004***	0.941**
		一定程度上自主决定				0.638**	0.611*
		很小程度上自主决定				0.315	0.324

注：*、**、*** 分别表示在 10%、5% 和 1% 水平下显著；样本数为 743 个；工作职业：1 表示务农，2 表示单位负责人，3 表示中层管理，4 表示专业技术人员，5 表示普通职员，6 表示商业或服务人员，7 表示生产或运输设备操作人员及有关人员，8 表示军人，9 表示自由职业等其他职业；工作单位：1 表示企业，2 表示党政机关，3 表示事业单位，4 表示社会团体或居/村委会，5 表示无单位/自雇（包括个体户），6 表示军队，7 表示其他单位。

模型 38 的回归结果显示，相比全职工作的居民，非全职工作情况下的回归系数为负，且对居民主观幸福感影响不显著，表明全职工作的居民幸福感高于非全职工作的居民，故可以认为工作性质对居民主观幸福感不存在显著正向影响的分析结果具有稳健性。

模型 39 的回归结果显示，相比其他职业的居民，职业 6（商业或服务人员）和职业 7（生产或运输设备操作人员及有关人员）的回归系数为负，且不显著；其他职业类型的回归系数均为正，其中职业 2（单位负责人）

和职业4（专业技术人员）在0.05或0.1水平下对居民主观幸福感影响显著，故可以认为工作职业在一定程度上显著地负向影响居民主观幸福感的结果具有稳健性。

模型40的回归结果显示，相比其他工作单位的居民，单位1（企业）、单位3（事业单位）和单位5（无单位或自雇或个体户）的回归系数均为负，且对居民主观幸福感影响不显著；其他工作单位的回归系数为正，且对居民主观幸福感影响不显著；故可以认为工作单位并没有显著影响居民主观幸福感，分析结果通过稳健性检验。

模型41的回归结果显示，相比工作8小时以上的居民，工作8小时及以下的回归系数为正，但对居民主观幸福感影响不显著，表明工作时间少于8小时的居民主观幸福感高于8小时以上的居民，故可以认为工作时间并没有显著负向影响居民主观幸福感的结果是稳健的。

模型42的回归结果显示，相比工资薪酬在20000元以上的居民，其他工资薪酬等级的回归系数均为负，并且在0.05或0.01水平下对居民主观幸福感影响显著，表明居民主观幸福感随着工资薪酬的提高而提升，故可以认为工资薪酬显著地正向影响居民主观幸福感，即分析结果具有稳健性。

模型43的回归结果显示，相比在工作中只受别人管理但不管理别人的居民，既不管理别人又不受别人管理的回归系数为负，但是对居民主观幸福感影响不显著；既管理别人又受别人管理和只管别人不受别人管理的回归系数均为正，但是对居民主观幸福感影响不显著；表明工作管理活动并没有显著影响居民主观幸福感，分析结果通过了稳健性检验。

模型44的回归结果显示，相比对工作非常有兴趣的居民，对工作完全没兴趣、没兴趣、一般和有兴趣的回归系数均为负，且在0.01水平下对居民主观幸福感影响显著，表明居民主观幸福感随着居民对工作兴趣程度的加深而提升，故可以认为居民对工作的兴趣程度显著地正向影响居民主观幸福感的结果具有稳健性。

模型45的回归结果显示，参照在工作中完全不能自主决定的居民，在工作中完全自主决定、一定程度上自主决定和很小程度上自主决定的回归系数均为正，且在 0.01 或 0.1 水平下对居民主观幸福感影响显著，表明在工作中自主决定程度越大居民主观幸福感越高，故可以认为居民工作的自主决定程度显著地负向影响其主观幸福感，此分析结果具有稳健性。

模型 46 检验了在同时纳入九个工作变量后工作对居民主观幸福感影响状况的稳健性。由于工作状态缺失相关系数，同时绝对收入与工资薪酬具有较高的相关性，故在模型中删除了工作状态和绝对收入两个变量。从模型 46 的回归结果可以看出，工作职业、工作时间、工资薪酬、工作兴趣程度和工作自主决定程度的回归系数对居民主观幸福感影响均显著，而工作性质、工作单位和工作管理活动的回归系数对居民主观幸福感影响不显著，检验结果与上节分析结果一致，故通过稳健性检验。

四、健康影响的稳健性检验

在控制了个体特征变量和其他五个维度变量后，检验了健康对居民主观幸福感影响结果的稳健性，如表 5 - 8 所示。模型 47 至模型 49 依次检验了身体健康、锻炼身体与否和锻炼频率对居民主观幸福感影响结果的稳健性，模型 50 检验了健康变量共同作用下对居民主观幸福感影响状况的稳健性。

模型 47 的回归结果显示，相比身体自评很健康的居民，自评身体很不健康、比较不健康、一般和比较健康的回归系数均为负，其绝对值逐渐变小，并且在 0.01 水平下对居民主观幸福感影响显著，表明身体越是健康的居民主观幸福感越高，故可以认为身体健康对居民主观幸福感有显著正向影响的结果是稳健的。

模型 48 的回归结果显示，相比参与锻炼的居民，没有锻炼身体的回归系数为负，且在 0.1 水平下对居民主观幸福感影响显著，表明参与锻炼的居民幸福感高于没有锻炼身体的居民，故可以认为身体锻炼情况显著地正向影响居民主观幸福感的结果是稳健的。

模型 49 的回归结果显示，参照 1 年少于 10 次的锻炼频率，每天、一周 2—3 次或 1 次、一月 2—3 次或 1 次的回归系数均为正，且前三个锻炼频率在0.01或0.05水平下对居民主观幸福感影响显著，表明锻炼频率越高的居民主观幸福感越高，故可以认为锻炼频率显著地负向影响居民主观幸福感的分析结果具有稳健性。

模型50检验了自评身体健康、锻炼身体与否和锻炼频率共同作用下三者对居民主观幸福感影响结果的稳健性。鉴于身体锻炼情况缺失相关系数，故在模型中删除了身体锻炼情况这一变量。从模型50的回归结果可以看出，自评身体健康变量的回归系数均为负，且在0.01水平下对居民主观幸福感影响显著；锻炼频率的回归系数均为正，且在0.01或0.05水平下对居民主观幸福感影响显著；故可以认为自评身体健康和锻炼频率均显著影响居民主观幸福感的结果具有稳健性。

表5-18　健康对居民主观幸福感影响的稳健性检验

总体分类	参照组	变量名称	模型47	模型48	模型49	模型50
阈值	非常幸福	非常不幸福	-1.693	-1.366	-1.434	-1.694
		比较不幸福	-0.51	-0.231	-0.16	-0.401
		说不上幸福不幸福	1.379	1.595	1.784	1.574
		比较幸福	3.48***	3.639***	3.877***	3.699***
控制变量	—	性别	-0.231*	-0.285**	-0.328**	-0.309*
		年龄	-0.189**	-0.258***	-0.232**	-0.191*
		教育	-0.087	-0.223	-0.183	-0.101
		婚姻	0.574***	0.63***	0.766***	0.716***
		宗教信仰	0.011	0.103	0.087	0.025
		政治面貌	-0.022	-0.021	0.138	0.121
		绝对收入	0.209*	0.173	0.09	0.143
		住房面积	0.299***	0.294***	0.308**	0.3**
		工作状态	-0.071	0.093	-0.008	-0.129
		休息时长	0.011	0.016	-0.013	-0.015
		中层交际	-0.164**	-0.219***	-0.165**	-0.121
		内层交际	-0.221***	-0.221***	-0.218**	-0.209**

续表

总体分类	参照组	变量名称	模型 47	模型 48	模型 49	模型 50
身体健康	很健康	很不健康	-2.47 ***			-2.059 ***
		比较不健康	-1.165 ***			-0.743 **
		一般	-0.94 ***			-0.634 ***
		比较健康	-0.605 ***			-0.502 **
锻炼情况	是	否		-0.284 *		—
锻炼频率	1 年少于 10 次	每天			1.615 ***	1.406 ***
		一周 2—3 次			0.809 ***	0.622 **
		一周 1 次			0.906 ***	0.733 **
		一月 2—3 次			0.476	0.356
		一月 1 次			0.661	0.548

注：*、**、*** 分别表示在 10%、5% 和 1% 水平下显著；样本数为 847 个；连接函数为 logit 模型。

五、休闲影响的稳健性检验

在控制了个体特征变量和其他五个维度变量后，检验了休闲对居民主观幸福感影响结果的稳健性，如表 5-19 所示。模型 51 和模型 52 依次检验了休闲时长和休闲活动对居民主观幸福感影响的稳健性，模型 53 检验了休闲时长和休闲活动共同作用下对居民主观幸福感影响情况的稳健性。

模型 51 的回归结果显示，对比月均休闲 9 天以上的居民，除月均休闲 5—6 天的回归系数为正且对居民主观幸福影响不显著外，月均休闲时间在 2 天及以下、3—4 天和 7—8 天的回归系数为负，且对居民主观幸福影响不显著，表明居民主观幸福感随着休闲时长的增加而提升，故可以认为休闲时长并没有显著地正向影响居民主观幸福感的结果具有稳健性。

模型 52 的回归结果显示，在休闲活动中，在家睡觉或做家务的回归系数为正，且在 0.01 水平下对居民主观幸福影响显著；外出旅游的回归系数为负，且在 0.1 水平对居民主观幸福影响下显著；而其他休闲活动的回归系数既有正也有负，但是对居民主观幸福影响都不显著；检验结果与上节分析结果一致，故可以认为分析结果通过了稳健性检验。

表5-19　　休闲对居民主观幸福感影响的稳健性检验

总体分类	参照组	变量名称	模型51	模型52	模型53
阈值	非常幸福	非常不幸福	0.503	-0.126	-0.124
		比较不幸福	1.666	1.127	1.129
		说不上幸福不幸福	3.544***	3.063**	3.074**
		比较幸福	5.646***	5.257***	5.279***
控制变量	—	性别	-0.236*	-0.227	-0.206
		年龄	-0.185**	-0.174	-0.208*
		教育	-0.084	-0.137	-0.151
		婚姻	0.579***	0.555***	0.562***
		宗教信仰	-0.003	-0.138	-0.144
		政治面貌	-0.014	-0.027	-0.004
		绝对收入	0.2	0.194	0.215
		住房面积	0.299***	0.262**	0.257**
		工作状态	-0.024	-0.142	-0.047
		身体健康	0.449***	0.421***	0.424***
		中层交际	-0.177***	-0.114	-0.102
		内层交际	-0.222***	-0.128	-0.115
休闲时长	9天以上	2天及以下	-0.136		-0.492
		3—4天	-0.11		-0.3
		5—6天	0.055		-0.008
		7—8天	-0.155		-0.178
休闲活动	是	与朋友或亲戚聚会		-0.196	-0.226
		外出散步或闲逛		-0.034	-0.031
		外出逛街购物		-0.165	-0.161
		外出看电影		0.213	0.233

续表

总体分类	参照组	变量名称	模型 51	模型 52	模型 53
休闲活动	是	参加体育锻炼		-0.024	-0.042
		在家听音乐或上网打游戏		-0.133	-0.12
		在家睡觉或做家务		0.463***	0.479***
		学习充电		0.057	0.078
		外出旅游		-0.323*	-0.32*

注：*、**、*** 分别表示在 10%、5% 和 1% 水平下显著；样本数为 847 个；连接函数为 logit 模型。

模型 53 的回归结果显示，不同休闲时长的回归系数均为负且对居民主观幸福感影响不显著。在休闲活动中，在家睡觉或做家务的回归系数为 0.479，在 0.01 水平下对居民主观幸福感影响显著；外出旅游的回归系数为 -0.32，在 0.1 水平下对居民主观幸福感影响显著；其他休闲活动的回归系数对居民主观幸福感影响均不显著。故可以认为分析结果通过了检验。

六、交际影响的稳健性检验

在控制了个体特征变量和其他五个维度变量后，检验了交际对居民主观幸福感影响的稳健性，如表 5-20 所示。模型 54 和模型 55 依次检验了中层交际和内层交际对居民主观幸福感影响的稳健性，模型 56 检验了中层交际和内层交际共同作用下对居民主观幸福感影响的稳健性。

模型 54 的回归结果显示，相比从不交际的居民，总是交际和经常交际的回归系数分别为 0.656 和 0.536，并且在 0.1 水平下对居民主观幸福感影响显著；同时，有时和很少交际的回归系数分别为 0.212 和 0.041，中层交际的回归系数随着交际频率的下降而降低，表明居民主观幸福感随着中层交际频率提高而提升，故可以认为中层交际显著地正向影响居民主观幸福感的结果是稳健的。

表 5 – 20　交际对居民主观幸福感影响的稳健性检验

总体分类	参照组	变量名称	模型 54	模型 55	模型 56
阈值	非常幸福	非常不幸福	1.102	1.364	1.12
		比较不幸福	2.257 **	2.526 **	2.283 **
		说不上幸福不幸福	4.128 ***	4.401 ***	4.166 ***
		比较幸福	6.218 ***	6.503 ***	6.275 ***
控制变量	—	性别	-0.253 *	-0.216	-0.226 *
		年龄	-0.167 *	-0.204 **	-0.188 **
		教育程度	-0.105	-0.1	-0.114
		婚姻	0.614 ***	0.551 ***	0.587 ***
		宗教信仰	0.025	0.032	0.044
		政治面貌	-0.018	-0.012	-0.018
		绝对收入	0.212 *	0.222 *	0.197
		住房面积	0.306 ***	0.311 ***	0.305 ***
		工作状态	-0.072	-0.078	-0.079
		身体健康	0.445 ***	0.453 ***	0.443 ***
		休闲时长	0.029	0.018	0.018
中层交际	从不	总是	0.656 *		0.11
		经常	0.536 *		0.302
		有时	0.212		-0.011
		很少	0.041		-0.098
内层交际	从不	总是		1.359 ***	1.244 ***
		经常		0.583	0.445
		有时		0.628 *	0.585
		很少		0.275	0.289

注：*、**、*** 分别表示在 10%、5% 和 1% 水平下显著；样本数为 847 个。

模型 55 的回归结果显示，相比从不交际的居民，总是交际的回归系数为 1.359，在 0.01 水平下对居民主观幸福感影响显著；有时交际的回归系数 0.628，在 0.1 水平下对居民主观幸福感影响显著；经常交际和很少交际的回归系数分别为 0.583 和 0.275；一定程度上内层交际的回归系数随着交际频率的下降而降低，表明居民主观幸福感随着内层交际频率的提高而提升，故可以认为内层交际显著地正向影响居民主观幸福感的结果具有稳健性。

模型 56 的回归结果显示，在同时考虑中层交际和内层交际时，相比从不交际的居民，总是参与内层交际的回归系数为 1.244，在 0.01 水平下对居民主观幸福感影响显著，而其他交际频率的回归系数均不显著且小于总是交际的回归系数，故可以认为中层交际和内层交际共同作用下内层交际的影响程度更大且显著，此结果与上节的分析结果一致，即结果通过了稳健性检验。

第四节　本章小结

本章在描述性分析居民个体特征、收入、住房、工作、健康、休闲和交际与其主观幸福感群体差异的基础上，探析了它们之间及其与居民主观幸福感的相关性，并根据描述性统计和相关性分析的结果，采用 OLS 方法估计了它们对居民主观幸福感的影响作用和程度，最后采用有序回归的方法检验了以上分析结果的稳健性。通过分析，本书的研究假设得到了验证。

（1）收入的影响。在控制其他变量后，居民绝对收入显著地正向影响其主观幸福感，横向和纵向相对收入显著地负向影响其主观幸福感，其中纵向相对收入的影响更大。结果表明居民绝对收入越高，其主观幸福感越高；收入较去年提高了的居民幸福感高于收入没有变化和收入下降的居民；收入较他人偏高的居民幸福感高于收入差不多和收入偏低的居民。

（2）住房的影响。在控制其他变量后，居民住房面积和住房产权均显著地正向影响其主观幸福感，其中住房产权的影响程度更大。结果表明人均住房面积越高，对于住房产权属于自己的居民而言，主观幸福感越高；而居民住房设施对其主观幸福感并没有显著的影响。

（3）工作的影响。在控制其他变量后，居民工作职业和工作自主决定程度均显著地负向影响其主观幸福感，工资薪酬和工作兴趣显著地正向影响其主观幸福感，其中工作兴趣的影响程度更大。结果表明，单位负责人和专业技术人员的主观幸福感显著；居民工作自主决定程度越高，幸福感越高；工资薪酬和工作兴趣程度越高的居民，主观幸福感越高。而居民工作性质、工作时间和工作管理活动对其主观幸福感的影响不显著。

（4）健康的影响。在控制其他变量后，居民自评健康状况和是否锻炼身体均显著地正向影响其主观幸福感，锻炼身体的频次显著地负向影响居民主观幸福感，其中锻炼身体频次的影响程度更大。结果表明，自评身体健康状况越好的居民，主观幸福感越高；平时锻炼身体的居民幸福感高于不锻炼身体的居民；居民锻炼身体频次越高，其主观幸福感越低。

（5）休闲的影响。在控制其他变量后，休闲时长对居民主观幸福感的影响并不显著，而在休闲活动中，在家睡觉或做家务显著地负向影响居民主观幸福感。结果表明，在家睡觉或做家务的居民幸福感低于不在家睡觉或做家务的居民。

（6）交际的影响。居民交际被降维成内层交际和中层交际。在控制其他变量后，内层交际和中层交际均显著地负向影响居民主观幸福感，其中内层交际的影响程度更大。结果表明，居民与其家人、亲戚、朋友、同事或同学近距离和远距离交际的频率越高，其主观幸福感越高，其中与家人和亲戚交际的影响程度更大。

第六章　居民主观幸福感的影响路径分析

根据第五章的分析结果可知，收入、住房、工作、健康、休闲和交际状况均显著地影响着居民主观幸福感。然而，在实际生活中，这几个因素是相辅相成的，并不是相互独立的。故，本章采用居民生活效用量表衡量其经济、住房、工作、健康、休闲和交际状况，通过结构方程模型对其影响路径进行探索并分析。

在评价主观幸福感和生活效用的研究中，部分学者提出自评异质性的问题，为了解决这一问题，本书采用王广州等（2013）[39]的等差标准化方法对居民主观幸福感和居民生活效用进行处理，并将处理后的主观幸福感和效用用于本章的分析，即分析模型。为了验证模型结果的稳健性，本章还采用未处理的数据，利用相同的计量模型进行验证性分析，即检验模型。此外，模型分析对数据的缺失情况有着严格的要求。故，本章在剔除生活效用量表中具有缺失值样本之后，采用剩余的355个样本进行分析与检验。

第一节　描述性与相关分析

据统计，居民生活效用和主观幸福感判断标准①的均值依次是6.70和6.92。在考虑判断标准时，居民主观幸福感的评分为5.90，标准差为1.93；在不考虑判断标准时，居民主观幸福感评分为7.10，标准差为

① 居民生活效用和主观幸福感的判断标准通过“您认为几分以上为满意或幸福?”这一问题来获取，采用1—10十级量表进行衡量，1表示非常不满意或者非常不幸福，10表示非常满意或者非常幸福。

1.81。可见，考虑判断标准时的居民主观幸福感评分显著低于不考虑判断标准时的评分。

一、居民生活效用的描述性分析

（一）收入效用低于消费效用

在考虑居民生活效用判断标准时，如表6－1所示，居民的收入效用低于消费效用，效用均值依次为4.42（标准差为2.54）和4.43（标准差为2.41）。在不考虑生活效用的判断标准时，收入效用依然略低于消费效用，均值分别为5.62（标准差为2.28）和5.63（标准差为2.21）。可见，分析模型的效用值低于检验模型的效用值。

表6－1　　经济效用的描述性统计分析

变量	检验模型		分析模型	
	均值	标准差	均值	标准差
收入	5.62	2.28	4.42	2.54
消费	5.63	2.21	4.43	2.41

（二）住房社区治安效用最高

如表6－2所示，在分析模型中，居民住房社区治安效用最大，为5.36（标准差为2.42）；其次是住房设施的效用，均值为5.15，标准差为2.31；住房面积效用为5.14，排在第三位，标准差为2.49；住房环境和社区绿化效用依次排在后两位，效用均值分别为5.13和4.97。在检验模型中，居民住房效用的排序结果与分析模型一致，效用均值从高到低依次是社区治安、住房设施、住房面积、住房环境和社区绿化，效用均值分别为6.55、6.35、6.34、6.33和6.17。可见，分析模型的住房效用值低于检验模型的效用值。

表 6－2　　居住效用的描述性统计分析

变量	检验模型		分析模型	
	均值	标准差	均值	标准差
面积	6. 34	2. 27	5. 14	2. 49
设施	6. 35	2. 12	5. 15	2. 31
环境	6. 33	2. 16	5. 13	2. 34
治安	6. 55	2. 19	5. 36	2. 42
绿化	6. 17	2. 25	4. 97	2. 57

（三）工资薪酬效用最低

如表 6－3 所示，无论是分析模型还是检验模型，工作职业效用最高，效用均值分别为 5. 53（标准差为 2. 18）和 6. 73（标准差为 1. 98）；其次是工作环境效用，均值分别为 5. 47 和 6. 67，标准差依次为 2. 21 和 2. 01；接着是工作保障效用，均值分别为 5. 35（标准差为 2. 29）和 6. 55（标准差为 2. 10）；工作时间效用值排在第四位，均值分别为 5. 30 和 6. 50，标准差依次为 2. 37 和 2. 27；工资薪酬效用最低，均值依次为 4. 80（标准差为 2. 29）和 6. 00（标准差为 2. 11）。此外，分析模型的工作效用均低于检验模型。

表 6－3　　工作效用的描述性统计分析

变量	检验模型		分析模型	
	均值	标准差	均值	标准差
职业	6. 73	1. 98	5. 53	2. 18
工资	6. 00	2. 11	4. 80	2. 29
环境	6. 67	2. 01	5. 47	2. 21
保障	6. 55	2. 10	5. 35	2. 29
时间	6. 50	2. 27	5. 30	2. 37

（四）孩子身心健康效用最高

如表 6 – 4 所示，在分析模型中，孩子身心健康的效用最高，均值为 7.09，标准差为 2.01；其次是配偶身心健康效用，均值为 6.57，标准差为 1.97；自己身心健康的效用值排在第三位，均值为 6.37，标准差为 2.19；父母身心健康的效用最低，均值为 6.02，标准差为 2.19。在检验模型中，健康效用的排序与分析模型中的一致，即孩子身心健康的效用最高，均值为 8.29，标准差为 1.76；其次是配偶身心健康的效用，均值为 7.77，标准差为 1.85；效用值排在第三位的是自己身心健康的效用，均值为 7.57，标准差为 2.12；父母身心健康的效用最低，均值为 7.21，标准差为 2.07。可见，分析模型的健康效用值均低于检验模型的健康效用值。

表 6 – 4　　健康效用的描述性统计分析

变量	检验模型		分析模型	
	均值	标准差	均值	标准差
自己	7.57	2.12	6.37	2.19
父母	7.21	2.07	6.02	2.21
配偶	7.77	1.85	6.57	1.97
孩子	8.29	1.76	7.09	2.01

（五）与家庭成员交际效用最大

如表 6 – 5 所示，无论是分析模型还是检验模型，与家庭成员交际的效用最大，均值分别为 7.00 和 8.20，标准差依次为 2.10 和 1.86；与朋友交际的效用值排在第二位，均值分别为 6.33 和 7.53，标准差依次为 2.07 和 1.79；与亲戚交际的效用值分别为 6.22（标准差为 2.26）和 7.42（标准差为 1.98），排在第三位；与同事或同学交际的效用最低，均值分别为 6.02 和 7.22，标准差依次为 2.08 和 1.83。两个模型相比，分析模型的健康效用值均低于检验模型的效用值。

表 6－5　　交际效用的描述性统计分析

变量	检验模型		分析模型	
	均值	标准差	均值	标准差
家庭成员	8.20	1.86	7.00	2.10
亲戚	7.42	1.98	6.22	2.26
朋友	7.53	1.79	6.33	2.07
同事或同学	7.22	1.83	6.02	2.08

（六）休闲方式效用大于休闲时间效用

如表 6－6 所示，在考虑生活效用判断标准时，休闲方式效用大于休闲时间效用，均值依次为 5.30（标准差为 2.17）和 4.99（标准差为 2.26）；在不考虑生活效用判断标准时，休闲方式效用依然大于休闲时间效用，均值分别为 6.50 和 6.19，标准差依次为 2.09 和 2.21。可见，分析模型的效用值均低于检验模型的效用值。

表 6－6　　休闲效用的描述性统计分析

变量	检验模型		分析模型	
	均值	标准差	均值	标准差
休闲方式	6.50	2.09	5.30	2.17
休闲时间	6.19	2.21	4.99	2.26

如表 6－7 所示，通过计算六大维度中变量的平均值可知，在分析模型中，健康效用值最高，均值为 6.51，标准差为 1.84；其次是交际效用，均值为 6.39，标准差为 1.95；接着是工作效用，均值为 5.29，标准差为 2.00；居住效用和休闲效用值均为 5.15，排在第四位，标准差均为 2.13；经济效用最低，均值为 4.43，标准差为 2.37。在检验模型中，健康效用依然最高，均值为 7.71，标准差为 1.68；其次是休闲效用，均值为 7.59，标准差为 1.66；工作效用的均值为 6.49，标准差为 1.80，排在第三位；交际效用和居住效用的均值均为 6.35，标准差却有所不同，分别为 2.06 和 1.87；经济效用最低，均值为 5.63，标准差为 2.14。此外，分析模型中的

效用值均低于检验模型中的效用值。

表 6-7　居民生活六大维度效用的描述性统计分析

变量	检验模型		分析模型	
	均值	标准差	均值	标准差
经济	5.63	2.14	4.43	2.37
居住	6.35	1.87	5.15	2.13
工作	6.49	1.80	5.29	2.00
健康	7.71	1.68	6.51	1.84
交际	6.35	2.06	6.39	1.95
休闲	7.59	1.66	5.15	2.13

二、居民生活效用与主观幸福感的相关性分析

在相关性分析中，除了分析六大效用间的相关性外，还分析了这六大效用与居民主观幸福感的相关性。

（一）经济效用与主观幸福感相关性较高

如表 6-8 所示，在分析模型中，收入效用和消费效用与居民主观幸福感的相关系数依次为 0.532 和 0.470，在 0.01 水平下显著；在检验模型中，收入效用和消费效用与主观幸福感的相关系数分别为 0.426 和 0.376，在 0.01 水平下显著。在分析模型和检验模型中，收入效用和消费效用的相关系数分别为 0.839 和 0.803，并在 0.01 水平下显著。可见，收入效用和消费效用的相关性很高，二者与主观幸福感间的相关性较高。

表 6-8　经济变量及其与主观幸福感的相关性分析

模型类型	变量	收入	消费	主观幸福感
分析模型	收入	1		0.532**
	消费	0.839**	1	0.470**

续表

模型类型	变量	收入	消费	主观幸福感
检验模型	收入	1		0.426**
	消费	0.803**	1	0.376**

注：**表示在0.01水平下（双侧）显著相关，*表示在0.05水平下（双侧）显著相关；变量的样本数为355个。

（二）住房效用与主观幸福感相关性较低

如表6-9所示，在分析模型中，五个住房变量与居民主观幸福感的相关系数在0.4—0.5之间，且在0.01水平下显著，其中住房面积效用与居民主观幸福感间的相关系数最高，为0.478；住房环境效用与居民主观幸福感间的相关系数最低，为0.421。在检验模型中，五个住房变量与居民主观幸福感的相关系数在0.25—0.40之间，且在0.01水平下显著，其中住房面积效用与居民主观幸福感间的相关系数最高，为0.376；社区绿化效用与居民主观幸福感间的相关系数最低，为0.294。

表6-9　居住变量及其与主观幸福感的相关性分析

模型类型	变量	面积	设施	环境	治安	绿化	主观幸福感
分析模型	面积	1					0.478**
	设施	0.815**	1				0.466**
	环境	0.704**	0.840**	1			0.421**
	治安	0.612**	0.707**	0.721**	1		0.451**
	绿化	0.584**	0.660**	0.760**	0.768**	1	0.443**
检验模型	面积	1					0.376**
	设施	0.778**	1				0.375**
	环境	0.647**	0.812**	1			0.326**
	治安	0.529**	0.647**	0.665**	1		0.340**
	绿化	0.478**	0.573**	0.699**	0.704**	1	0.294**

注：**表示在0.01水平下（双侧）显著相关，*表示在0.05水平下（双侧）显著相关；变量的样本数为355个。

（三）工作效用与主观幸福感相关性较低

如表 6－10 所示，在分析模型中，五个工作变量与居民主观幸福感在 0.01 水平下显著相关，相关系数在 0.45—0.60 之间，其中工作职业效用与居民主观幸福感间的相关系数最高，为 0.571；工作时间效用与居民主观幸福感间的相关系数最低，为 0.451。在检验模型中，五个工作变量与居民主观幸福感在 0.01 水平下显著相关，相关系数在 0.35—0.50 之间，其中工作职业效用与居民主观幸福感间的相关系数最高，为 0.491；工作时间效用与居民主观幸福感间的相关系数最低，为 0.391。

表 6－10　　工作效用及其与主观幸福感的相关性分析

模型类型	变量	职业	工资	环境	保障	时间	主观幸福感
分析模型	职业	1					0.571**
	工资	0.663**	1				0.543**
	环境	0.759**	0.759**	1			0.536**
	保障	0.651**	0.739**	0.805**	1		0.540**
	时间	0.659**	0.692**	0.742**	0.729**	1	0.451**
检验模型	职业	1					0.491**
	工资	0.598**	1				0.465**
	环境	0.709**	0.714**	1			0.452**
	保障	0.581**	0.691**	0.767**	1		0.459**
	时间	0.614**	0.653**	0.709**	0.695**	1	0.391**

注：** 表示在 0.01 水平下（双侧）显著相关，* 表示在 0.05 水平下（双侧）显著相关；变量的样本数为 355 个。

（四）健康效用与主观幸福感相关性较高

如表 6－11 所示，在分析模型中，五个健康效用与主观幸福感在 0.01 水平下显著相关，相关系数在 0.45—0.55 之间，其中自己身心健康效用与居民主观幸福感间的相关系数最高，为 0.550；父母身心健康效用与居民主观幸福感间的相关系数最低，为 0.462。在检验模型中，五个健康效用与居民主观幸福感在0.01水平下显著相关，相关系数在0.35—0.55之间，其中自己身心健康效用与居民主观幸福感间的相关系数最高，为0.509；父母身心健康效用与居民主观幸福感间的相关系数依然最低，为0.386。

表6-11　　　　健康效用及其与主观幸福感的相关性分析

模型类型	变量	自己	父母	配偶	孩子	主观幸福感
分析模型	自己	1				0.550**
	父母	0.683**	1			0.462**
	配偶	0.753**	0.656**	1		0.498**
	孩子	0.706**	0.612**	0.809**	1	0.534**
检验模型	自己	1				0.509**
	父母	0.651**	1			0.386**
	配偶	0.732**	0.608**	1		0.431**
	孩子	0.667**	0.534**	0.769**	1	0.432**

注：**表示在0.01水平下（双侧）显著相关，*表示在0.05水平下（双侧）显著相关；变量的样本数为355个。

（五）交际效用与主观幸福感相关性较高

如表6-12所示，在分析模型中，四个交际效用与居民主观幸福感在0.01水平下显著相关，相关系数在0.50—0.55之间，其中与朋友、与同事或同学交际的效用与居民主观幸福感间的相关系数最高，为0.546；与亲戚交际的效用与居民主观幸福感间的相关系数最低，为0.533。在检验模型中，四个交际效用与居民主观幸福感在0.01水平下显著相关，相关系数在0.40—0.45之间，其中与同事或同学交际的效用与居民主观幸福感间的相关系数最高，为0.447；与亲戚交际的效用与居民主观幸福感间的相关系数最低，为0.420。

表6-12　　　　交际效用及其与主观幸福感的相关性分析

模型类型	变量	家庭	亲戚	朋友	同事	主观幸福感
分析模型	家庭	1				0.536**
	亲戚	0.778**	1			0.533**

续表

模型类型	变量	家庭	亲戚	朋友	同事	主观幸福感
分析模型	朋友	0.809 **	0.806 **	1		0.546 **
	同事	0.708 **	0.757 **	0.846 **	1	0.546 **
检验模型	家庭	1				0.434 **
	亲戚	0.711 **	1			0.420 **
	朋友	0.752 **	0.745 **	1		0.439 **
	同事	0.625 **	0.683 **	0.799 **	1	0.447 **

注：** 表示在 0.01 水平下（双侧）显著相关，* 表示在 0.05 水平下（双侧）显著相关；变量的样本数为 355 个。

（六）休闲效用与主观幸福感相关性较高

如表 6－13 所示，在分析模型中，休闲方式效用和休闲时间效用与主观幸福感在 0.01 水平下显著相关，相关系数分别为 0.603 和 0.520。在检验模型中，两者与居民主观幸福感的相关系数依次为 0.562 和 0.483，在 0.01 水平下显著。

表 6－13　　　　休闲效用及其与主观幸福感的相关性分析

模型类型	变量	方式	时间	主观幸福感
分析模型	方式	1		0.603 **
	时间	0.836 **	1	0.520 **
检验模型	方式	1		0.562 **
	时间	0.827 **	1	0.483 **

注：** 表示在 0.01 水平下（双侧）显著相关，* 表示在 0.05 水平下（双侧）显著相关；变量的样本数为 355 个。

综合以上分析，无论是分析模型还是检验模型，六大维度效用变量间的相关性都比较高，系数均在 0.45 以上，有的甚至在 0.70 以上，且在 0.01 水平下显著。各个效用变量与居民主观幸福感的相关性也较高，相关系数在 0.29 以上，大部分的相关系数集中在 0.4—0.6 之间。此外，居民收入与工资薪酬的相关系数为 0.790，工作时间和休闲时间的相关系数为

0.607，在0.01水平下显著。居民收入效用隶属于经济效用维度，工资薪酬效用隶属于工作效用维度，两者在一定程度上存在替代效应；工作时间效用隶属于工作效用维度，休闲时间效用隶属于休闲效用维度，两者在一定程度上具有互补效应。为了更加科学地分析居民主观幸福感的影响路径，本章删除了工资薪酬效用和工作时间效用两个变量，利用因子分析进行了探索性分析，运用计量软件 Amos 24.0 分析幸福感的影响路径。

第二节 效度、信度及适配度检验

基于以上分析结果，为了分析居民主观幸福感的影响路径，本节采用因子分析进行探索性效度检验，利用 Cronbac's Alpha 系数检验样本信度，变量的效度、信度检验如结果如表6-14所示。在运行结构方程模型之后，模型的适配度检验是分析研究结果的必要环节。

表6-14　　变量的效度、信度检验

变量		因子载荷		Cronbac's Alpha	
		分析模型	检验模型	分析模型	检验模型
经济	收入	0.771	0.814	0.912	0.891
	消费	0.822	0.853		
居住	面积	0.741	0.729	0.926	0.903
	设施	0.840	0.841		
	环境	0.875	0.878		
	治安	0.731	0.739		
	绿化	0.760	0.771		
工作	职业	0.609	0.631	0.894	0.867
	环境	0.781	0.818		
	保障	0.772	0.799		

续表

变量		因子载荷		Cronbac's Alpha	
		分析模型	检验模型	分析模型	检验模型
健康	自己	0.754	0.752	0.903	0.883
	父母	0.647	0.641		
	配偶	0.833	0.848		
	孩子	0.783	0.826		
休闲	方式	0.808	0.820	0.911	0.904
	时间	0.847	0.849		
交际	家庭	0.744	0.745	0.935	0.910
	亲戚	0.797	0.814		
	朋友	0.853	0.877		
	同事	0.820	0.832		
KMO 值		0.891	0.921	—	
Bartlett 球形检验		5476.599***	6611.194***		
整体问卷量表的 Cronbac's Alpha 值				0.955	0.936

注：*** 表示在 0.001 水平下（双侧）显著相关；变量的样本数为 355 个。

一、效度检验

为了分析问卷内部结构的合理性，本节对问卷效度进行了检验。由表 6 - 14 可知，无论是分析模型还是检验模型，大部分观测变量的标准因子载荷系数均在 0.60 以上，表明观测变量的内在一致性良好。分析模型中的潜变量 KMO 值为 0.891，检验模型中的潜变量 KMO 值为 0.921，两个模型的 KMO 值均高于 0.85，且 Bartlett 球形检验的近似卡方值依次为 5476.599 和 6611.194，在 1% 水平下显著，说明问卷效度较好，适合做因子分析。

通过验证性因子分析，表 6 - 14 显示，不管是分析模型，还是检验模型，影响居民主观幸福感的效用因素均被降维为六个，公因子 1 由住房面积、住房设施、住房环境、社区治安和社区绿化五个效用变量共同决定，故命名为住房效用因子；公因子 2 由与家庭成员、亲戚、朋友、同事或同学交际四个效用变量共同决定，故命名为交际效用因子；公因子 3 由自己、父母、配偶或伴侣和孩子身心健康四个效用变量共同决定，故命名为健康效用因子；工作职业、工作环境和工作保障三个效用变量共同决定了公因子 4，故命名为工作效用因子；休闲方式和休闲时间两个效用变量共同决定了公因子 5，故命名为休闲效用因子；公因子 6 由收入和消费两个效用变量共同决定，故命名为经济效用因子。

各效用变量降维成六个公共因子后，六大效用维度与居民主观幸福感的相关性得到了降低。如表 6 – 15 所示，在分析模型中，六大效用维度与居民主观幸福感的相关系数在 0. 20—0. 35 之间，在 0. 01 水平下显著，其中交际效用与居民主观幸福感的相关系数最高，为 0. 342；经济效用与居民主观幸福感的相关系数最低，为 0. 205。在检验模型中，六大效用维度与居民主观幸福感的相关系数在 0. 15—0. 35 之间，在 0. 01 水平下显著，其中休闲效用与居民主观幸福感的相关系数最高，为 0. 310；经济效用与居民主观幸福感的相关系数依然最低，为 0. 184。

表 6 – 15　　居民主观幸福感与降维后的六大公因子的相关性

变量	分析模型	检验模型
经济	0. 205 **	0. 184 **
居住	0. 253 **	0. 199 **
工作	0. 296 **	0. 284 **
健康	0. 311 **	0. 300 **
交际	0. 342 **	0. 293 **
休闲	0. 309 **	0. 310 **

注：** 表示在 0. 01 水平下（双侧）显著相关，* 表示在 0. 05 水平下（双侧）显著相关；变量的样本数为 355 个。

二、信度检验

为了进一步确保问卷的可靠性，本书采用 Cronbac's Alpha 指数对各潜变量和整体问卷的信度进行检验。表6-14显示，在分析模型中，六大潜变量的Cronbac's Alpha指数依次为0.912、0.926、0.894、0.903、0.935和0.911，整体量表的Cronbac's Alpha指数为0.955，六大潜变量和整体量表的Cronbac's Alpha指数均在0.89以上，表明问卷可靠性好。在检验模型中，六大潜变量的Cronbac's Alpha指数分别是0.891、0.903、0.867、0.883、0.910和0.904，整体量表的Cronbac's Alpha指数为0.936，六大潜变量和整体量表的Cronbac's Alpha指数均在0.85以上，表明问卷可靠性好。总的来说，无论是分析模型还是检验模型，量表的可靠性好，信度得到了检验。

三、适配度检验

在适配度检验中，学者们通常采用绝对拟合指数和增值适配度指数进行检验。表6-16显示，在绝对拟合指数中，分析模型和检验模型的卡方与自由度之比分别为2.546和2.311，符合"小于或等于3.0"的标准；RMSEA指数的值依次为0.066和0.061，小于0.08，适配合理；GFI指数的值分别为0.900和0.908，符合"大于或等于0.90"的标准。在增值适配度指数中，分析模型和检验模型的NFI指数值分别为0.939和0.934，RFI指数值分别为0.924和0.917，IFI指数值分别为0.962和0.961，TLI指数值分别为0.952和0.951，CFI指数值依次为0.962和0.961，以上指数值均大于0.90，符合"大于或等于0.90"的标准。可见，分析模型和检验模型的绝对拟合指数和增值适配度指数均在建议值范围内，说明两个模型的整体拟合情况好，具有良好的解释能力。

表6-16　　结构方程模型适配度指标统计

拟合指数		建议值	分析模型	检验模型
绝对拟合指数	CMIN/DF	≤3.0	2.546	2.311
	GFI	≥0.90	0.900	0.908
	RMSEA	≤0.05（适配良好） ≤0.08（适配合理）	0.066	0.061

续表

拟合指数		建议值	分析模型	检验模型
增值适配度指数	NFI	≥0.90	0.939	0.934
	RFI	≥0.90	0.924	0.917
	IFI	≥0.90	0.962	0.961
	TLI	≥0.90	0.952	0.951
	CFI	≥0.90	0.962	0.961

第三节 居民主观幸福感的影响路径分析与稳健性检验

根据以上分析结果可知，各维度效用变量的信度和效度都很好，且模型结果具有良好的适配度，本节除了分析影响居民主观幸福感的路径外，还采用未处理的数据，利用相同的计量模型对分析结果进行稳健性检验。

一、居民主观幸福感的影响路径分析

结构方程模型的估计结果和路径分析如表 6－17 和图 6－1 所示。由图 6－1 可知，各因素在相应因子上的负荷量均在 0.7 以上，表明经济、住房、工作、健康、休闲和交际六大潜变量具有良好效度。根据表 6－17、表 6－18 和图 6－1 的结果分析可知，居民主观幸福感的影响程度及路径存在差异。

（一）健康直接影响居民主观幸福感

健康影响居民幸福感的标准化系数为 0.129，在 10% 水平下显著，表明健康提高 1 单位，居民幸福感提高 0.129 单位。表 6－18 显示，健康影响居民幸福感的间接效果为 0，总效果和直接效果均为 0.129，表明健康仅通过直接路径对居民主观幸福感产生影响。

表 6－17　　结构方程模型标准估计结果

路径关系	S－E	UNS－E	S. E.	C. R.	P 值
幸福感←工作	0. 193	0. 195	0. 068	2. 867	0. 004
幸福感←健康	0. 129	0. 153	0. 084	1. 824	0. 068
幸福感←经济	0. 102	0. 093	0. 054	1. 725	0. 084
幸福感←休闲	0. 241	0. 225	0. 057	3. 919	***
幸福感←交际	0. 196	0. 201	0. 064	3. 165	0. 002
经济←工作	0. 704	0. 787	0. 060	13. 089	***
休闲←工作	0. 518	0. 560	0. 075	7. 442	***
住房←工作	0. 477	0. 537	0. 074	7. 272	***
交际←工作	0. 313	0. 308	0. 073	4. 244	***
住房←经济	0. 299	0. 301	0. 064	4. 734	***
交际←经济	0. 163	0. 143	0. 058	2. 471	0. 013
休闲←经济	0. 195	0. 189	0. 065	2. 897	0. 004
健康←休闲	0. 291	0. 229	0. 042	5. 401	***
交际←休闲	0. 284	0. 259	0. 057	4. 575	***
健康←住房	0. 230	0. 174	0. 036	4. 855	***
健康←交际	0. 448	0. 388	0. 047	8. 278	***

注：“S－E”表示标准化估计系数，“UNS－E”表示未标准化估计系数，“S. E.”表示标准误差，“C. R.”表示临界比值。

表 6－18　　影响居民主观幸福感的标准效果值

影响类别	变量	工作	经济	休闲	交际	住房	健康
总效果	经济	0. 704	0	0	0	0	0
	休闲	0. 655	0. 195	0	0	0	0
	交际	0. 614	0. 218	0. 284	0	0	0
	住房	0. 688	0. 299	0	0	0	0
	健康	0. 624	0. 223	0. 418	0. 448	0. 23	0
	幸福感	0. 624	0. 221	0. 351	0. 254	0. 03	0. 129
直接效果	经济	0. 704	0	0	0	0	0
	休闲	0. 518	0. 195	0	0	0	0

续表

影响类别	变量	工作	经济	休闲	交际	住房	健康
直接效果	交际	0.313	0.163	0.284	0	0	0
	住房	0.477	0.299	0	0	0	0
	健康	0	0	0.291	0.448	0.23	0
	幸福感	0.193	0.102	0.241	0.196	0	0.129
间接效果	经济	0	0	0	0	0	0
	休闲	0.137	0	0	0	0	0
	交际	0.301	0.055	0	0	0	0
	住房	0.21	0	0	0	0	0
	健康	0.624	0.223	0.127	0	0	0
	幸福感	0.431	0.119	0.11	0.058	0.03	0

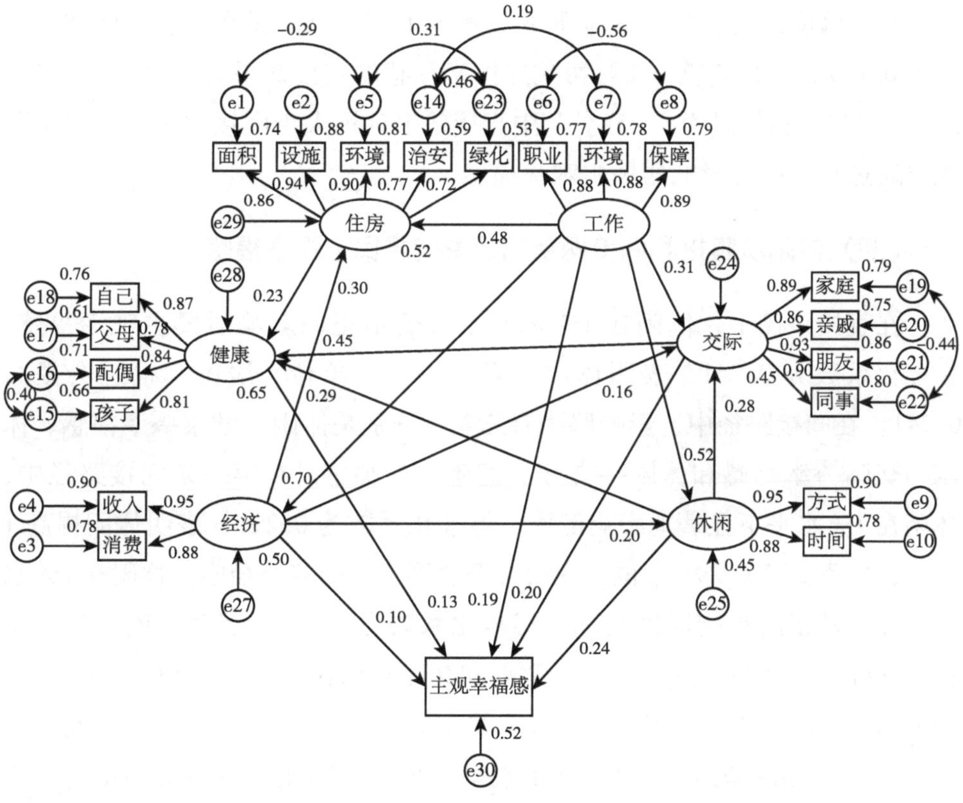

图 6-1 影响居民主观幸福感的路径分析图

（二）住房通过健康间接地影响居民主观幸福感

住房影响健康的标准化系数为0.230，在1%水平下显著，表明住房提高1单位，健康提高0.230单位；结合健康对居民幸福感的影响程度可知，住房影响居民主观幸福感的直接效果为0，间接效果和总效果均为0.03，表明住房仅通过间接路径对居民主观幸福感产生影响。

（三）交际从直接和间接两条路径影响居民主观幸福感

在直接路径中，交际影响居民幸福感的标准化系数为0.196，在1%水平下显著，表明交际满意度提高1单位，居民幸福感会提高0.196单位。在间接路径中，交际通过健康影响居民幸福感。交际在1%水平下显著地正向影响居民健康，标准化系数为0.448，表明交际提高1单位，健康会提高0.448单位；健康在10%水平下显著地正向影响居民幸福感，标准化系数为0.129。总的来说，交际影响居民幸福感的直接效果为0.196，间接效果为0.058，总效果为0.254。其中直接效果远远大于间接效果，表明交际主要通过直接路径影响居民主观幸福感。

（四）休闲从直接和间接两条路径影响居民主观幸福感

在直接路径中，休闲在1%水平下显著地正向影响居民主观幸福感，标准化系数为0.241，表明休闲满意度提高1单位，居民幸福感会提高0.241。在间接路径中，影响路径有三条，分别是休闲→健康→幸福感、休闲→交际→幸福感和休闲→交际→健康→幸福感。在第一条间接路径中，休闲在1%水平下显著地影响健康，标准化系数为0.291，表明休闲提高1单位，健康提高0.291单位；在第二条和第三条间接路径中，休闲在1%水平下显著地正向影响居民交际，标准化系数为0.284，表明休闲提高1单位，交际提高0.284单位。根据健康和交际对居民主观幸福感的影响结果（1）和（3）可知，休闲影响居民主观幸福感的直接效果为0.241，间接效果为0.11，总效果为0.351。其中直接效果值是间接效果值的两倍，表明休闲主要通过直接路径对居民主观幸福感产生影响。

（五）经济从直接和间接两条路径影响居民主观幸福感

经济在10%水平下显著地直接影响居民主观幸福感，标准化系数为0.102，表明经济提高1单位，居民幸福感提高0.102单位。在间接路径中，经济通过住房、交际和休闲影响居民幸福感。经济影响住房的标准化系数为0.299，在1%水平下显著；经济影响交际的标准化系数为0.163，在5%水平下显著；经济在1%水平下显著地正向影响居民休闲，标准化系数为0.195；表明经济满意度提高1单位，住房、交际和休闲满意度依次提高0.299、0.163和0.195单位。结合住房、交际和休闲对居民主观幸福感的影响结果分析，经济影响居民主观幸福感的直接效果为0.102，间接效果为0.119，总效果为0.221。其中间接效果大于直接效果，表明经济主要通过间接路径对居民主观幸福感产生影响。

（六）工作从直接和间接两条路径影响居民主观幸福感

在直接路径中，工作在1%水平下显著地正向影响居民主观幸福感，标准化系数为0.193，表明工作满意度提高1单位，居民幸福感提高0.193单位。在间接路径中，工作通过经济、住房、交际和休闲影响居民主观幸福感。工作在1%水平下显著地正向影响居民经济状况，标准化系数为0.704；工作影响住房、交际和休闲的标准化系数分别为0.477、0.313和0.518，在1%水平下显著。根据住房、交际、休闲和经济对居民主观幸福感的影响结果（2）、（3）、（4）和（5）可知，工作影响居民幸福感的直接效果为0.193，间接效果为0.431，总效果为0.624。间接效果远远大于直接效果，表明工作主要通过间接路径对居民幸福感产生影响。

结合以上分析结果，由表6－18可知，在间接效果中，工作是影响居民幸福感最大的因素，其次是经济因素，再者是休闲，排在第四、第五和第六位的分别是交际、住房和健康；在直接效果中，休闲是影响居民主观幸福感最大的因素，其次是交际，接着是工作，对主观幸福感的影响程度排在后三位的分别是健康、经济和住房；在总效果中，工作是影响居民主观幸福感最大的因素，其次是休闲，交际的影响效果排在第三位，经济、健康和住房的影响效果依次排在第四、第五和第六位。

二、居民主观幸福感影响路径的稳健性检验

结构方程模型检验的估计结果如表 6－19、图 6－2 和表 6－20 所示，由图 6－2 可知，各因素在相应因子上的负荷量均在 0.6 以上，表明经济、住房、工作、健康、交际和休闲六大潜变量具有良好的解释力。根据图 6－2、表 6－19 和表 6－20 可知，影响居民主观幸福感的程度和路径如下所示。

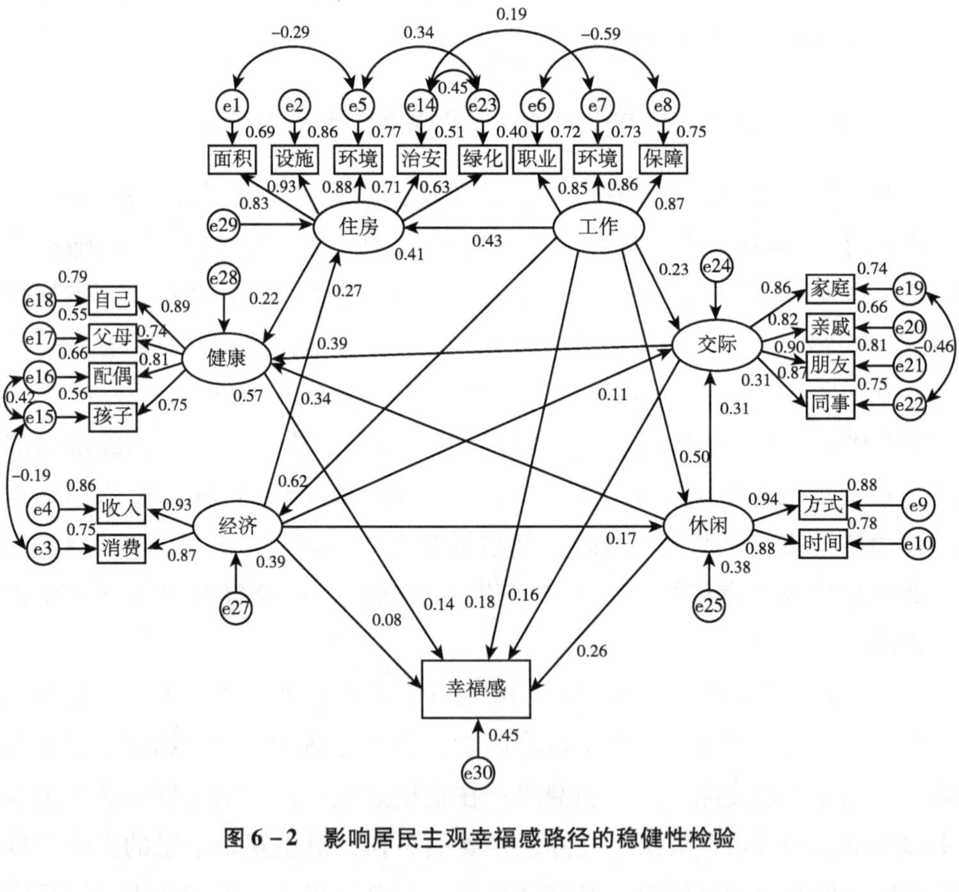

图 6－2　影响居民主观幸福感路径的稳健性检验

（一）健康直接地影响居民主观幸福感

健康影响居民主观幸福感的标准化系数为0.143，在5%水平下显著，表明居民健康提高1个单位，其主观幸福感则会提高0.143单位。表6－20显示，健康影响居民主观幸福感的间接效果为0，直接效果和总效果均为0.143，表明健康仅通过直接路径影响居民主观幸福感。

（二）住房通过健康影响居民主观幸福感

住房影响居民健康的标准化系数为0.221，在1%水平下显著，表明居民住房效用提高1单位，其健康水平提高0.221单位；结合健康对居民主观幸福感的影响结果，住房影响居民主观幸福感的直接效果为0，间接效果和总效果均为0.032，表明住房仅通过健康间接地影响居民主观幸福感。

表6－19　　结构方程模型标准估计结果的稳健性检验

路径关系	S－E	UNS－E	S. E.	C. R.	P值
幸福感←工作	0.178	0.191	0.069	2.774	0.006
幸福感←健康	0.143	0.194	0.092	2.096	0.036
幸福感←经济	0.084	0.079	0.054	1.465	0.091
幸福感←休闲	0.265	0.244	0.059	4.156	***
幸福感←交际	0.163	0.185	0.065	2.823	0.005
经济←工作	0.622	0.709	0.067	10.582	***
休闲←工作	0.498	0.581	0.079	7.324	***
住房←工作	0.432	0.483	0.074	6.553	***
交际←工作	0.225	0.214	0.070	3.05	0.002
住房←经济	0.274	0.269	0.062	4.325	***
交际←经济	0.111	0.092	0.055	1.668	0.095
休闲←经济	0.170	0.174	0.066	2.618	0.009
健康←休闲	0.339	0.229	0.038	5.987	***
交际←休闲	0.313	0.255	0.054	4.755	***

续表

路径关系	S－E	UNS－E	S. E.	C. R.	P 值
健康←住房	0.221	0.157	0.035	4.522	***
健康←交际	0.392	0.327	0.046	7.062	***

注："S－E" 表示标准化估计系数，"UNS－E" 表示未标准化估计系数，"S. E." 表示标准误差，"C. R." 表示临界比值。

表 6－20　　影响居民主观幸福感标准效果值的稳健性检验

影响类别	变量	工作	经济	休闲	交际	住房	健康
总效果	经济	0.622	0	0	0	0	0
	休闲	0.604	0.17	0	0	0	0
	交际	0.483	0.164	0.313	0	0	0
	住房	0.603	0.274	0	0	0	0
	健康	0.528	0.183	0.461	0.392	0.221	0
	幸福感	0.545	0.182	0.382	0.219	0.032	0.143
直接效果	经济	0.622	0	0	0	0	0
	休闲	0.498	0.17	0	0	0	0
	交际	0.225	0.111	0.313	0	0	0
	住房	0.432	0.274	0	0	0	0
	健康	0	0	0.339	0.392	0.221	0
	幸福感	0.178	0.084	0.265	0.163	0	0.143
间接效果	经济	0	0	0	0	0	0
	休闲	0.106	0	0	0	0	0
	交际	0.258	0.053	0	0	0	0
	住房	0.17	0	0	0	0	0
	健康	0.528	0.183	0.123	0	0	0
	幸福感	0.367	0.098	0.117	0.056	0.032	0

（三）交际从直接路径和间接路径影响居民主观幸福感

在直接路径中，交际在 1% 水平下显著地影响居民幸福感，标准化系数为0.163，表明交际提高1单位，居民幸福感提高0.163单位。在间接路径中，交际通过健康对居民主观幸福感产生影响。交际影响居民幸福感的标准化系数为0.392，在1%水平下显著，表明居民交际提高1单位，其健康水平会提高0.392单位；健康在5%水平下显著地正向影响居民幸福感，标准化系数为0.143。总的来说，交际影响居民主观幸福感的直接效果为0.163，间接效果为0.056，总效果为0.219，其中直接效果远远大于间接效果，表明交际主要通过直接路径对居民主观幸福感产生影响。

（四）休闲从直接路径和间接路径影响居民主观幸福感

在直接路径中，休闲在1%水平下显著地影响居民幸福感，其标准化系数为0.265，表明休闲效用提高1单位，居民的幸福感则会提高0.265单位。在间接路径中，休闲影响居民幸福感的路径有三个，分别为“休闲→交际→幸福感”“休闲→交际→健康→幸福感”和“休闲→健康→幸福感”。在第一条和第二条间接路径中，休闲影响居民交际的标准化系数为0.313，在1%水平下显著，表明休闲效用提高1单位，居民交际效用则会提高0.313单位；在第三条间接路径中，休闲在1%水平下显著影响居民健康，其标准化系数为0.339，表明休闲效用提高1单位，居民健康效用会提高0.339单位。根据交际和健康效用影响居民幸福感的结果（1）和（3）可知，休闲影响居民幸福感的直接效果为0.265，间接效果为0.117，总效果为0.382，其中直接效果是间接效果的两倍，表明休闲主要通过直接路径影响居民主观幸福感。

（五）经济效用也从直接路径和间接路径影响居民主观幸福感

在直接路径中，经济效用影响居民幸福感的标准化系数为0.084，在10%水平下显著，表明经济效用提高1单位，居民幸福感便会提高0.084单位。在间接路径中，经济效用通过住房效用、休闲效用和交际效用对居民主观幸福感产生影响。经济效用在1%水平下显著影响居民住房效用，其标准化系数为0.274，表明经济效用提高1单位，居民住房效用会提高0.274单位；经济效用影响休闲效用的标准化系数为0.170，在1%水平下显著，表明经济效用提高1单位，居民休闲效用会提高0.170单位；经济效用在5%水平下显著地影响居民交际效用，标准化系数为0.111，表明经济效用提高1单位，居民交际效用便会提高0.111单位。根据分析结果(2)、(3)和(4)可知，经济影响居民主观幸福感的直接效果为0.084，间接效果为0.098，总效果为0.182，其中间接效果略高于直接效果，表明经济效用主要通过间接路径对居民主观幸福感产生影响。

（六）工作效用从直接路径和间接路径对居民主观幸福感产生显著影响

在直接路径中，工作效用在1%水平下显著地影响居民幸福感，其标准化系数为0.178，表明居民工作效用提高1单位，其主观幸福感会提高0.178单位。在间接路径中，工作效用通过住房效用、经济效用、交际效用和休闲效用影响居民主观幸福感。工作效用影响住房效用、经济效用、交际效用和休闲效用的标准化系数为0.432、0.622、0.225和0.498，均在1%水平下显著，表明工作效用提高1单位，居民住房效用提高0.432单位、经济效用提高0.622单位、交际效用提高0.225单位和休闲效用提高0.498单位。根据住房、经济、交际和休闲效用对居民主观幸福感的影响结果(2)、(3)、(4)和(5)可知，工作影响居民幸福感的直接效果为0.178，间接效果为0.367，总效果为0.545，间接效果远远大于直接效果，表明工作效用主要通过间接路径对居民幸福感产生影响。

结合以上分析结果，由表6-20可知，在间接效果中，工作效用影响居民主观幸福感的程度最大，效果值为0.367；其次是休闲效用的影响，效果值为0.117；影响效果排在第三位的是经济效用，效果值为0.098；交际效用的影响效果排在第四位，效果值为0.056；住房效用的影响效果排在第五位，效果值为0.032；健康效用影响居民幸福感的间接效果为0。在直接效果中，休闲效用的影响效果最大，为0.265；其次是工作效用的影响，效果值为0.178；再次是交际效用的影响，效果值为0.163；影响效果排在第四位的是健康效用，效果值为0.143；经济效用的影响效果排在第五位，效果值为0.084；住房效用影响居民幸福感的直接效果为0。从总效果分析，工作效用影响居民主观幸福感的效果最大，效果值为0.545；其次是休闲效用的影响，效果值为 0.382；再次是交际效用的影响，效果值为 0.219；影响效果排在第四位的是经济效用，效果值为 0.182；健康效用的影响效果排在第五位，效果值为 0.143；住房效用的影响效果排在第六位，效果值为 0.032。

综合以上分析，居民工作效用对其主观幸福感的影响程度最大，其次是休闲效用，再次是交际效用，影响程度排在第四位的是经济效用，健康效用和住房效用的影响程度分别排在第五和第六位。健康效用仅直接影响居民主观幸福感，住房效用仅间接影响其主观幸福感，其他四大因素均既可从直接路径也可从间接路径对居民主观幸福感产生影响。以上结果与分析模型所得到的结果一致，检验模型通过了检验，本章的研究结果具有稳健性。

第四节　本章小结

本章采用 2017 年对北京市 16 区 355 名居民的实地调查数据，利用结构方程模型分析了居民工作、经济、住房、休闲、交际和健康对其主观幸福感的影响效果及路径。通过以上分析，得到了以下结论。

居民主观幸福感与居民工作、休闲、交际、经济、健康和住房状况关系显著，其中工作状况的影响效果最大，其次是休闲状况，影响效果排在第三位的是交际状况，而经济状况、健康状况和住房状况依次排在第四、第五和第六位。研究结论与学者方福前等（2009）[42]的结论类似，但存在部分差异。结论表明，工作是居民生活的重要组成部分，在居民生活中是不可或缺的部分；休闲越来越被居民所重视，在六大影响因素中，起到举足轻重的作用；居民交际在其生活中也同样重要，并对居民生活起关键作用。而经济和住房在居民幸福生活中的影响作用在逐渐下降，健康的影响程度也不高，这说明居民用健康换金钱的现象普遍存在，健康生活的理念还未深入人心。此外，基于以上分析结论，结合马斯洛的需求层次理论，表明了较高需求层次的因素（比如工作、休闲和交际）对居民主观幸福感的影响效果大于较低需求层次的因素（经济、健康和住房）。

除工作状况外，物质层面的因素（包括经济状况和住房状况）主要通过非物质层面的因素（包括健康状况、休闲状况和交际状况）对居民主观幸福感产生影响；对非物质层面的因素而言，通常会通过健康对居民主观幸福感产生显著的间接影响。从非物质层面的因素来看，健康仅通过直接路径对居民主观幸福感产生影响。交际从直接和间接两条路径影响其主观幸福感，其中直接路径发挥主要作用，在间接路径中，交际通过健康影响居民幸福感。休闲从直接和间接两条路径影响居民主观幸福感，其中直接路径依然发挥主要作用，在间接路径中，休闲通过健康或者交际对居民主观幸福感产生影响。从物质层面的因素来看，住房仅通过健康间接地影响居民主观幸福感。经济从直接和间接两条路径影响居民主观幸福感，其中间接路径发挥主要作用，在间接路径中，经济通过住房、交际和休闲影响居民幸福感。此外，工作状况是一个影响居民主观幸福感的特殊因素，它既有物质层面的因素，也有非物质层面的因素。它从直接和间接两条路径影响居民主观幸福感，其中间接路径发挥主要作用。在间接路径中，工作通过经济、住房、交际和休闲影响居民主观幸福感。

第七章　居民主观幸福感的影响机理分析

为了验证第二章提出的影响居民主观幸福感机理的研究假设，本章在第三章研究内容的基础上，从生命周期视角出发，使用调研数据首先分析了居民生活偏好和效用状况，其次探索了不同“偏好－效用”类型居民的主观幸福感，最后以居民个体收入为例分析了偏好和效用在影响居民主观幸福感的过程中发挥的作用。

第一节　生命周期视角下居民生活偏好与效用分析

本节分析了不同生命周期居民对经济、住房、工作、健康、休闲和交际的偏好和效用状况。同时，对居民偏好和效用进行了重新定义，在偏好方面，本节将居民偏好排在前三位的定义为偏好，排在后三位的定义为不偏好；将居民生活效用高于平均效用值的定义为满足，低于平均效用值的定义为不满足。

一、生命周期视角下居民生活偏好状况

（一）不同生命周期居民对收入、住房和工作的偏好存在差异

如表 7－1 所示，在收入偏好方面，20 岁及以下、21—35 岁、36—50 岁和 51—65 岁居民偏好收入的比重均大于不偏好收入的比重，比例均在 50% 以上，并随着年龄的增长呈现“倒 U 型”变化趋势，其中最高达到了 82.97%；而 66 岁及以上居民则是不偏好收入的比重大于偏好收入的比重，

比例为58.33%。在住房偏好方面，除51—65岁居民不偏好住房的比重大于偏好住房的比重外，其他生命周期居民均是偏好住房的比重大于不偏好住房的比重，比重均在50%—60%之间。在工作方面，20岁及以下、21—35岁和36—50岁居民偏好工作的比重大于不偏好工作的比重，比例依次为71.43%、60.54%和55.25%，呈现递减趋势；51—65岁和66岁及以上居民不偏好工作的比重大于偏好工作的比重，比例分别为60.66%和72.00%，呈现上升趋势。从总体分析，居民偏好收入、住房和工作的比重均大于不偏好的比重，其中偏好收入的比重最大。

（二）不同生命周期居民对健康偏好一致，对交际和休闲的偏好情况有所不同

如表7-2所示，不同生命周期居民偏好健康的比重均大于不偏好健康的比重，比重均在50%以上，并随着年龄的增长呈现上升的趋势。可见，越年长的居民对健康越偏好。在交际方面，20岁及以下、21—35岁、36—50岁和51—65岁居民不偏好交际的比重均大于偏好交际的比重，比重均在60%—80%之间，并随着年龄的增长呈现“倒U型”变化趋势，其中比重最大的是74.03%；66岁及以上居民偏好交际的比重大于不偏好交际的比重，比重为61.54%。在休闲方面，20岁及以下、21—35岁、36—50岁和51—65岁居民不偏好休闲的比重同样大于偏好休闲的比重，比重都在70%—85%之间，并随着年龄的增长呈现“倒U型”变化趋势，其中比重最大的是83.68%；66岁及以上居民偏好休闲的比重大于不偏好休闲的比重，比重为53.85%。从总体分析，居民偏好健康的比重大于不偏好健康的比重，偏好交际和休闲的比重均小于不偏好的比重。

表7-1　　不同生命周期居民对收入、住房和工作的偏好情况

年龄/偏好	收入		住房		工作	
	不偏好	偏好	不偏好	偏好	不偏好	偏好
20岁及以下	21.05	78.95	45.00	55.00	28.57	71.43
21—35岁	17.03	82.97	48.17	51.83	39.46	60.54

续表

年龄/偏好	收入		住房		工作	
	不偏好	偏好	不偏好	偏好	不偏好	偏好
36—50 岁	21.35	78.65	43.68	56.32	44.75	55.25
51—65 岁	31.25	68.75	51.61	48.39	60.66	39.34
66 岁及以上	58.33	41.67	48.00	52.00	72.00	28.00
总体	20.74	79.26	47.20	52.80	43.32	56.68

注：百分比 = 不同生命周期居民选择此项的样本量/不同生命周期居民的样本量 ×100%。

表 7-2　不同生命周期居民对健康、交际和休闲的偏好情况　单位：%

年龄/偏好	健康		交际		休闲	
	不偏好	偏好	不偏好	偏好	不偏好	偏好
20 岁及以下	42.86	57.14	63.64	36.36	78.95	21.05
21—35 岁	30.79	69.21	69.32	30.68	83.68	16.32
36—50 岁	21.28	78.72	74.03	25.97	83.52	16.48
51—65 岁	10.29	89.71	62.90	37.10	72.58	27.42
66 岁及以上	6.45	93.55	38.46	61.54	46.15	53.85
总体	25.90	74.10	68.67	31.33	81.18	18.82

注：百分比 = 不同生命周期居民选择此项的样本量/不同生命周期居民的样本量 ×100%。

二、生命周期视角下居民生活效用状况

（一）不同生命周期居民对收入、住房和工作的效用情况存在显著差异

如表 7-3 所示，在收入方面，20 岁及以下、21—35 岁和 66 岁及以上居民不满足收入的比重高于满足的比重，比重在 50%—65% 之间，其中比重最大为 60%；36—50 岁和 51—65 岁居民满足收入的比重高于不满足的比重，比重也在 50%—60% 之间。在住房方面，除 36—50 岁居民满足住房的比重高于不满足的比重外，其他生命周期居民不满足住房的比重均大于

满足的比重，比重分别为 58.33%、54.82%、56.16% 和 65.71%。在工作中，除 66 岁及以上居民外，21—35 岁居民不满足工作的比重高于满足的比重，不满足的比重为 53.39%；20 岁及以下、36—50 岁和 51—65 岁居民满足工作的比重高于不满足工作的比重，比重在 50%—60% 之间。从总体分析，居民对收入和住房的不满足比重高于满足的比重；对工作的满足比重高于不满足的比重。

（二）不同生命周期居民对健康、交际和休闲的效用情况有所不同

如表 7-4 所示，在健康方面，20 岁及以下、36—50 岁和 51—65 岁居民满足自己身心健康的比重高于不满足的比重，比例依次为 58.33%、57.14% 和 53.42%；21—35 岁和 66 岁及以上居民满足自己身心健康的比重低于不满足的比重，比重在 50%—60% 之间。在交际方面，除 66 岁及以上居民外，其他生命周期居民满足交际的比重高于不满足的比重，比重均在 50%—60% 之间。在休闲方面，36—50 岁居民满足休闲的比重高于不满足的比重；其他生命周期居民不满足休闲的比重高于满足的比重，比重都在 50%—70% 之间。从总体分析，居民满足健康和交际的比重高于不满足的比重；满足休闲的比重低于不满足的比重。

表 7-3　不同生命周期居民对收入、住房和工作的效用情况　单位：%

年龄/效用	收入		住房		工作	
	不满足	满足	不满足	满足	不满足	满足
20 岁及以下	58.33	41.67	58.33	41.67	47.83	52.17
21—35 岁	56.63	43.37	54.82	45.18	53.39	46.61
36—50 岁	45.16	54.84	47.93	52.07	40.40	59.60
51—65 岁	43.84	56.16	56.16	43.84	48.15	51.85
66 岁及以上	60.00	40.00	65.71	34.29	—	—
总体	52.77	47.23	53.72	46.28	49.47	50.53

注：百分比 = 不同生命周期居民选择此项的样本量/不同生命周期居民的样本量 ×100%。

表 7-4 不同生命周期居民对健康、交际和休闲的效用情况 单位:%

年龄/效用	健康		交际		休闲	
	不满足	满足	不满足	满足	不满足	满足
20 岁及以下	41.67	58.33	43.48	56.52	66.67	33.33
21—35 岁	51.00	49.00	49.15	50.85	57.23	42.77
36—50 岁	42.86	57.14	42.42	57.58	46.08	53.92
51—65 岁	46.58	53.42	44.44	55.56	50.68	49.32
66 岁及以上	60.00	40.00	—	—	57.14	42.86
总体	48.64	51.36	46.93	53.07	54.07	45.93

注：百分比 = 不同生命周期居民选择此项的样本量/不同生命周期居民的样本量 ×100%。

三、“偏好—效用”矩阵的构建

若将居民偏好的样本量所占比重大于不偏好的样本量所占比重定义为居民偏好，将居民偏好的样本量所占比重小于不偏好的样本量所占比重定义为居民不偏好。结合以上分析可知，不同生命周期居民对收入、住房、工作、健康、交际和休闲偏好情况呈现显著差异，如表 7-5 所示。具体表现为：20 岁及以下、21—35 岁和 36—50 岁居民偏好收入、住房、工作和健康，不偏好交际和休闲；51—65 岁居民偏好收入和健康，不偏好住房、工作、交际和休闲；66 岁及以上居民则偏好住房、健康、交际和休闲，不偏好收入和工作。从总体来看，居民偏好收入、住房、工作和健康，不偏好交际和休闲。

表 7-5 不同生命周期居民的偏好情况

年龄/因素	收入	住房	工作	健康	交际	休闲
20 岁及以下	偏好	偏好	偏好	偏好	不偏好	不偏好
21—35 岁	偏好	偏好	偏好	偏好	不偏好	不偏好
36—50 岁	偏好	偏好	偏好	偏好	不偏好	不偏好
51—65 岁	偏好	不偏好	不偏好	偏好	不偏好	不偏好

续表

年龄/因素	收入	住房	工作	健康	交际	休闲
66 岁及以上	不偏好	偏好	不偏好	偏好	偏好	偏好
总体	偏好	偏好	偏好	偏好	不偏好	不偏好

若将居民满足的样本量所占比重大于不满足的样本量所占比重定义为居民满足，将居民满足的样本量所占比重小于不满足的样本量所占比重定义为居民不满足。如表 7－6 所示，20 岁及以下居民不满足自己的收入、住房和休闲，满足自己的工作、健康和交际；21—35 岁居民不满足自己的收入、住房、工作、健康和休闲，仅仅满足自己的交际；36—50 岁居民满足自己的收入、住房、工作、健康、交际和休闲；51—65 岁居民不满足自己的住房和休闲，满足自己的收入、工作、健康和交际；66 岁及以上居民不满足自己的收入、住房、健康和休闲。从总体分析，居民不满足自己的收入、住房和休闲；对工作、健康和交际均是满足的状态。

表 7－6　　　　不同生命周期居民的效用情况

年龄/效用	收入	住房	工作	健康	交际	休闲
20 岁及以下	不满足	不满足	满足	满足	满足	不满足
21—35 岁	不满足	不满足	不满足	不满足	满足	不满足
36—50 岁	满足	满足	满足	满足	满足	满足
51—65 岁	满足	不满足	满足	满足	满足	不满足
66 岁及以上	不满足	不满足	—	不满足	—	不满足
总体	不满足	不满足	满足	满足	满足	不满足

将居民偏好和效用情况结合分析，不同生命周期居民对收入、住房、工作、健康、交际和休闲的偏好和效用显著不同。如表 7－7 所示，20 岁及以下居民偏好但不满足自己的收入和住房，偏好且满足自己的工作和健康，不偏好但满足自己的交际，不偏好且不满足自己的休闲；21—35 岁居民偏好但不满足自己的收入、住房、工作和健康，不偏好但满足自己的交际，不偏好且不满足自己的休闲；36—50 岁居民偏好且满足自己的收入、住房、工作和健康，不偏好但满足自己的交际和休闲；51—65 岁居民偏好

且满足自己的收入和健康，不偏好且不满足自己的住房和休闲，不偏好但满足自己工作和交际；66 岁及以上居民偏好但不满足自己的住房、健康和休闲，不偏好且不满足自己的收入。从总体分析，居民偏好且满足自己的工作和健康，偏好但不满足自己的收入和住房，不偏好但满足自己的交际，不偏好且不满足自己的休闲。

表 7 – 7　　　　不同生命周期居民“偏好—效用”矩阵情况

年龄	收入	住房	工作	健康	交际	休闲
20 岁及以下	P – DS	P – DS	P – S	P – S	NP – S	NP – DS
21—35 岁	P – DS	P – DS	P – DS	P – DS	NP – S	NP – DS
36—50 岁	P – S	P – S	P – S	P – S	NP – S	NP – S
51—65 岁	P – S	NP – DS	NP – S	P – S	NP – S	NP – DS
66 岁及以上	NP – DS	P – DS	NP –	P – DS	P –	P – DS
总体	P – DS	P – DS	P – S	P – S	NP – S	NP – DS

注：Preference – satisfaction 为偏好—满足，简称为 P – S；Preference – dissatisfaction 为偏好—不满足，简称 P – DS；No preference – satisfaction 为不偏好—满足，简称 NP – S；No preference – dissatisfaction 为不偏好—不满足，简称 NP – DS。

第二节　“偏好—效用”矩阵下的居民主观幸福感

一、收入“偏好—效用”矩阵下的居民主观幸福感

从偏好收入的维度分析，表 7 – 8 显示，对 66 岁及以上居民而言，偏好但不满足收入的居民幸福感高于偏好且满足收入的居民；对其他生命周期居民来说，偏好且满足收入的居民幸福感高于偏好但不满足收入的居民。从不偏好收入的维度分析，不偏好且不满足收入的 20 岁及以下居民幸福感高于不偏好但满足收入的居民；在其他生命周期居民中，不偏好但满足收入的居民幸福感高于不偏好且不满足收入的居民。从总体来看，偏好且满足收入的居民幸福感高于偏好但不满足收入的居民；不偏好但满足收入的

居民幸福感高于不偏好且不满足收入的居民。

表7-8　基于生命周期视角的不同收入“偏好—效用”居民的主观幸福感

年龄/“偏好—效用”	不偏好				偏好			
	不满足		满足		不满足		满足	
	SWB	排序	SWB	排序	SWB	排序	SWB	排序
20岁及以下	9.50	1	8.50	3	6.33	4	9.00	2
21—35岁	7.11	3	8.16	1	6.21	4	7.36	2
36—50岁	6.86	3	7.89	1	6.08	4	7.69	2
51—65岁	6.00	4	7.00	2	6.25	3	7.29	1
66岁及以上	5.63	4	7.83	1	7.17	2	6.75	3
总体	6.83	3	7.90	1	6.20	4	7.48	2

二、住房“偏好—效用”矩阵下的居民主观幸福感

从偏好维度分析，表7-9显示，对不同生命周期居民来说，偏好且满足住房的居民幸福感较偏好但不满足住房的居民幸福感高；从不偏好维度分析，在不同生命周期居民中，不偏好但满足住房的居民幸福感高于不偏好且不满足住房的居民幸福感。从总体分析，偏好且满足住房的居民幸福感高于偏好但不满足住房的居民；不偏好但满足住房的居民幸福感高于不偏好且不满足住房的居民。

表7-9　基于生命周期视角的不同住房“偏好—效用”居民的主观幸福感

年龄/“偏好—效用”	不偏好				偏好			
	不满足		满足		不满足		满足	
	SWB	排序	SWB	排序	SWB	排序	SWB	排序
20岁及以下	8.00	3	9.00	1	6.00	4	8.20	2
21—35岁	6.43	3	7.81	1	6.11	4	7.33	2
36—50岁	6.71	3	7.56	2	5.98	4	7.82	1
51—65岁	6.36	3	7.76	1	6.00	4	6.67	2

续表

年龄/“偏好—效用”	不偏好				偏好			
	不满足		满足		不满足		满足	
	SWB	排序	SWB	排序	SWB	排序	SWB	排序
66 岁及以上	5.71	4	7.40	2	6.88	3	8.00	1
总体	6.49	3	7.75	1	6.09	4	7.50	2

三、工作“偏好—效用”矩阵下的居民主观幸福感

从偏好维度分析，表 7 - 10 显示，对 20 岁及以下、21—35 岁、36—50 岁和 51—65 岁居民来说，偏好且满足工作的居民幸福感高于偏好但不满足工作的居民幸福感；从不偏好维度分析，不偏好但满足工作的居民幸福感高于不偏好且不满足工作的居民幸福感。从总体分析，偏好且满足工作的居民幸福感高于偏好但不满足工作的居民；不偏好但满足工作的居民幸福感高于不偏好且不满足工作的居民幸福感。

表 7 - 10　基于生命周期视角的不同工作“偏好—效用”居民的主观幸福感

年龄/“偏好—效用”	不偏好				偏好			
	不满足		满足		不满足		满足	
	SWB	排序	SWB	排序	SWB	排序	SWB	排序
20 岁及以下	8.00	3	9.00	1	5.38	4	8.67	2
21—35 岁	6.44	3	7.65	2	5.83	4	7.94	1
36—50 岁	6.19	3	7.40	2	6.11	4	7.90	1
51—65 岁	5.23	4	7.82	2	6.50	3	7.86	1
总体	6.28	3	7.62	2	5.89	4	7.94	1

注：66 岁及以上居民数据缺失是因为其就业状态为退休。

四、健康“偏好—效用”矩阵下的居民主观幸福感

不同健康“偏好—效用”居民的幸福感状况与不同工作“偏好—效

用”居民的幸福感一致。表 7－11 显示，从偏好维度分析，在不同生命周期居民中，相比偏好但不满足健康的居民幸福感，偏好且满足健康的居民幸福感较高；从不偏好维度分析，对不同生命周期居民而言，不偏好但满足健康的居民幸福感高于不偏好且不满足健康的居民幸福感。从总体来看，对北京市居民而言，偏好且满足健康的居民幸福感高于偏好但不满足健康的居民幸福感；不偏好但满足健康的居民幸福感高于不偏好且不满足健康的居民幸福感。

表 7－11　基于生命周期视角的不同健康“偏好—效用”居民的主观幸福感

年龄/“偏好—效用”	不偏好				偏好			
	不满足		满足		不满足		满足	
	SWB	排序	SWB	排序	SWB	排序	SWB	排序
20 岁及以下	6.25	4	7.00	2	6.60	3	8.71	1
21—35 岁	5.62	4	7.39	2	6.29	3	7.89	1
36—50 岁	4.71	4	7.65	2	6.47	3	7.84	1
51—65 岁	4.50	4	7.60	2	5.59	3	7.75	1
66 岁及以上	—	—	—	—	5.35	—	7.78	—
总体	5.47	4	7.45	2	6.20	3	7.88	1

五、交际“偏好—效用”矩阵下的居民主观幸福感

表 7－12 显示，从偏好维度分析，对不同生命周期居民而言，偏好且满足交际的居民幸福感高于偏好但不满足交际的居民幸福感。从不偏好角度分析，对 20 岁及以下居民来说，不偏好且不满足交际的居民幸福感高于不偏好但满足交际的居民幸福感；在 21—35 岁、36—50 岁和 51—65 岁的居民中，不偏好但满足交际的居民幸福感高于不偏好且不满足交际的居民幸福感。从总体来看，偏好且满足交际的居民幸福感高于偏好但不满足交际的居民幸福感；不偏好但满足交际的居民幸福感高于不偏好且不满足交际的居民幸福感。

表 7 – 12　　基于生命周期视角的不同交际“偏好—效用”居民的主观幸福感

年龄/“偏好—效用”	不偏好				偏好			
	不满足		满足		不满足		满足	
	SWB	排序	SWB	排序	SWB	排序	SWB	排序
20 岁及以下	7.60	2	7.13	3	4.67	4	8.60	1
21—35 岁	5.89	4	7.40	2	6.64	3	8.21	1
36—50 岁	6.62	3	7.29	2	6.29	4	8.08	1
51—65 岁	5.43	3	7.86	1	4.50	4	7.75	2
总体	6.07	4	7.40	2	6.39	3	8.17	1

六、休闲“偏好—效用”矩阵下的居民主观幸福感

表 7 – 13 显示，从偏好维度分析，对 20 岁及以下的居民来说，偏好但不满足休闲的居民幸福感高于偏好且满足休闲的居民幸福感；在其他生命周期居民中，偏好且满足休闲的居民幸福感均高于偏好但不满足休闲的居民幸福感。从不偏好角度分析，对不同生命周期居民而言，不偏好但满足休闲的居民幸福感均高于不偏好且不满足休闲的居民幸福感。从总体来看，偏好且满足休闲的居民幸福感高于偏好但不满足休闲的居民幸福感；不偏好但满足休闲的居民幸福感高于不偏好且不满足休闲的居民幸福感。

表 7 – 13　　基于生命周期视角的不同休闲“偏好—效用”居民的主观幸福感

年龄/“偏好—效用”	不偏好				偏好			
	不满足		满足		不满足		满足	
	SWB	排序	SWB	排序	SWB	排序	SWB	排序
20 岁及以下	6.90	4	8.60	2	9.00	1	8.50	3
21—35 岁	6.14	4	7.68	2	6.75	3	8.12	1
36—50 岁	6.18	3	7.73	1	5.94	4	7.69	2
51—65 岁	5.57	4	7.86	2	6.00	3	8.13	1
66 岁及以上	5.50	4	8.33	1	5.60	3	6.75	2
总体	6.12	4	7.74	2	6.38	3	7.95	1

根据以上分析，对不同生命周期的四种“偏好—效用”类型居民的幸福感进行排序，并对其进行频次统计。由排序名次的频次所占比重可知，如表7－14所示，从对幸福感评分排在第一位的居民来看，偏好且满足的居民所占比重最大，为57.58%；不偏好但满足的居民比重为37.04%，位居第二。对幸福感评分排在第二位的居民来说，不偏好但满足的居民所占比重最大，为55.56%；其次是偏好且满足的居民，比重为37.04%，位居第二。在幸福感评分排在第三位的居民中，不偏好且不满足的居民所占比重最大，为44.44%；其次是偏好但不满足的居民，所占比重为40.74%。对幸福感评分排在第四位的居民而言，偏好但不满足的居民所占比重最大，为51.85%；比重排序第二的是不偏好且不满足的居民，为48.15%。可见，在四大“偏好—效用”矩阵类型中，偏好且满足的居民幸福感最高，其次是不偏好但满足的居民幸福感，接着是不偏好且不满足的居民幸福感；幸福感评分最低的是偏好但不满足的居民，以上结果验证了本书提出的研究假设H8。

表7－14　　不同“偏好—效用”类型居民的主观幸福感　　单位：%

“偏好—效用”类型/幸福感排序	第一	第二	第三	第四
偏好—满足	55.56	37.04	7.41	0.00
偏好—不满足	3.70	3.70	40.74	51.85
不偏好—满足	37.04	55.56	7.41	0.00
不偏好—不满足	3.70	3.70	44.44	48.15

注：百分比＝排序名次的频次/（5×6－3）＊100%，其中5代表五个生命周期，6表示收入、住房、工作、健康、交际和休闲六个维度，3为缺失的三个“66岁及以上”生命周期维度。

第三节　居民主观幸福感影响机理的计量分析——以收入为例

经过初步的分析，不同生命周期居民对经济、住房、工作、健康、交际和休闲的偏好和效用状况存在差异。同时，不同“偏好—效用”类型的居民主观幸福感也有所不同。效用和偏好与居民幸福感息息相关，那么，偏好和效用在影响居民主观幸福感的过程中发挥什么作用？本节以居民个体收入为例，采用有调节的中介模型进行了分析，并采用等距离标准化处理的效用和主观幸福感数据检验了分析结果的稳健性。

一、描述性分析

为了直观地分析个体收入与主观幸福感和收入效用间的关系，本书根据居民个体收入分布的情况，结合主观幸福感和收入效用测量的特征，把收入划分成九个等级①；然后再分析不同收入组居民主观幸福感和收入效用的均值。图 7－1 显示，收入在 2500 元以下的居民幸福感和收入效用评分最低，均值依次为 5. 93 和 4. 22；均值最高的是收入在 20000 元以上的居民，主观幸福感和收入效用评分分别为 7. 84 和 7. 64。可见，居民主观幸福感和收入效用值随着收入的增加而提高，呈现递增的线性关系，并且两者间的趋势线相交，表明在收入达到或是超过某一个临界值时，收入效用值会高于主观幸福感评分；在收入未达到这一个临界值时，收入效用值则低

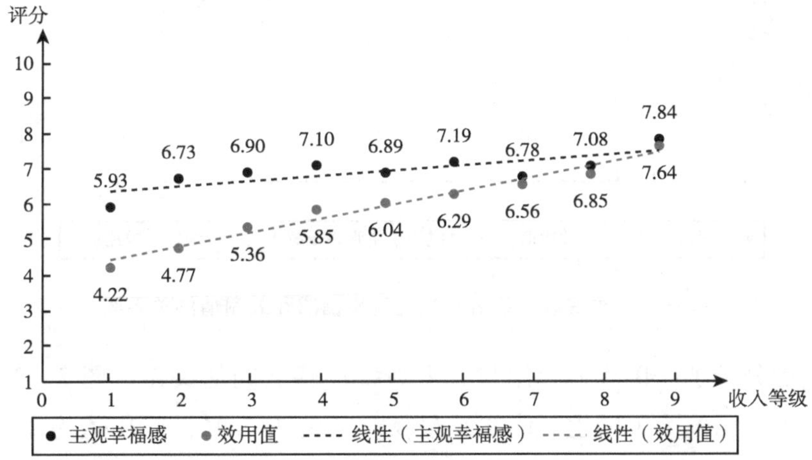

图 7－1　居民个体收入与其主观幸福感和效用值的关系图

① 收入的九个等级：2500 元及以下、2500—5000 元、5000—7500 元、7500—10000 元、10000—12500 元、12500—15000 元、15000—17500 元、17500—20000 元、20000 元以上。

于主观幸福感评分。

其次分析了居民个体收入偏好与其主观幸福感和收入效用间的关系。图7－2显示，将收入排在第一位的居民主观幸福感最低，均值为6.45；收入排在第二位的分值为6.89；收入排在第三位的评分为7.38；收入排在第四、第五和第六位的评分依次为7.08、7.89和7.89；可见，居民主观幸福感随着居民对收入偏好程度的降低而上升，呈现递减的线性关系。从收入效用来看，居民将收入排在第一位的效用值最低，均值为4.80；排在第二位的效用值为5.45；将收入排在第三、第四、第五和第六位的评分依次为5.73、6.01、6.14和5.85；可见，除了将收入排在第六位的居民外，居民的收入效用随着偏好程度的减弱而上升，同样呈现递减的线性关系。此外，不同偏好程度居民的收入效用值仍然低于主观幸福感评分。

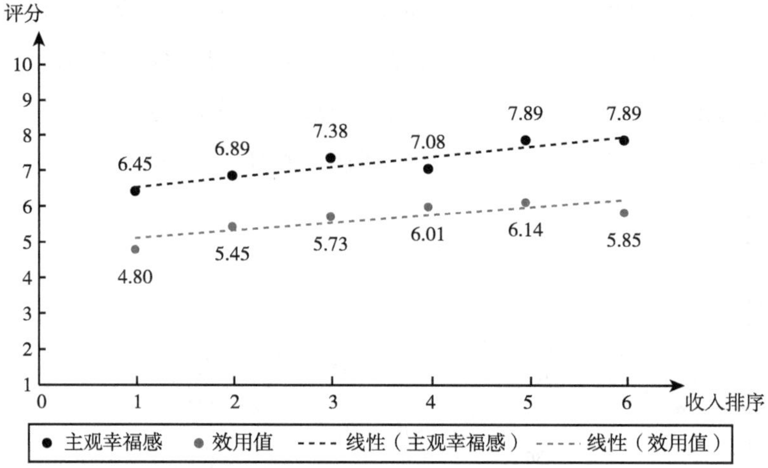

图7－2　居民收入偏好与其主观幸福感和效用值的关系图

最后分析了居民收入效用与其主观幸福感之间的关系。图7－3显示，居民收入效用值为1的主观幸福感最低，分值为5.46；效用值为2的居民主观幸福感评分为5.86；效用值为3的居民幸福感评分为6.00；效用值为4、5、6、7、8、9和10的居民主观幸福感评分依次为6.14、6.72、7.07、7.48、7.61、8.13和9.28；可见，居民主观幸福感随着收入效用值的提高而上升，呈现递增的线性关系。

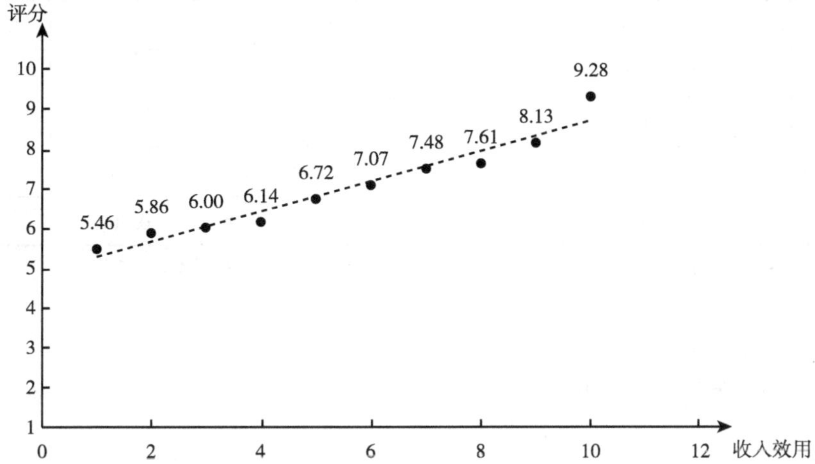

图7-3　居民收入效用与其主观幸福感的关系图

二、相关性分析

从相关性分析可知，表7-15显示，绝对收入与居民主观幸福感的相关系数为0.119，在1%水平下显著；收入效用与居民主观幸福感的相关系数为0.406，且在1%水平下显著；收入偏好与居民主观幸福感的相关系数为0.237，依然在1%水平下显著；绝对收入与偏好的交互项（AI×IP）与主观幸福感的相关系数仅为0.012，但是不显著；收入偏好与效用的交互项（IP×IE）与主观幸福感的相关系数为-0.106，且在1%水平下显著。此外，其他变量间的相关系数都不太高，均未超过0.35，其中相关系数最高的便是绝对收入和偏好的交互项（AI×IP）与收入偏好和效用的交互项（IP×IE）的相关系数，为0.307。

表7-15　相关变量间及其与主观幸福感的相关性

变量	主观幸福感	绝对收入	收入效用	收入偏好	AI×IP	IP×IE
主观幸福感	1					
绝对收入（AI）	0.119**	1				

续表

变量	主观幸福感	绝对收入	收入效用	收入偏好	AI×IP	IP×IE
收入效用（IE）	0.406**	0.289**	1			
收入偏好（IP）	0.237**	0.077*	0.190**	1		
AI×IP	0.012	0.061	-0.023	0.043	1	
IP×IE	-0.106**	-0.025	-0.132**	0.069	0.307**	1

备注：**、*分别表示在0.01和0.05水平下（双侧）显著相关；样本量为847个。

三、估计结果分析

在分析收入效用的中介效应时，本书采用逐步回归法进行了分析。表7-16显示，由模型1可知，居民个体收入显著地正向影响居民主观幸福感，估计系数为0.088，在0.05水平下显著，表明居民个体收入提高1单位，其主观幸福感提高0.088单位；根据模型3，居民个体收入显著地正向影响其收入效用，估计系数为0.26，表明居民个体收入提高1单位，其收入效用则会提高0.26单位；根据模型5，当居民个体收入、收入偏好和收入效用同时纳入模型时，居民收入效用显著地正向影响其主观幸福感，估计系数为0.329，表明收入效用提高1单位，居民主观幸福感则会提高0.329单位。由模型1、模型3和模型5的结果可知，居民个体收入效用在居民个体收入对其主观幸福感的影响过程中起完全中介作用。以上结果验证了本书提出的第九个假设，即H9a；但是隐含假设中的H9c却没有得到验证。

在调节效应的分析中，首先分析直接影响路径是否受到调节。根据模型2，居民个体收入显著地正向影响其主观幸福感，表明居民个体收入越高，幸福感越高；居民收入偏好则显著地负向影响其主观幸福感，表明居民收入偏好越高，幸福感越低；但是，居民个体收入和偏好的交互项对其主观幸福感的影响不显著，且系数为负，表明在居民个体收入对其主观幸福感的影响过程中，收入偏好不存在调节作用。可见，居民个体收入偏好在收入对其幸福感的直接影响路径中不存在调节作用。

其次分析间接影响路径的前半段是否受到调节。根据模型4，居民个体收入显著地正向影响其收入效用，说明居民个体收入越高，收入效用越高；居民个体收入偏好显著地负向影响其收入效用，说明居民收入偏好越高，收入效用则越低；同时，居民个体收入和偏好的交互项显著地负向影响其收入效用，表明在居民个体收入对其收入效用的影响过程中，收入偏好起调节作用。可见，居民个体收入偏好在收入对其幸福感的间接影响路径的前半段中发挥调节作用。

最后分析间接影响路径的后半段是否受到调节。由模型6可知，居民收入偏好显著地负向影响其主观幸福感，表明居民收入偏好越高，幸福感越低；居民收入效用显著地正向影响其主观幸福感，表明居民收入效用越高，幸福感越高；但是，居民个体收入对其幸福感的影响系数由正变成了负，说明模型中存在调节效应；同时，收入偏好和收入效用的交互项显著地负向影响居民主观幸福感，表明收入偏好在收入效用影响居民幸福感的过程中起调节作用。可见，居民个体收入偏好在收入对其幸福感的间接影响路径的后半段中起调节作用。

表7-16　影响居民主观幸福感的机理分析

变量	主观幸福感		收入效用		主观幸福感	
	模型1	模型2	模型3	模型4	模型5	模型6
常量	-0.064	-0.029	0.047	0.082	-0.054	-0.041
性别	-0.062*	-0.068**	-0.014	-0.021	-0.062*	-0.062**
年龄	-0.079	-0.094	0.098	0.087	-0.122**	-0.121**
教育	-0.005	-0.016	-0.018	-0.026	-0.007	-0.005
婚姻	-0.115**	-0.112**	-0.134***	-0.138***	-0.068	-0.071*
孩子	0.131***	0.138***	0.085*	0.101**	0.107**	0.112**
政治面貌	-0.016	-0.009	0.032	0.037	-0.022	-0.024
住房面积	0.075**	0.066**	0.052	0.042	0.051	0.049
工作状态	-0.004	-3.42E-05	-3.65E-05	0.006	-0.001	0.001
身体健康	0.265***	0.265***	0.205***	0.204***	0.198***	0.197***

续表

变量	主观幸福感		收入效用		主观幸福感	
	模型 1	模型 2	模型 3	模型 4	模型 5	模型 6
休闲时长	0.037	0.03	-0.081 **	-0.092 **	0.059	0.057
中层交际	-0.08 **	-0.07 **	-0.067 *	-0.062 *	-0.051	-0.05
内层交际	-0.118 ***	-0.093 ***	-0.046	-0.019	-0.086 ***	-0.084 **
绝对收入（AI）	0.088 **	0.079 **	0.26 ***	0.255 ***	-0.004	-0.003
收入偏好（IP）		0.197 ***		0.169 ***	0.143 ***	0.149 ***
AI×IP		-0.005		-0.062 *	—	—
收入效用（IE）					0.329 ***	0.321 ***
IP×IE						-0.055 *
F	8.998 ***	9.962 ***	10.58 ***	11.117 ***	16.735 ***	16.008 ***
R^2	0.14	0.17	0.16	0.186	0.256	0.258
调整的 R^2	0.124	0.153	0.145	0.169	0.24	0.242
DW	1.98	2.02	2.025	1.95		

注：*、** 和 *** 分别表示在 0.1、0.05 和 0.01 水平下的显著性；模型 1 至模型 6 的样本量为 847 个。

综合以上分析，居民个体收入偏好显著地负向影响其主观幸福感和收入效用；同时，居民个体收入偏好的调节作用主要集中于间接影响路径的前后两段，即偏好调节收入对效用的影响和收入效用对居民主观幸福感的影响；然而，在直接影响路径中不存在调节作用。以上研究结果验证了本书提出的第三个假设 H9b，同时，部分验证了隐含假设中的 H9d。

四、稳健性检验

在评价主观幸福感的研究中，部分学者提出自评异质性的问题，为了解决这一问题，本书采用了王广州等（2013）[39] 提出的等差标准化方法对居民主观幸福感和居民收入效用进行处理，并将处理后的主观幸福感和收入效用替换原有模型中的主观幸福感和收入效用，以达到检验模型结果稳健性的目的。由表 7－17 可知，模型 7 显示，居民个体收入在 0.01 水平下显著地正向影响其主观幸福感，估计系数为 0.098；模型 9 显示，居民个体收入显著地正向影响其收入效用，估计系数为 0.222，在 0.01 水平下显著；由模型 11 可知，收入效用显著地正向影响居民幸福感，居民个体收入对其幸福感的影响不显著；可见，居民收入效用在个体收入对其主观幸福感的影响过程中起着完全中介的作用。

模型 8 显示，居民个体收入显著地正向影响其主观幸福感，而收入偏好显著地负向影响居民主观幸福感，但是两者的交互项对居民幸福感的影响则不显著，说明在收入对幸福感的直接影响路径中，个体收入偏好不存在调节作用；模型 10 显示，居民个体收入显著地正向影响其收入效用，收入偏好显著地负向影响居民收入效用，两者的交互项显著地负向影响居民收入效用，说明在居民个体收入影响收入效用的过程中，偏好起调节作用；模型 12 显示，居民收入偏好显著地负向影响其主观幸福感，居民收入效用显著地正向影响其主观幸福感，然而两者的交互项显著地负向影响居民主观幸福感，表明居民收入偏好在收入效用对幸福感的影响过程中起调节作用。据模型 8、模型 10 和模型 12 的结果可知，偏好的调节作用主要集中于间接影响路径的前后段，即偏好调节收入对效用的影响和收入效用对居民主观幸福感的影响。综上所述，本书的研究结果是稳健的。

表 7－17　　影响居民主观幸福感机理分析的稳健性检验

变量	主观幸福感		收入效用		主观幸福感	
	模型 7	模型 8	模型 9	模型 10	模型 11	模型 12
常量	－0.063	－0.032	0.064	0.098*	－0.063	－0.05
性别	0.014	0.009	0.064*	0.056*	－0.009	－0.009
年龄	－0.12*	－0.132**	0.026	0.017	－0.138**	－0.133**
教育	0.058	0.049	0.026	0.019	0.043	0.046
婚姻	－0.016	－0.015	－0.082*	－0.088*	0.013	0.013
孩子	0.028	0.037	0.02	0.039	0.025	0.028
政治面貌	－0.022	－0.017	－0.009	－0.004	－0.015	－0.019

续表

变量	主观幸福感		收入效用		主观幸福感	
	模型 7	模型 8	模型 9	模型 10	模型 11	模型 12
住房面积	0. 046	0. 037	0. 028	0. 019	0. 031	0. 03
工作状态	-0. 01	-0. 006	-0. 012	-0. 005	-0. 004	0. 001
身体健康	0. 082 **	0. 082 **	0. 059 *	0. 056 *	0. 064 *	0. 062 *
休闲时长	0. 05	0. 041	-0. 05	-0. 063	0. 061	0. 059
中层交际	-0. 124 ***	-0. 117 ***	-0. 094 ***	-0. 091 **	-0. 089 **	-0. 087 **
内层交际	-0. 101 ***	-0. 078 **	-0. 029	-0. 002	-0. 076 **	-0. 075 **
绝对收入	0. 098 ***	0. 091 **	0. 222 ***	0. 219 ***	0. 022	0. 02
收入偏好		0. 169 ***		0. 155 ***	0. 12 ***	0. 128 ***
AI × IP		-0. 019		-0. 082 **	—	—
收入效用					0. 319 ***	0. 309 ***
IP × IE						-0. 064 *
F	4. 075 ***	4. 866 ***	5. 752 ***	6. 527 ***	10. 628 ***	10. 276 ***
R^2	0. 069	0. 091	0. 094	0. 118	0. 179	0. 183
调整后的 R^2	0. 052	0. 072	0. 078	0. 1	0. 162	0. 165
DW	2. 137	1. 957	2. 074			

注：*、** 和 *** 分别表示在 0. 1、0. 05 和 0. 01 水平下的显著性；模型 7 至模型 12 的样本量为 847 个。

第四节　本章小结

本章分析了不同生命周期居民对收入、住房、工作、健康、交际和休闲的偏好和效用状况，探索了不同“偏好—效用”类型居民的幸福感，再采用计量模型分析了居民收入效用的中介效应和收入偏好的调节效应。通过分析，得到了以下结论。

不同生命周期居民对收入、住房、工作、健康、交际和休闲的偏好和效用状况存在差异。20 岁及以下居民偏好但不满足自己的收入和住房，偏好且满足自己的工作和健康，不偏好但满足自己的交际，不偏好且不满足自己的休闲；21—35 岁居民偏好但不满足自己的收入、住房、工作和健康，不偏好但满足自己的交际，不偏好且不满足自己的休闲；36—50 岁居民偏好且满足自己的收入、住房、工作和健康，不偏好但满足自己的交际和休闲；51—65 岁居民偏好且满足自己的收入和健康，不偏好且不满足自己的住房和休闲，不偏好但满足自己的工作和交际；66 岁及以上居民偏好但不满足自己的住房、健康和休闲，不偏好且不满足自己的收入。基于生命周期视角的不同收入、住房、工作、健康、交际和休闲“偏好—效用”类型的居民幸福感依然有所不同，在“偏好—效用”矩阵中，偏好且满足的居民幸福感最高，其次是不偏好但满足的居民幸福感，而不偏好且不满足的居民幸福感排在第三位，偏好但不满足的居民幸福感排在第四位。

居民收入效用评分低于居民主观幸福感评分。无论从个体特征还是从影响居民幸福感的因素分析，均能得到收入效用评分低于居民主观幸福感评分的结论，与学者郑方辉等（2015）[357]的研究结果一致。收入效用是指居民对收入的满意程度，属于认知层面，更多属于居民的理性层面；然而居民主观幸福感不仅受到认知维度的影响，而且还会受到情感维度的影响。Andrews 等（1980）[358]的研究发现如果一个人有较高的生活满意度，并且正向情感多于负向情感，那么他就有较高的幸福感。可见，相比居民的认知维度，居民主观幸福感更容易达到。

居民个体收入显著地正向影响其收入效用；同时，居民收入效用显著地正向影响居民主观幸福感，并且在收入对其幸福感的影响中起完全中介作用。结果与胡春萍等（2015）[53]学者的结论类似，结合本书的结论，居民收入效用（或称收入满意度）在居民个体收入（绝对收入或相对收入）对其主观幸福感的影响过程中发挥中介作用的结论具有普适性。居民个体收入偏好显著地负向影响其主观幸福感和收入效用，结果与陈雨田等（2011）[325]的结论类似。再者，居民个体收入偏好在个体收入对其主观幸福感的间接影响中起调节作用。如图 7－4 所示，研究结果部分验证了之前提出的理论假设。以上结论说明，在生活中，居民要适当调整自己对收入的偏好和对其产生的欲望，提高居民对其产生的效用，从而提升居民主观幸福感。简言之，要提高居民主观幸福感，不仅需要改善外在的客观条件，还需要调整内在的心理态度；加强社会各界的宣传引导，重视精神生活，让生活更加美好与幸福。

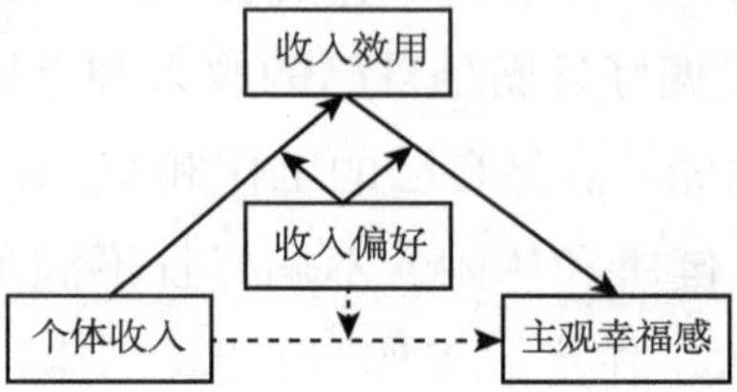

图 7-4 居民个体收入对其主观幸福感的影响机理

注：图中虚线表示“收入效用”在“个体收入”影响“主观幸福感”的过程中发挥完全中介作用。

第八章　总　　论

结合本书研究的主要问题，根据国内外学者的研究，提出了本书研究的理论假设；为了验证提出来的研究假设，本书采用随机抽样的方法在2017年对北京市16区居民开展了实地调研；为了保障调查样本在区域层面和个体特征层面上的代表性，本书采用随机抽样的方法从所有调查样本中抽取了1070名居民进行分析。在分析过程中，本书首先采用简单统计方法分析了居民生活及其主观幸福感的状况，其次采用回归模型分析了影响居民主观幸福感的因素，接着采用结构方程模型分析了影响其主观幸福感的路径，最后利用有调节的中介模型分析了影响其主观幸福感的机理。基于以上分析，本章对居民生活及其主观幸福感的状况，影响其主观幸福感的因素、路径和机理四个层面的研究结果进行了总结并讨论。结合本书的研究结论，为提高居民主观幸福感和获得感，增进其福祉，在政策方面得到了一些启示。然而，本研究还存在着一些不足，为了更好地开展下一步的研究，需结合新的视角和理念弥补现有研究的不足，进一步开展研究，为发展幸福经济和福利经济学贡献一份力量。

第一节　研究结论与讨论

一、研究结论

（一）居民生活与主观幸福感现状

结合本书的分析，居民生活、效用、偏好与主观幸福感的状况如下。

（1）居民月均可支配收入较低，增长速度缓慢，差距不明显。居民幸福感随着月均可支配收入的增加呈现上升趋势；收入较去年提高、相比他人属于偏高状态的居民幸福感高于收入较去年下降、相比他人偏低的居民幸福感。

（2）居民人均住房面积偏低，住房产权以非自有住房为主，住房设施独立的居民较多。住房属于自己、住房设施不与他户共用的居民幸福感分别高于住房不属于自己、住房设施与他户共用的居民，居民主观幸福感随着人均住房面积的增加而呈现上升趋势。

（3）在工作方面，大部分居民处于就业状态；在就业居民中，在民营企业从事全职商业或服务业的居民较多；2017 年，居民的日均工作时间低于 8 小时、月均可支配工资薪酬较低、在工作中只受别人管理不管理别人、对工作兴趣一般、能在一定程度上自主决定的样本居多。处于就业状态、全职工作和每天工作 8 小时及以下的居民幸福感依次高于非就业状态、非全职工作和每天工作 8 小时以上的居民；不同工作职业、工作单位和管理活动的居民幸福感有所不同；居民幸福感随着月均可支配工资薪酬的增加而增加，随着对工作兴趣程度的加深而提高，随着在工作中自主决定程度的降低而下降。

（4）居民自评健康水平较高，参与身体锻炼的频率集中在一周锻炼 2—3 次。居民自评身体越健康其主观幸福感越高，呈上升趋势；参与锻炼的居民幸福感高于不参与锻炼的居民；居民主观幸福感随着锻炼频次的下降而下降。

（5）居民月均实际休闲时长集中于 7—8 天，休闲活动丰富。居民主观幸福感随着休闲时长的增加而增加；休闲活动的不同，居民幸福感存在差异。

（6）居民与家人经常交际，与亲戚很少交际，与朋友和同事或同学有时交际。在与朋友近距离和远距离交际过程中，居民主观幸福感随着交际频率的下降而呈现先上升再下降的趋势；在与家人和亲戚交际过程中，无论是近距离交际还是远距离交际，居民主观幸福感随着交际频率的下降而呈现下降的趋势；在与同事或同学近距离交际过程中，居民主观幸福感随着交际频率的下降而呈现先上升再下降的趋势，从远距离交际来看，居民主观幸福感随着交际频率的下降而呈现下降的趋势。

（7）居民对经济、住房、工作、健康、休闲和交际的效用排序为健康 > 交际 > 休闲 > 工作 > 住房 > 经济。

（8）居民对收入、住房、工作、健康、休闲和交际的偏好排序为健康 > 收入 > 住房 > 工作 > 交际 > 休闲。

（二）居民主观幸福感的影响因素

根据居民生活的状况，采用计量方法分析了影响居民主观幸福感的因素。通过分析，收入、住房、工作、健康、休闲和交际均对居民主观幸福感有着不同程度和方向的影响作用，具体表现如下。

（1）居民绝对收入显著地正向影响其主观幸福感，横向相对收入和纵向相对收入均显著地负向影响居民主观幸福感，其中纵向相对收入的影响程度更大。居民绝对收入越高，其主观幸福感越高；收入较去年提高了的居民幸福感较高；收入较他人偏高的居民幸福感较高。

（2）居民住房面积和住房产权均显著地正向影响其主观幸福感，其中住房产权的影响程度更大。即人均住房面积越高，住房产权属于自己的居民，其主观幸福感越高；而居民住房设施对其主观幸福感并没有显著的影响。

（3）居民工作职业和工作自主决定程度均显著地负向影响其主观幸福感，工资薪酬和工作兴趣显著地正向影响其主观幸福感，其中工作兴趣的影响程度较大。即单位负责人和专业技术人员的主观幸福感显著；居民工作自主决定程度越高，幸福感越高；工资薪酬和工作兴趣程度越高的居民主观幸福感越高。而居民工作性质、工作时间和工作管理活动对其主观幸福感的影响不显著。

（4）居民自评健康状况和是否锻炼身体均显著地正向影响其主观幸福感，锻炼身体的频次显著地负向影响居民主观幸福感，其中锻炼身体频次的影响程度更大。即自评身体健康状况越好的居民主观幸福感越高；平时锻炼身体的居民幸福感高于不锻炼身体的居民；居民锻炼身体频率越高，其主观幸福感越低。

（5）休闲时长对居民主观幸福感的影响并不显著，而在休闲活动中，在家睡觉或做家务显著地负向影响居民主观幸福感。即在家睡觉或做家务的居民幸福感低于不在家睡觉或做家务的居民。

（6）居民内层交际和中层交际均显著地负向影响居民主观幸福感，其中内层交际的影响程度更大。即居民与家人、亲戚、朋友、同事或同学近距离和远距离交际的频率越高，其主观幸福感越高，其中居民与家人和亲戚交际的影响程度更大。

（三）居民主观幸福感的影响路径

根据以上分析可知，六大因素对居民主观幸福感具有不同方向的影响。同时，六大因素影响居民主观幸福感的路径也有所不同，影响程度也存在差异。

（1）较高需求层次的因素（包括工作、休闲和交际）对居民主观幸福感的影响效果大于较低需求层次的因素（包括经济、健康和住房）。居民主观幸福感与居民工作、休闲、交际、经济、健康和住房状况关系显著，其中工作状况的影响效果最大，其次是休闲状况，影响效果排在第三位的是交际状况，而经济状况、健康状况和住房状况依次排在第四、第五和第六位。工作是居民生活的重要组成部分，在居民生活中是不可或缺的部分；休闲越来越被居民所重视，在六大影响因素中，起到举足轻重的作用；居民交际在其生活中也同样重要，并对居民生活起关键作用。而经济和住房在居民幸福生活中的影响作用在逐渐下降，健康的影响程度也不高，这说明居民用健康换金钱的现象普遍存在，健康生活的理念还未深入人心。

（2）除工作状况外，物质层面的因素（包括经济状况和住房状况）主要通过非物质层面的因素（包括健康状况、休闲状况和交际状况）对居民主观幸福感产生影响，在非物质层面中，通过健康对居民主观幸福感产生显著的间接影响。从非物质层面的因素来看，健康仅通过直接路径对居民主观幸福感产生影响。交际从直接和间接两条路径影响其主观幸福感，其中直接路径发挥主要作用；在间接路径中，交际通过健康影响居民幸福感。

休闲从直接和间接两条路径影响居民主观幸福感，其中直接路径依然发挥主要作用；在间接路径中，休闲通过健康或者交际对居民主观幸福感产生影响。从物质层面的因素来看，住房仅通过健康间接地影响居民主观幸福感。经济从直接和间接两条路径影响居民主观幸福感，其中间接路径发挥主要作用；在间接路径中，经济通过住房、交际和休闲影响居民幸福感。此外，工作状况是一个影响居民主观幸福感的特殊因素，它既有物质层面的因素，也有非物质层面的因素；它从直接和间接两条路径影响居民主观幸福感，其中间接路径发挥主要作用；在间接路径中，工作通过经济、住房、交际和休闲影响居民主观幸福感。

（四）居民主观幸福感的影响机理

结合偏好和效用两个概念，从不同生命周期视角分析了影响居民主观幸福感的机理。通过分析，不同生命周期居民的生活偏好和效用有所不同，但不同“偏好—效用”类型的居民幸福感却有规律可循，偏好和效用在影响居民主观幸福感的过程中发挥了显著的重要作用。

（1）不同生命周期居民对经济、住房、工作、健康、交际和休闲的偏好和效用状况存在差异。20 岁及以下居民偏好但不满足自己的收入和住房，偏好且满足自己的工作和健康，不偏好但满足自己的交际，不偏好且不满足自己的休闲；21—35 岁居民偏好但不满足自己的收入、住房、工作和健康，不偏好但满足自己的交际，不偏好且不满足自己的休闲；36—50 岁居民偏好且满足自己的收入、住房、工作和健康，不偏好但满足自己的交际和休闲；51—65 岁居民偏好且满足自己的收入和健康，不偏好且不满足自己的住房和休闲，不偏好但满足自己工作和交际；66 岁及以上居民偏好但不满足自己的住房、健康、交际和休闲，不偏好且不满足自己的收入和工作。

（2）居民效用在某一因素影响其主观幸福感的过程中发挥中介作用，偏好在此过程中发挥调节作用。在“偏好—效用”矩阵中，偏好且满足的居民幸福感最高，其次是不偏好但满足的居民幸福感，而不偏好且不满足的居民幸福感排在第三位，偏好但不满足的幸福感排在第四位。以居民个体收入为例，居民个体收入显著地正向影响其收入效用；居民收入效用显著地正向影响居民主观幸福感，并且在收入对其幸福感的影响中起完全中介作用；居民个体收入偏好显著地负向影响其主观幸福感和收入效用，在个体收入对其主观幸福感的间接影响中起调节作用。

二、研究讨论

基于本书的研究结果，结合现有研究的文献，本书针对边际递减规律、社会适应理论和幸福棱锥模型的拓展进行了讨论。

（一）边际递减规律

处于发展早期阶段的国家非常重视经济增长，然而在后期发现一旦超过某一临界点，人们就要求有更高的生活质量，开始关注环境保护、朋友以及良好的家庭生活等。收入与快乐和幸福感之间的关系已有研究，研究表明收入和经济发展与快乐和幸福感之间的关系是曲线型的，以人均收入1万美元为临界点，在此临界点以下，当人均收入增加时，快乐水平也大幅度提升；但超过这一临界点，快乐水平与人均收入的进一步增加之间的关联性就非常弱了（Inglehart & Klingemann，2000）。以北京市居民绝对收入为例，随着收入的增加，居民主观幸福感和效用值也会上升，总体上呈线性上升的趋势，如图8－1（a）中的线性趋势线；但是居民主观幸福感和效用值上升的程度在逐渐下降，边际递减，如图8－1（a）中的“S”型趋势线。

此外，居民的欲望随着收入的增加而不断增长，如果收入可以无限增长，那么人的欲望也可以无限增长。图8－1（b）显示，当收入增加到一定程度后，居民最初对收入的欲望已经得到满足，并且适应了当前的收入水平，当前的收入不能为其带来更大的快乐与幸福，居民对收入的欲望或期望便会增加，当前的收入水平不能满足新的欲望水平，所以居民在追求更高收入水平的过程中，欲望不断得到满足，居民的快乐和幸福感也会不断增加，收入对居民主观幸福感和效用的影响趋势又重新开始了，只不过当前居民的主观幸福感和效用水平高于最初的水平。

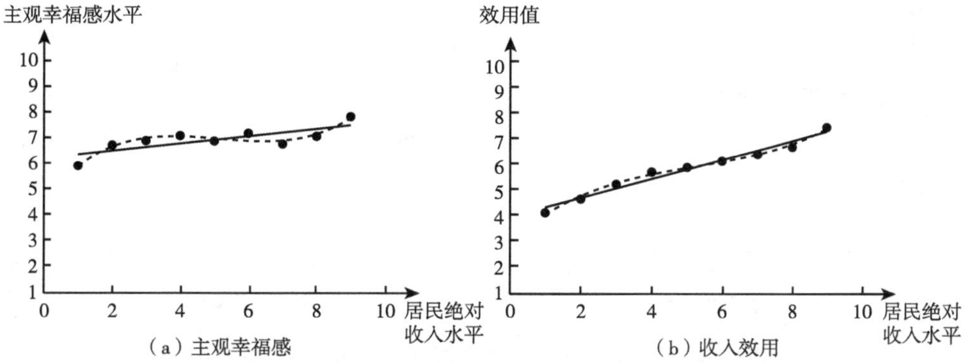

图 8-1 居民绝对收入与其主观幸福感和效用关系的散点图

（二）社会适应理论

社会适应是个体在与社会环境的交互作用过程中，主动地顺应环境、调控和改变环境，最终达到与社会环境保持和谐关系和平衡状态。适用理论模型假定，随着时间的推移，人们对突发事件的强烈反应逐渐减弱。Oswald 和 Powdthavee（2006）发现随着残疾时间的增长，残疾对幸福感的负面影响呈下降趋势，但是残疾的适应却并不完全。残疾人的生活满意度（1—7 级）相比健全人下降 0.596 分，残疾一年后下降 0.521 分，残疾两年后下降 0.447 分，残疾三年后下降 0.372 分。Easterlin 的调查发现，婚姻不幸福的已婚者不会放弃对美满婚姻的渴望；离婚、分居或者丧偶时期幸福感呈下降趋势，并在很多年内保持稳定，不会达到原先的基线水平。以住房面积为例，随着住房面积的增加，居民主观幸福感和效用值总体上呈现增长趋势，如图 8-2 中的线性趋势线。但是当住房面积增加到一定程度后，居民适应了新的面积后，主观幸福感和效用值会平稳增长，一段时间后，更高一层的欲望产生，随着住房面积的增加，居民主观幸福感和效用值便会重新呈现上升之势，如图 8-2 中的“S”型趋势线。

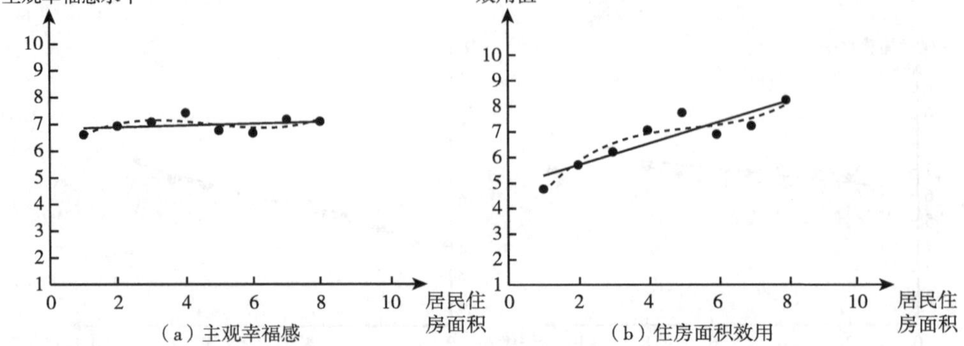

图 8-2　居民住房面积与其主观幸福感和效用的关系图

（三）幸福棱锥模型的拓展

本书从影响居民主观幸福感的收入、住房、工作、健康、休闲和交际六大因素出发，分析六大因素影响居民主观幸福感的路径，同时结合偏好和效用的概念，探索影响居民主观幸福感的机理，即验证了影响居民主观幸福感的六棱锥模型假设。如果将因素扩展到六个因素以上，或者是宏观因素，影响路径依然存在，因为在生活中，各个因素并非相互独立，而是相互关联的，影响居民主观幸福感的传导路径在一定程度上是存在的；结合偏好和效用的概念，影响居民主观幸福感的机理也是存在的，因为居民对影响其主观幸福感的因素都会有一个偏好排序，并对影响因素产生对应的效用值，进而影响居民主观幸福感。

第二节　政策启示与研究展望

根据以上分析结论，本书从收入、居住、工作、健康、交际和休闲六个角度提出了增进居民幸福感的政策启示。

一、政策启示

（一）提高居民可支配收入水平

物质基础决定上层建筑，收入是影响居民幸福感的首要因素，其中相对收入的影响更加显著；经济效用一般可直接对居民幸福感产生影响，也可通过住房、健康、交际和休闲等因素间接地影响居民幸福感。提高居民可支配收入是增进居民幸福感的首要任务，要达到这一目的可通过两个途径来实现。一方面是从宏观层面来看，推动经济高质量发展，促进企业或产业转型升级，增加国家财政收入，提高财政转移支付能力，扩大财政转移支付范围；加强个税制度改革，提高个税起征点，增设个税专项附加扣除项；加强市场供给侧结构性改革，去库存，提高产品质量，降低产品成本，增加消费者效益；此外，还可有效调控与监督金融市场，保障居民投资性收入。另一方面从微观层面而言，加强教育培训投入，丰富个体职业技能，提高个体在职场中的竞争力，从而增加工资性收入水平；合理规划消费支出结构，培养正确的消费观念，减少不必要的消费支出，从而增加可支配收入。以此满足居民收入安全保障的需求，提高居民的收入效用。

（二）合理保障居民住房权益

住房是影响居民幸福的关键因素，住房面积、设施、产权、环境，以及社区治安和绿化都是居民生活关注的重点，其中住房产权的影响程度更大；居住效用一般通过居民健康、休闲和交际对居民幸福感产生作用。要合理保障居民居住权益可从三个途径出发去实现。一是有效调控与监督住房市场，防止炒房行为，杜绝哄抬租房或买房的价格，改善住房市场的租赁或购买乱象，保障居民租赁或购买住房的权益。二是增加保障性住房的建设，加大保障性住房建设的投资力度，公开保障性住房的规划，逐步降低保障性住房的申请条件，拓宽居民获得住房的途径。三是创新住房产权获取的方式，增加居民住房贷款额度，降低居民购买住房时的首付比例，丰富居民购买住房的贷款方式，加快“公私”共有产权房的建设，从而丰富居民获得住房产权的方式。此外，有效调控房产市场，转变居民“有房才婚”（拥有房屋产权之后才会结婚）的观念，从根本上降低居民对住房的需求。以此满足居民住房安全保障的需求，提升居民的住房效用。

（三）提升居民总体工作满意度

工作是影响居民幸福感的重要因素，工作职业、工资薪酬、工作兴趣和工作自主决定程度均显著地影响着居民幸福感，其中工作兴趣的影响更大；工作效用一般通过影响居民经济、住房、交际和休闲对其幸福感产生作用。若要提高居民总体工作满意度，可从以下三个方面发力。一是加强职业规划培训，在居民择业或就业过程中，加强职业规划培训，明确居民的兴趣与特点，结合行业与产业的发展前景，制定合理的职业规划，选择感兴趣的工作，从而降低居民转业或失业的风险，提高其工作的积极性，进而增加提升工资薪酬的可能性。二是改善工作的人文环境，构建积极向上、良好互信、平等自由的企业文化，加强中高层管理者的素质培养，改善工作的人文环境，使居民能轻松愉快、优质高效地做好工作。三是创新工作方式，随着互联网经济的快速发展，人们生活和交际的方式发生了翻天覆地的变化，在一定程度上，工作方式也需要紧跟时代步伐，根据不同职业的特点，创新其工作方式。以此满足居民在工作中实现自我和超越自我的需求，提升居民的总体工作效用。

（四）全面提升居民健康水平

健康是影响居民幸福感至关重要的因素，自评身体健康、锻炼身体与否和锻炼身体的频率均显著地影响着居民幸福感，其中锻炼身体频率的影响更大；健康效用直接影响居民幸福感。若要全面提升居民健康水平，既可从宏观层面考虑，也可从微观层面加以提升。从微观层面来看，加强宣传“健康生活，幸福人生”的理念，改变以“健康”换“金钱”的局面，调整早睡早起的生活作息，养成良好的生活习惯，引导居民培养健康的生活方式。从宏观层面来看，一方面提升医疗保障能力，可通过提高医疗保障的报销比例，拓宽医疗保障的报销范围来实现；另一方面推动健康产业的蓬勃发展，以市场为导向，构建健康管理基础，培育健康管理市场，改善产业发展环境，加大基础科研投入，降低产业创新风险，提升健康产业发展竞争力；此外，加大健康公共产品的供给，以社区为单位，增加或改善健康基础设施的建设，为居民健康提供必要的条件。以此满足居民的基本生理（比如健康）需求，提升居民的健康效用。

（五）构建互信良好的社会关系

交际是需求层次理论中的社交需求，也是影响居民幸福感的关键因素，与不同对象的交际直接地显著影响居民幸福感，其中与家庭成员和亲戚交际的影响程度更大；交际效用从直接或间接路径对居民幸福感产生影响作用。若要构建互信良好的社会关系，可从居民所处的不同环境进行展开。一是从家庭层面来看，家庭成员间的互信关系是幸福家庭的基础。合理安排居民的生活时间，创造更多与家人或亲人交际的机会，促进家人或亲人间互信关系的养成，倡导建设“幸福家庭”。二是从单位层面来看，同事或同学间良好的关系是愉快工作或学习的关键。倡导企业家精神，提高单位中高层管理者素质，制定公平合理的晋升机制，实施合理的奖惩办法，创造诚信友善、平等自由、公正公开、文明和谐的工作环境，倡导建设“愉快单位”。三是从社会层面来看，人与人之间的良好关系是社会和谐的保障。打击坑蒙拐骗等不良行为，营造安全诚信的社会环境，提高居民的社会信任度，倡导建设“和谐社会”。以此满足居民社交的需求，增加居民的交际效用。

（六）保障居民休闲的完美体验

休闲是居民不偏好的因素，却逐渐地成为了影响居民幸福感不可忽视的一部分。休闲方式中的某些活动显著地影响着居民幸福感，而休闲时间却不显著；休闲效用既可直接对其幸福感产生影响，还可通过交际和健康对其幸福感产生间接影响。若要保障居民休闲的完美体验，需要从以下几个方面进行加强和完善。一是强化居民休闲的观念，通过宣传引导或教育培训的方式，支持居民充分休闲，从供给和需求两侧着手引导居民改变消费习惯，树立正确的休闲消费观念。二是落实带薪休假制度，一方面可增加居民休闲时间，另一方面可增加居民可支配收入，为居民休闲提供充足的物质保障和时间保障，提升居民休闲能力。三是从宏观上鼓励不同单位推行不同管理制度下的放假政策，实行交叉休闲，以解决节假日各地旅游“人满为患”的窘境。四是提供省时、质优的多样化休闲品和服务，打造休闲精品，丰富休闲文化内容，创新展现方式，为居民提供满意的休闲活动，为其实现完美休闲体验提供有效条件。以此满足居民获得尊重的需求，增加居民的休闲效用。

二、研究展望

通过对居民主观幸福感影响因素、路径和机理的深入研究后，发现在这三方面还有待进一步研究，在研究的视角上也有待进一步创新；此外，结合本书的研究，幸福经济学理论也可进一步构建，区域发展评价也可进一步完善。

（一）影响幸福感因素的进一步细化

在影响居民幸福感因素的研究中，本书从收入、住房、工作、健康、交际和休闲分析了影响居民主观幸福感的因素及方向，其中收入从绝对收入、横向相对收入和纵向相对收入进行分析；住房从住房面积、住房产权和住房设施三个方面进行分析；工作则从工作状态、工作性质、工作职业、工作单位、工资薪酬、工作时间、工作管理活动、工作兴趣程度和工作自主决定程度九个方面进行分析；健康则从自评身体健康、锻炼身体与否和锻炼频率进行分析；交际从与家人、亲戚、朋友、同事或同学近距离交际和远距离交际进行了分析；休闲从休闲时间和休闲方式两方面进行分析。总的来说，在六大因素中，本书的影响因素涉及了一些，但是还不全面。比如定义相对收入的参照物既可是客观标准也可是主观标准，本书主要采用了主观标准进行了定义，那么采用客观标准定义相对收入的研究有所欠缺。除了相对收入的定义外，在住房产权、住房设施等其他因素方面也存在着一些欠缺。此外，根据现有文献研究可知，影响居民幸福感的因素不仅有微观层面的因素，还有很多宏观层面的因素。故，在接下来影响居民主观幸福感因素的研究中，一方面可细化本书研究的六大因素，另一方面也可细化除本书研究的六大因素以外的其他因素。

（二）影响幸福感路径的进一步分析

在影响居民主观幸福感路径的分析中，本书把工作作为了影响路径的起点，鉴于结构方程模型中的因果关系是单项的，所以本书研究的是六大因素影响居民幸福感的其中一个路径。比如书中的交际和休闲的影响关系为休闲影响交际，然而结合现有研究文献，交际影响休闲的情况也是有的。存在这种情况的因素还有健康与经济、健康与工作、健康与交际等。故，在接下来的研究中，还可采用相同的方法继续分析影响居民幸福感的其他路径；或者在研究方法上进行创新，寻找可分析双向因果关系的可行性方法，分析影响居民主观幸福感的路径。

（三）影响幸福感机理的进一步探索

在影响居民主观幸福感机理的研究中，本书首先采用了简单统计的方法分析了不同生命周期居民的偏好和效用状况；其次根据偏好和效用状况构建了“偏好—效用”矩阵；接着分析了不同生命周期“偏好—效用”类型居民的幸福感排序；最后采用计量方法分析了偏好和效用在影响居民主观幸福感的过程中发挥的作用。说到偏好和效用，必然会涉及欲望或者期望。然而，本书在影响研究过程中，却没有引入欲望或者期望这一概念进行分析。同时，在影响机理的研究中，本书采用了有调节的中介模型进行分析。在实际操作中，需要设置交互项指标，然而，交互项指标的生成较为复杂，存在多种指标生成策略，且不同的交互项指标的生成策略可能产生不同的参数估计结果，给应用研究者带来应用方面的困难。故，在接下来的研究中，可基于经济学视角，引入欲望或期望这一概念，开展研究；同时，在研究方法上，也可利用潜调节结构方程（LMS）方法进行有调节的中介结构方程模型（SEM）分析，避免交互项指标带来的误差。

（四）研究幸福感视角的进一步创新

本书采用了2017年北京市16区1070名居民的抽样调查数据，分析了影响居民主观幸福感的因素、路径和机理。然而，本书却没有从区域、性别、职业、生命周期等层面分样本开展研究。根据现有研究文献可知，部分研究从区域、性别、职业、收入等层面分析了不同样本居民主观幸福感的影响因素，却没有研究从不同层面分析不同样本居民主观幸福感的影响路径和机理。故，在接下来的研究中，扩大样本规模，从不同角度分不同类型样本进行影响因素研究，在后续的影响路径、中介作用和偏好作用研究中也可拓展到不同样本开展研究，给世人提供针对性的政策启示。

（五）幸福经济学理论的进一步构建

目前，经济学领域对幸福的研究主要集中于对幸福含义、幸福影响因素、幸福评价、幸福测量等方面的研究，其中大多数为实证研究，理论研究较少。总的来说，经济学家对幸福经济学的研究仍然处于初级阶段，依然还有很多方面需要进一步研究与探讨。在接下来的研究中，可根据不同学科对幸福的理解，重新定义幸福；基于现有测度幸福的方法，探索衡量幸福的新方法；结合心理学有关幸福的研究结论，再次探索分析幸福与认知、快乐、情感等维度的关系；结合现有经济学理论，阐述偏好、效用和欲望在幸福经济学中的内涵，进而分析其影响居民幸福感的作用机理；结合行为经济学理论，探索幸福与行为之间的关系；实现幸福经济学理论的进一步构建。

（六）区域发展评价的进一步完善

幸福一直以来既是居民生活追求的终极目标，又是地区发展的出发点和落脚点，区域发展的成果最终由人民共享。然而，一直以来各个地区衡量区域发展的指标依然停留在经济发展指标上，考量政府工作人员的工作绩效大部分也集中于经济发展，涉及人民生活或者人民幸福的区域发展评价研究已经很多了，但是仍然未付诸实践。经济发展是区域发展的基础，依然是不可或缺的部分，但是，在区域发展进程中，人民才是区域发展的共享者和参与者，区域发展质量和程度如何，人民才是具有话语权的重要主体，而人民群众生活的终极目标是提高生活质量、获取幸福感、增进获得感，那么，涉及人民生活或者人民幸福的区域发展评价付诸实践的工作亟需提上日程。故，在接下来的基于幸福视角的区域发展评价研究中，重点考虑区域发展评价指标体系的可操作性，当然合理性和科学性亦是不能忽视的关键点。此外，还可采用区域经济学的研究方法分析区域发展的分布特征，测度区域发展间的差距和协调性。

第三节 提升居民主观幸福感的政策措施

一、增加居民收入的政策措施

改革开放初期，中国实行了以经济建设为中心的政策，大力发展生产力，推动经济快速增长，通过推行城市经济体制改革和农村家庭联产承包责任制，以及鼓励个体户和私营企业的发展来提高居民收入。20 世纪 90 年代，随着经济的快速发展，中国开始注重收入分配公平问题。在这个阶段，政府实施了一系列提高居民收入的政策，包括国有企业改革、完善社会保障体系、推进市场化进程等。同时，政府还鼓励企业提高最低工资标准、提高员工工资水平、建立工资集体协商制度、加强税收调节等，并加强了对收入分配的监管。到 21 世纪初时，中国开始更加注重民生问题，政府实施完善最低工资制度、加强税收调节、推进基本公共服务均等化等一系列提高居民收入的政策。同时，政府还鼓励企业建立工资集体协商制度，加强了对劳动者权益的保护。进入新时代以来，中国更加注重高质量发展，提高居民收入的政策也更加多元化和精细化，实施了一系列促进就业、鼓励创业、提高劳动者素质、加强社会保障等政策，同时加大对低收入群体的扶持力度，提高其收入水平。此外，政府还加强了对收入分配的监管，打击非法收入和不合理收入。总之，中国提高居民收入的政策变迁是一个不断调整和完善的过程，旨在实现经济发展与民生改善的良性互动。

当前中国提高居民收入的政策有：深化收入分配制度改革，通过改革收入分配制度，逐步缩小收入差距，增加低收入群体的收入，提高居民的消费能力；落实就业优先战略，通过促进就业，提高劳动者的收入水平，进而提高居民的整体收入水平；完善社会保障制度：通过完善社会保障制度，减轻居民在养老、医疗、住房等方面的负担，提高居民的消费信心和消费能力。具体措施包括：提高劳动报酬在初次分配中的比重，通过提高最低工资标准、加强工资协商机制建设等措施，保障劳动者的合法权益，增加劳动者的收入；健全工资合理增长机制，通过完善工资增长机制和支付保障机制，逐步提高劳动者的工资水平，促进工资增长与经济发展相适应。着力扩大中等收入群体，通过促进创业创新、优化营商环境、加强职业技能培训等措施，提高中等收入群体的比重，促进社会公平正义；健全社会保障体系，通过完善社会保障制度，提高社会保障水平，减轻居民在养老、医疗、住房等方面的负担，增强居民的消费信心和消费能力；促进农民增收，通过推进农业现代化、加快农村改革等措施，增加农民收入，提高农村居民的生活水平。总之，中国政府一直在积极采取措施提高居民收入，提高中等收入群体的比重，促进社会公平正义，提高居民的整体收入水平，促进经济的可持续发展。

对北京市居民而言，提高其收入的政策有：提高最低工资标准，北京市自 2023 年 1 月 1 日起调整最低工资标准，由每月不低于 2320 元提高至每月不低于 2550 元。这将有助于提高低收入劳动者的收入水平。促进就业创业，通过提供就业指导、创业培训等服务，帮助劳动者提高技能和素质，增加就业机会。同时，鼓励企业吸纳就业，对吸纳就业达到一定规模的企业给予社保补贴等政策。加强收入分配调节，继续做好基本养老保险、基本医疗保险、失业保险、工伤保险等社会保障工作，确保低收入群体的基本生活。同时，加大对高收入群体的税收调节力度，如实施个税专项附加扣除、调整个人所得税税率等。促进消费增长，通过增加居民收入，提高其消费能力；同时，鼓励消费创新，支持新业态、新模式等发展，为消费者提供更多优质、便捷、多样化的产品和服务。推进共同富裕，鼓励勤劳致富，倡导诚信经营和守法经营，营造公平竞争的市场环境。支持中小企业发展，鼓励大众创业、万众创新，为更多人提供创业和发展的机会。优化收入结构，提高居民消费在可支配收入中的比重，增加居民实际购买力。同时，控制债务规模，防范金融风险，确保金融市场的稳健运行。总之，这些政策措施将有助于提高居民收入水平，增强消费能力，促进经济的持续健康发展。

二、改善居民住房的政策措施

改革开放初期，中国实行的是住房分配制度，政府为居民提供住房，包括公房和福利房。20 世纪 90 年代末，随着市场经济的发展，政府逐渐转向住房市场化制度，允许居民通过市场购买或租赁住房。同时，政府开始实施一些保障性住房政策，如经济适用房、廉租房等。在 2008 年以后，中国政府加大了对住房市场的调控力度，出台了一系列政策，包括限购、限贷、限价等措施，以稳定房价，促进房地产市场的健康发展。同时，政府继续实施保障性住房政策，包括棚户区改造、公租房、廉租房等，以保障居民的基本住房需求。进入新时代后，中国政府继续加强住房保障工作，推出了一系列新的政策措施，如租购同权、共有产权房等，以进一步促进房地产市场的健康发展，保障居民的基本住房需求。

当前中国保障居民住房的政策或措施主要包括以下几个方面：实施保障性住房建设，包括棚户区改造、公租房、廉租房等，以解决中低收入家庭的住房问题。推进住房公积金制度，提高住房公积金覆盖率，加强住房公积金的监管和使用，以减轻职工的购房负担。鼓励和支持个人住房贷款，如住房商业贷款、个人住房组合贷款等，以满足不同层次的住房需求。加大对房地产开发企业的监管力度，规范市场秩序，促进房地产市场的健康发展。实施住房制度改革，推行公租房、共有产权房等制度，推动住房保障工作的常态化和制度化。推动农村危房改造和新型农村住房建设，改善农村居民的住房条件。总之，中国一直在努力改善居民的住房条件，通过多种政策措施来保障居民的住房权益。

当前北京市保障居民住房的政策和具体措施主要包括以下几点：坚持供需适配，全力做好住宅用地供应。以满足居民多样化、多层次的居住需求为目标，充分挖掘供应潜力，合理安排土地供应规模和结构，推动住宅用地供应与人口、资源、环境相适应，与居民收入水平、租售价格水平对标对位，努力实现供需适配。坚持分类施策，积极推动租赁住房建设。北京市将积极支持企业自持物业用于租赁，加大政策支持力度，鼓励社会投资机构将持有房源投向租赁市场。坚持稳地价、稳房价、稳预期。从严落实商品住房价格指导、共有产权住房配建等措施，加快构建以"一个长效机制、两个动态调控机制"为重点的动态调控机制，加强市场监测，深化预期管理，保持政策连续性、稳定性，加强预期引导，促进北京住房回归到以"人"为中心的居住本源。做好新市民、青年人的住房保障工作，探索创新保障性租赁住房供给模式，为新市民、青年人提供"小户型、低租金"的住房。此外，北京市还建立住房保障体系，为中低收入家庭提供公共住房，如公租房和保障性租赁房等；提高共有产权房在住房供应中的比例；加强住房市场体系监管，规范市场秩序等。

三、推动居民就业的政策措施

中国推动居民就业的政策可以追溯到改革开放初期，当时的经济体制改革和对外开放政策促进了经济发展，同时也带动了就业增长。政府通过鼓励发展劳动密集型产业、中小企业和乡镇企业等措施，创造了大量的就业机会。20 世纪 90 年代中期至 2008 年金融危机暴发前，随着经济的快速发展，政府开始更加注重就业质量和结构，通过实施了一系列鼓励职业教育和培训、扶持中小企业、鼓励创业等政策，以促进就业质量的提高。2008 年金融危机暴发后，为了应对经济下行压力和结构性失业问题，政府加大了对就业的扶持力度。政府实施了一系列扶持创业、促进就业、职业技能培训等政策，以提高就业率和社会稳定性。疫情期间，全球就业受到巨大冲击，中国也采取了一系列措施来支持居民就业，比如实施减税降费、发放失业保险金、提供就业援助等政策，以帮助受疫情影响的居民渡过难关。总之，政策的实施有助于提高就业率和社会稳定性，也促进了经济发展和社会进步。

当前中国推动居民就业的政策措施主要包括以下几个方面：稳岗位保就业，包括支持企业稳定岗位、鼓励企业扩大规模、加强职业指导和培训等。此外，政府还通过税收优惠、社会保险补贴等政策措施，鼓励企业吸纳就业。促创业促就业，通过提供创业资金、创业培训、创业孵化等措施，政府鼓励创业，支持创业者开展经营活动，带动更多人就业。同时，政府还加强了对创业者的知识产权保护，维护了创业者的合法权益。强化职业技能培训，政府加强对职业技能培训的支持力度，通过开展职业技能培训、职业指导和就业服务，帮助劳动者提高职业技能和就业能力。同时，政府还积极推动职业教育的改革和发展，提高职业教育的质量和水平。加强社会保障体系建设，包括完善养老保险制度、提高医疗保险保障水平、加强失业保险制度建设等，为劳动者提供更加完善的社会保障。总之，中国政府采取了一系列政策措施来推动居民就业，提高就业质量，促进经济发展和社会稳定。

北京市推动居民就业的政策包括以下几个方面：鼓励创业政策，北京市政府推出了包括创业补贴、税收优惠、融资支持等一系列创业扶持政策，以鼓励居民创业。社会保障政策，北京市加强了社会保障体系建设，提高了失业保险金和最低工资标准，以保障居民的基本生活。人才培养政策，北京市政府积极推动人才培养，通过提供培训补贴、职业资格认证等政策，鼓励居民参加职业技能培训，提高自身素质和就业竞争力。具体措施包括以下方面：就业服务，包括就业信息发布、职业指导、岗位推荐等，帮助居民找到合适的工作。技能培训，包括技能提升培训、新职业技能培训等，以提高居民的就业能力和市场竞争力。创业扶持，包括创业资金支持、创业场地支持、创业指导服务等，以鼓励居民创业。就业援助，对就业困难人员提供就业援助服务，包括就业指导、岗位推荐、技能培训等，以帮助他们实现就业。总之，北京市政府采取了一系列政策和措施来推动居民就业，提高居民的就业能力和市场竞争力，帮助他们实现就业。

四、保障居民健康的政策措施

改革开放初期，政府主要关注经济发展，医疗卫生事业发展相对滞后，主要任务是解决温饱问题。这一时期，医疗资源匮乏，医疗水平较低，传染病和慢性病问题较为突出。进入21世纪，政府更加注重全民健康，出台了一系列新的政策措施，如健康中国战略、医疗卫生体制改革、农村合作医疗制度、城市社区卫生服务、基本医疗保险制度、疫苗接种政策等，旨在提高全民健康水平，预防和控制疾病的发生。近年来，政府更加注重健康产业的发展，将健康放在优先发展的地位，加强医疗卫生体系建设，提高医疗卫生服务水平，加强食品药品安全监管，推进健康教育等，出台了一系列支持政策，如健康产业发展规划、健康服务业税收优惠政策等，旨在促进健康产业的发展，提高人民的生活质量和健康水平。总的来说，这些政策措施不仅提高了居民的健康水平和生活质量，也为中国的经济发展和社会进步奠定了坚实的基础。

当前中国保障居民健康的政策和措施包括以下几个方面：医疗卫生服务体系建设，通过加大投入、优化布局、提高质量，为人民提供安全、有效、方便、廉价的医疗卫生服务。落实预防为主的方针，通过健康教育、免疫接种、传染病防控等措施，减少疾病的发生和传播。建立覆盖全民的基本医疗保障制度，减轻人民的医疗负担。健康生活方式，推广健康的生活方式，如合理饮食、适量运动、戒烟限酒等，提高人民的身体素质。健康监测和信息化管理，利用现代信息技术，对人民的健康状况进行监测和评估，提高疾病防控的及时性和有效性。公共卫生应急机制，建立健全公共卫生应急机制，提高应对突发公共卫生事件的能力。医疗卫生体制改革，推进医疗卫生体制改革，优化医疗资源的配置，提高医疗服务的效率和质量。加强健康科技创新，推动医疗技术、医疗器械和药品的研发和应用，提高医疗技术水平，降低医疗风险和成本。积极参与全球卫生治理和公共卫生合作，分享中国经验和技术，为全球卫生事业作出贡献。这些政策和措施旨在保障人民群众的基本健康权益，提高人民的生活质量和幸福感。

对北京市居民来说，保障其健康的政策和措施包括以下几个方面：健康管理优化，对高风险人群，特别是老年人、慢性病患者、儿童等脆弱人群进行健康监测，及早发现、及早干预。做好健康服务保障，强化社区与医疗机构的对接，畅通就医渠道，做好就医绿色通道，加强救治和转诊机制衔接。加强宣传教育和科普宣传，引导公众理性对待疫情，不轻信谣传，及时向社区通报信息，加强信息分享和交流。优化社区防控措施，强化网格化管理，加强人员出入管理，做好健康监测、个人防护和环境卫生等。倡导文明生活方式，引导公众养成戴口罩、勤洗手等良好卫生习惯，倡导文明、健康、绿色、低碳的生活方式。另外，加强防疫措施，包括强化医疗机构哨点作用，提高监测预警灵敏性；坚持做好重点人群、重点场所、重点环节防控等。提升医疗救治能力，提升综合医院、中医院应对能力，做好定点、亚定点医院能力建设和医务人员培训等。总之，这些政策和措施旨在确保居民的健康安全，减轻疾病对市民生活的影响。同时，政府也在积极协调各方资源，加强医疗物资保障，确保居民的基本医疗需求得到满足。

五、促进居民休闲的政策措施

中国促进居民休闲的政策主要经历了以下几个阶段：（1）起步阶段（1978—1995 年）。改革开放后，国家逐步恢复了对休闲的重视，提出要发展社会生产力，提高人民的物质文化生活水平。（2）探索阶段（1996—2000 年）。国家开始重视休闲产业的发展，提出要调整经济结构，发展第三产业。（3）深化阶段（2001—2010 年）。国家进一步推进经济体制改革，促进消费升级，同时开始注重公共休闲服务的发展。（4）转型阶段（2011—2020 年）。国家开始推动全面建成小康社会的进程，休闲成为了其中的重要组成部分。此外，在具体政策方面，中国政府也出台了一系列促进居民休闲的政策。例如，政府开始实行双休日制度，推动了国民休闲时代的到来。同时，政府还鼓励发展旅游业、文化娱乐业等休闲产业，并加强了对公共休闲设施的建设和管理。

当前中国促进居民休闲的政策措施包括以下几个方面：完善公共休闲服务体系，通过加强基层公共休闲服务设施建设，提高公共休闲服务供给能力，以满足居民基本休闲需求。推动休闲产业融合发展，鼓励休闲、旅游、文化、体育等产业融合发展，促进产业转型升级，提高休闲产业供给质量。促进居民休闲消费，通过实施休闲消费促进政策，引导企业创新休闲产品和服务，提升休闲消费体验，激发居民休闲消费潜力。推动绿色休闲方式，倡导绿色、低碳、环保的休闲理念，鼓励居民采用绿色、健康的休闲方式，促进人与自然的和谐发展。加强国际交流合作，通过加强国际休闲交流合作，引进国外先进休闲理念和经验，推动中国休闲发展与国际接轨。推进数字化转型，鼓励企业推进休闲产业的数字化转型，提高休闲服务的智能化、便捷化水平，为居民提供更加高效、优质的休闲服务。此外，政府还积极推动带薪休假制度的落实，要求用人单位落实带薪休假制度，鼓励职工合理安排个人时间，充分享受休闲时光；鼓励企业加强员工的健康管理和休假管理，提供健康讲座、健康检查等服务，增强员工的身心健康。这些政策措施旨在促进居民休闲的发展，提高居民的生活质量，同时也为休闲产业的发展提供了有力支持。总之，中国正在采取多种措施来促进居民休闲，旨在提高居民的生活质量，促进经济的可持续发展。

对北京市居民来讲，促进居民休闲的政策措施包括以下几个方面：（1）打造休闲生活圈，包括在社区周边规划建设便利店、图书馆、博物馆、文化活动中心等公共服务设施，方便居民在居住地附近进行休闲娱乐活动。（2）优化交通出行，主要是在居民休闲娱乐较为集中的区域加强交通基础设施建设，提高公共交通服务质量，鼓励居民绿色出行，从而减少私家车的使用，提高居民休闲活动的便利性。（3）支持发展在线健身休闲活动，推动线上体育服务平台发展，提供线上健身教学、赛事直播等体育服务，满足居民多样化、个性化的健身需求。（4）加强对休闲娱乐场所的监管和管理，确保场所的安全和卫生，为居民提供安全、舒适的休闲环境。（5）鼓励居民参与休闲活动，通过各种渠道宣传休闲文化，鼓励居民积极参与各种休闲活动，提高居民的生活质量和幸福感。此外，北京市还积极推动公共文化服务与旅游休闲的融合发展，例如推出“博物馆+”“图书馆+”“美术馆+”等模式，打造了一批具有特色的文化旅游休闲品牌活动和线路，吸引了大量游客前来参观和体验。以上政策措施旨在促进居民休闲活动的多样性和便利性，提高居民的生活质量和幸福感。同时，这些政策也促进了北京市的文化旅游产业的发展，为北京市的经济社会发展作出了积极贡献。

六、完善居民社交的政策措施

改革开放初期，中国开始推行市场经济改革，并逐步放宽了市场准入，允许更多的人参与到经济活动中来。同时，随着城市化进程的加快，越来越多的农民工涌入城市，这为居民之间的交流提供了更多的机会。随着经济的发展和城市化进程的加快，政府也开始关注居民社会交往的问题，并逐步推出了一系列政策来促进居民之间的交流和融合。例如，政府开始实施社区建设，加强社区管理，推动居民之间的互动和交流。近年来，中国政府更加注重社会治理的创新，提出了“共建共治共享”的理念。在这一背景下，政府开始更加注重居民的社会交往，并推出了一系列政策来促进居民之间的交流和融合。例如，政府开始实施“社区睦邻日”活动，鼓励居民之间的互动和交流；同时，政府还加强了对社区文化、体育、娱乐设施的建设和管理，为居民提供了更多的交流平台。总之，中国完善居民社会交往的政策变迁是一个不断发展和完善的过程，政府在不断推出新的政策来促进居民之间的交流和融合，以构建更加和谐、稳定、繁荣的社会。

当前中国完善居民社会交往的政策主要包括以下几个方面：（1）促进社会公平正义，建立健全社会保障体系，保障居民的基本生活需求，减少社会矛盾，从而促进社会和谐稳定。（2）加强社区建设，提高社区治理水平，增强社区的凝聚力和向心力，营造良好的社区氛围。（3）推动社会信用体系建设，加强个人信用记录管理，营造诚信的社会环境。具体措施包括以下几个方面：（1）加强宣传教育，引导居民树立正确的交往观念，尊重他人、关心他人、理解他人，建立和谐的人际关系。（2）推广社交礼仪，普及基本的社交礼仪知识，提高居民的交往素养和技巧。（3）丰富社交活动，开展各种形式的社交活动，如社区文化活动、志愿者活动、邻里互助等，增加居民之间的交流和互动。(4) 推动数字化社交平台的建设和应用，利用互联网技术拓宽社交渠道，打破地域限制，促进跨地区、跨文化的交流。(5) 加强法律法规的制定和执行，规范社交行为，打击网络欺凌、恶意诽谤等不良行为，维护社交秩序。这些政策和具体措施的目的是营造一个友好、和谐、包容的社会环境，让居民能够自由、平等、安全地进行社会交往，促进社会进步和发展。

目前北京市完善居民社会交往的主要政策和措施包括以下几个方面：(1) 优化社区公共空间，合理规划社区公共空间，增加居民活动区域，如公园、广场等，为居民提供更多的社交场所。(2) 鼓励居民参与社区活动，通过组织各种社区活动，如文艺演出、体育比赛等，鼓励居民积极参与，增进彼此之间的交流和互动。(3) 推广线上社交平台，利用互联网技术，搭建线上社交平台，如微信群、QQ 群等，方便居民之间的交流和互动。(4) 加强社区文化建设，通过举办文化活动、开展文化讲座等方式，加强社区文化建设，增强居民的文化认同感和归属感。(5) 建立居民互助机制，鼓励居民之间建立互助机制，如邻里互助、志愿服务等，让居民之间形成互帮互助、团结友爱的良好氛围。(6) 加强对流动人口的管理和服务，提高他们的融入感和归属感，让他们有更多的机会参与到社区活动中来。总之，这些政策和具体措施旨在促进居民之间的交流和互动，增强社区的凝聚力和归属感，让居民感受到社区的温暖和关爱。

参考文献

［1］王萌．改革开放40年中国居民收入分配格局变化研究［J］．理论月刊，2019（02）：120－125.

［2］肖贵清，乔惠波．改革开放40年与小康社会建设［J］．探索，2018（05）：14－22＋2.

［3］李克强．政府工作报告——2019年3月5日在第十三届全国人民代表大会第二次会议上［R］．北京：2019. http：//www. gov. cn/zhuanti/2019qglh/2019lhzfgzbg/index. htm.

［4］黄嘉文．收入不平等对中国居民幸福感的影响及其机制研究［J］．社会，2016，36（02）：123－145.

［5］申云，贾晋．收入差距、社会资本与幸福感的经验研究［J］．公共管理学报，2016，13（03）：100－110＋158.

［6］倪志良，陈永立，殷金朋．财政分权、收入差距与国民幸福感——基于CGSS2010数据的经验研究［J］．经济经纬，2016，33（04）：127－132.

［7］Helliwell J.，Layard R.，& Sachs J. World Happiness Report 2017，Update（Vol. I）［R］．New York：Sustainable Development Solutions Network，2017.

［8］高启杰等．福利经济学：以幸福为导向的经济学［M］．北京：社会科学文献出版社，2012.

［9］高启杰．正确理解发展的基本框架：基于发展观的转变［J］．天津商业大学学报，2014，34（04）：3－5＋52.

［10］Diener E. Subjective Well－being［J］．Psychological Bulletin，1984，95（3）：542－575.

[11] 郑雪等．幸福心理学［M］．广州：暨南大学出版社，2004.
[12] 严标宾，郑雪，邱林．主观幸福感研究综述［J］．自然辩证法通讯，2004（02）：96－100＋109－112.
[13] 亚当·斯密著；郭大力，王亚南译．国富论［M］．南京：译林出版社，2014.
[14] Jeremy Bentham. An Introduction to the Principle of Morals an Legislation［M］. Methuen & Co. Ltd，1982.
[15] 厉以宁，吴易风，李懿．西方福利经济学述评［M］．商务印书馆，1984：29－38.
[16] 李特尔著；陈彪如译．福利经济学评述［M］．北京：商务印书馆，2014.
[17] 张伟．用总合指标测量工作幸福指数初探［J］．统计与决策，2009，(06)：19－22.
[18] 漆莉莉，吴卫青．江西高校教师幸福指数的测度与分析［J］．江西财经大学学报，2009，(05)：108－113.
[19] 申海霞，隋静．论“新网工程”提升农民幸福指数指标及模型的构建［J］．经济问题，2014，(01)：94－97.
[20] Veenhoven R. Conditions of Happiness，Dordrecht：Kluwer Academic Press，1984.
[21] 费鸿萍．中国情境下消费者幸福感的研究展望［J］．华东经济管理，2011，25（04）：96－98.
[22] 熊彩云，孟荣钊，史亚峰．我国农民幸福指数的实证研究［J］．农业经济问题，2014，(12)：33－40＋110.
[23] 佩德罗·孔塞桑，罗米娜·班德罗，卢艳华．主观幸福感研究文献综述［J］．国外理论动态，2013（07）：10－23.
[24] 冯贺霞．发展与幸福［M］．北京：社会科学文献出版社，2016.
[25] 刘国珍，陈惠雄．幸福的测度：一个测量范式的综述［J］．财经论丛，2017（08）：11－18.
[26] 理查德．A. 伊斯特林著，李燕译．幸福感、经济增长和生活周期

[M]. 大连：东北财经大学出版社，2017. 1.

[27] 赵佳丽．收入、健康与主观幸福感 [J]. 经济问题，2017，(11)：118 - 124.

[28] Havighurst R J. , Tobin S S. The Measurement of Life Satisfaction. Journal of Gerontology, 1961.

[29] Diener R. , Emmons R. A. , Larsen R. J. , et al. The satisfaction with life scale [J]. Journal of Personality Assessment, 1985, 49 (1): 71 - 75.

[30] 蒲德祥．幸福测量研究综述 [J]. 中国统计，2009 (08)：50 - 52.

[31] Kozma A. , Stones M. J. The measurement of happiness: development of the memorial university Newfoundland scale of happiness [J]. Journal of Gerontology, 1980, 35 (6): 906 - 917.

[32] 林南，卢汉龙．社会指标与生活质量的结构模型探讨——关于上海城市居民生活的一项研究 [J]. 中国社会科学，1989 (04)：75 - 97.

[33] 王慧慧．中等城市居民幸福感评价指标体系及实证 [J]. 求索，2016，(12)：67 - 71.

[34] 段建华．总体幸福感量表在我国大学生中的试用结果与分析 [J]. 中国临床心理学杂志，1996 (01)：56 - 57.

[35] 孙小红，谭顶良．中学生学习幸福感的测评研究 [J]. 华东师范大学学报（教育科学版），2017，(02)：83 - 91 + 123.

[36] 江广和，戴海琦，胡竹菁．我国运动员主观幸福感的结构及测量学分析 [J]. 体育与科学，2014，(02)：60 - 65.

[37] 杨红娟，邓婕，孙茜莉．企业员工主观幸福感评价指标体系探讨 [J]. 经济问题，2012，(09)：83 - 86 + 92.

[38] 布伦诺·S. 弗雷，阿洛伊斯·斯塔特勒著；静也译．幸福与经济学：经济和制度对人类福祉的影响 [M]. 北京：北京大学出版社，2006.

[39] 王广州，王军．中国家庭幸福感测量 [J]. 社会，2013，33 (06)：139 - 160.

[40] 马立平，杨作毅．居民幸福感的测量——关于北京居民幸福指数的编制与分析 [J]. 首都经济贸易大学学报，2007 (02)：111 - 114.

［41］杨作毅．北京居民幸福指数的调查与分析［J］．统计与决策，2008（05）：96－98．

［42］方福前，吕文慧．中国城镇居民福利水平影响因素分析——基于阿马蒂亚·森的能力方法和结构方程模型［J］．管理世界，2009（04）：17－26．

［43］巫强，周波．绝对收入、相对收入与伊斯特林悖论：基于CGSS的实证研究［J］．南开经济研究，2017（04）：41－58．

［44］孙计领，胡荣华．收入水平、消费压力与幸福感［J］．财贸研究，2017，28（02）：1－8．

［45］尤亮，霍学喜，杜文超．绝对收入、社会比较与农民主观幸福感——基于陕西两个整村农户的实证考察［J］．农业技术经济，2018（04）：111－125．

［46］Easterlin R. Explaining Happiness［J］. Proc. Natl. Acad. Sci.，2003，200：11176－11183.

［47］Carol Graham. Insights on Development from the Economics of Happiness［J］. The world Bank Research Observer，2005，20（2）：200－231.

［48］李儒林，张进辅，梁新刚．影响主观幸福感的相关因素理论［J］．中国心理卫生杂志，2003，11．

［49］Easterlin R. Income and Happiness：Towards a Unified Theory［J］. Economic Journal，2001（111）：465－484.

［50］Ferrer－i－Carbonell A. Income and Well－being：An Empirical Analysis of the Comparison Income Effect［J］. Journal of Public Economics，2005（89）：997－1019.

［51］Easterlin R. A. Will Raising the Incomes of All Increase the Happiness of All?［J］. Journal of Economic Behavior and Organization，1995，27（1）：35－47.

［52］Dynan K.，Ravina E. Increasing Income Inequality，External Habits，and Self－reported Happiness［J］. American Economic Review，2007，97：226－231.

[53] 胡春萍，吴建南，王颖迪．相对收入、收入满意度与主观幸福感［J］．西安交通大学学报（社会科学版），2015，35（03）：85-94.

[54] 胡晨沛，朱玮强，顾蕾．个人收入、家庭资产与农村居民幸福感——基于 CGSS2013 的实证研究［J］．调研世界，2017（04）：41-49.

[55] 罗楚亮．绝对收入、相对收入与主观幸福感——来自中国城乡住户调查数据的经验分析［J］．财经研究，2009，35（11）：79-91.

[56] Kingston P., et al. Having a Stake in the System: The Sociopolitical Ramifications of Business and Homeownership [J]. Social Science Quarterly, 1994 (75): 679-686.

[57] Green R. K. Homeowning, Social Outcomes, Tenure Choice, and U. S. Housing Policy [J]. Cityscape: A Journal of Policy Development and Research, 2001, 5 (2): 21-29.

[58] Haurin D. R., et al. Does Homeownership Affect Child Outcomes? [J]. Real Estate Economics, 2002, 30 (4): 635-635.

[59] Nettleton S., et al. When Capital Investment becomes an Emotional Loss: the Health Consequences of Mortgage Possession in England [J]. Housing Studies, 2000, 15 (4): 463-479.

[60] Bucchianeri G. The American Dream? The Private and External Benefits of Homeownership [OL]. Working Paper, 2009, The Wharton School of Business.

[61] Rohe W. M., et al. The Effects of Homeownership: on the Self-Esteem, Perceived Control and Life Satisfaction of Low-Income People [J]. Journal of the American Planning Association, 1994 (2): 173-184.

[62] Zumbro T. The Relationship Between Homeownership and Life Satisfaction in Germany [J]. Housing Studies, 2014 (3): 319-338.

[63] Rudolf R., et al. Housing and Happiness: Subjective Well-being and Residential Environment in Korea [J]. Regional Planning, 2015 (7): 50-55.

[64] Cattaneo, et al. Housing, Health, and Happiness [J]. American Eco-

nomic Journal, Economic Policy, 2009 (1): 75 - 105.

[65] Sebastian, et al. The Half - life of Happiness: Hedonic Adaptation in the Subjective Well - being of Poor Slum Dwellers to the Satisfaction of Basic Housing Needs [J]. Journal of the European Economic Association, 2018, 16 (4): 1189 - 1233.

[66] 孙伟增，郑思齐．住房与幸福感：从住房价值、产权类型和入市时间视角的分析 [J]. 经济问题探索，2013 (03): 1 - 9.

[67] 李涛，史宇鹏，陈斌开．住房与幸福：幸福经济学视角下的中国城镇居民住房问题 [J]. 经济研究，2011, 46 (09): 69 - 82 + 160.

[68] 林江，周少君，魏万青．城市房价、住房产权与主观幸福感 [J]. 财贸经济，2012 (05): 114 - 120.

[69] 张翔，李伦一，柴程森，马双．住房增加幸福：是投资属性还是居住属性? [J]. 金融研究，2015 (10): 17 - 31.

[70] 彭代彦，闵秋红．住房消费与国民幸福——基于 CGSS2013 的实证分析 [J]. 广西社会科学，2015 (12): 85 - 90.

[71] 杨巧，陈诚，张可可．收入差距、住房状况与居民幸福感——基于 CGSS2003 和 CGSS2013 的实证 [J]. 西北人口，2018, 39 (05): 11 - 20 + 29.

[72] 刘米娜，杜俊荣．住房不平等与中国城市居民的主观幸福感——立足于多层次线性模型的分析 [J]. 经济经纬，2013 (05): 117 - 121.

[73] 范红忠，范阳．住房消费的攀比性与主观幸福感 [J]. 武汉理工大学学报（社会科学版），2015, 28 (03): 416 - 420.

[74] 范红忠，侯亚萌．住房因素对城市居民幸福感的影响 [J]. 城市问题，2017 (04): 64 - 69.

[75] Stutzer A., et al. The Role of Social Work Norms in Job Searching and Subjective Well - being [J]. Journal of the European Economic Association June, 2004, 2 (4): 696 - 719.

[76] Knabe A., et al. Better an Insecure Job Than No Job at All? Unemployment, Job Insecurity and Subjective Well - being [J]. Economics Bulle-

tin, 2010, 3 (30): 2486 -2494.

[77] Kim B. , et al. The Impact of Employment and Self - rated Economic Condition on the Subjective Well - being of Older Korean Immigrants [J]. The Gerontological Society of America, 2015, 55 (2): 133 -134.

[78] 刘姜梦一. 工作环境与主观幸福感研究 [D]. 北京林业大学, 2016.

[79] Leschke J. , et al. Challenges in Constructing a Multi - dimensional European Job Quality Index [J]. Social Indicators Research, 2014, 118 (01): 1 -31.

[80] Buddelmeyer H. , et al. Non - Standard Contingent Employment and Job Satisfaction: A Panel Data Analysis [J]. Industrial Relations, 2015, 54 (2): 256 -275.

[81] Dawson C. , et al. Temporary Employment, Job Satisfaction and Subjective Well - being [J]. Economic and Industrial Democracy, 2014, forthcoming.

[82] Berger E. M. Happy Working Mothers? Investigating the Effect of Maternal Employment on Life Satisfaction [J]. Economica, 2013, 80 (317): 23 -43.

[83] Brereton F. , et al. Employment and Life - Satisfaction: Insights from Ireland [J]. Economic and Social Review, 2008, 39 (3): 207 -234.

[84] Pichler F. , et al. What are the Reasons for Differences in Job Satisfaction across Europe? Individual, Compositional, and Institutional Explanations [J]. European Sociological Review, 2009, 25 (5): 535 -549.

[85] John R. G. , et al. The Social Work Profession and Subjective Well - Being: The Impact of a Profession on Overall Subjective Well - Being [J]. British Journal of Social Work, 2010, 40: 1553 -1572.

[86] 吴愈晓, 王鹏, 黄超. 家庭庇护、体制庇护与工作家庭冲突——中国城镇女性的就业状态与主观幸福感 [J]. 社会学研究, 2015, 30 (06): 122 -144 +244 -245.

[87] 金江, 张奎. 收入、工作单位与主观幸福感——基于武汉市城镇居民

的调查分析［J］. 中南财经政法大学学报，2011（05）：13－19＋142.

［88］ Kuroki M. Subjective Well－being and Minimum Wages：Evidence from USStates［J］. Health Economics，2018，27（2）：171－180.

［89］ 杨胜利，谢超. 就业质量对居民幸福感的影响分析研究——基于CGSS 2010的实证分析［J］. 云南财经大学学报，2015，31（06）：50－57.

［90］ 卢海阳，杨龙，李宝值. 就业质量、社会认知与农民工幸福感［J］. 中国农村观察，2017（03）：57－71.

［91］ 张爱莲，李霞. 高新技术企业研发人员工作幸福感影响因素及提升路径［J］. 山东理工大学学报（社会科学版），2018，34（03）：87－91.

［92］ Valente R. R.，& Berry B. J. L. Working hours and life satisfaction：A cross－cultural comparison of Latin America and the United States［J］. Journal of Happiness Studies，2016，17：1173－1204.

［93］ 韩彦超，潘泽泉. 劳动时间与农民工主观幸福感——基于湖南省农民工三融入调查数据的分析［J］. 西北人口，2016，37（01）：38－44.

［94］ 吴伟炯. 工作时间对职业幸福感的影响——基于三种典型职业的实证分析［J］. 中国工业经济，2016（03）：130－145.

［95］ 冯一丹，李爱梅，颜亮，王笑天. 工作时间压力对主观幸福感的倒U型影响——基本心理需求满足的中介作用［J］. 中国人力资源开发，2017（08）：25－35.

［96］ 王笑天，李爱梅，吴伟炯，孙海龙，熊冠星. 工作时间长真的不快乐吗？异质性视角下工作时间对幸福感的影响［J］. 心理科学进展，2017，25（01）：180－189.

［97］ 王雪. 就业质量、夫妻关系对女性主观幸福感的影响研究［D］. 山东大学，2018.

［98］ 唐海朋，曹晓君，郭成. 自主对教师职业幸福感的影响：工作投入的

中介作用［J］. 教师教育研究，2016，28（01）：55－60.

［99］卿石松，郑加梅. 工作让生活更美好：就业质量视角下的幸福感研究［J］. 财贸经济，2016（04）：134－148.

［100］中国人口宣传教育中心，中国社会科学院人口与经济研究所. 中国家庭幸福感热点问题调查报告（2014－2015年）［R］. 北京：中国社会科学出版社，2016.

［101］Knight J.，Song. L，Gunatilaka R. Subjective well－being and its determinants in rural China［J］. China Economic Review，2009，20（4）：635－649.

［102］胡宏伟，高敏，王剑雄. 老年人主观幸福感的影响因素与提升路径分析——基于对我国城乡老年人生活状况的调查［J］. 江苏大学学报（社会科学版），2013，15（04）：48－54.

［103］王鹏，梁城城. 农户健康对收入和主观福利的影响——基于西部民族地区微观调查数据的经验研究［J］. 西南民族大学学报（人文社科版），2018，39（05）：116－126.

［104］王彤，黄希庭，毕翠华. 身体健康对中国人幸福感的影响：宗教信仰的调节作用［J］. 中国临床心理学杂志，2014，22（06）：1053－1056.

［105］侯振虎，Chieh Li，许晓芳. 父母身体健康状况与大学生的幸福感——基于内蒙古地区2780名大学生幸福感的调查研究［J］. 大学教育科学，2018（03）：87－96＋125.

［106］兰继军，刘彤彤. 残疾人的残疾态度、心理健康与主观幸福感的关系研究［J］. 残疾人研究，2018（02）：86－91.

［107］陈小异，李明蔚. 大学生主观幸福感与心理健康研究［J］. 重庆大学学报（社会科学版），2014，20（03）：178－183.

［108］宋广文，何云凤，丁琳，吕良成，周凯. 有留守经历的中学生心理健康、心理弹性与主观幸福感的关系［J］. 中国特殊教育，2013（02）：87－91.

［109］张瑞玲. 农村老人主观幸福感的豫省例证［J］. 重庆社会科学，

2016（12）：68－75.

［110］Angner E.，et al. Health and Happiness among Older Adults：A Community－based Study［J］. Journal of Health Psychology，2009，14（4）：503－512.

［111］Ginis K. M.，Jetha A.，Mack D. E.，et al. Physical Activity and Subjective Well－being among People with Spinal Cord Injury：A Meta－analysis［J］. Spin Cord，2010，48（01）：65－72.

［112］徐昌豹，赵淑英．体育活动对老年情绪与幸福感影响的研究［A］．第六届全国体育科学大会论文摘要汇编（一）［C］．武汉：2000：262－263.

［113］李金平．加体育锻炼对老年人心理健康、幸福度和生命质量影响及其相关影响因素的研究［D］．苏州大学，2005.

［114］李军兰，刘文．体育锻炼对主观幸福感和心理幸福感的双重效应研究［J］．教育理论与实践，2014，34（12）：37－39.

［115］蒋惠珍．体育锻炼对高校教师主观幸福感和心理健康的影响［J］．北京体育大学学报，2009，32（10）：69－72.

［116］陈作松，季浏．身体锻炼对高中学生主观幸福感的影响及其心理机制［J］．心理学报，2006（04）：562－575.

［117］李粉，廖红君．休闲、收入与城镇居民幸福感——来自中国家庭追踪调查的证据［J］．人口与经济，2018（01）：103－115.

［118］宋瑞．休闲与生活满意度：基于全国样本的实证分析［J］．中国软科学，2014（09）：55－66.

［119］蒋奖，秦明，克燕南，应小萍．休闲活动与主观幸福感［J］．旅游学刊，2011，26（09）：74－78.

［120］Van Hoorn A. Income，leisure，and happiness［R］. NiCE Working Paper，2008（08）：116.

［121］檀学文．时间利用对个人福祉的影响初探——基于中国农民福祉抽样调查数据的经验分析［J］．中国农村经济，2013（10）：76－90.

［122］王健，孟庆跃，Winnie Yip，曲江斌，王丽娜．农村居民日常活动

的主观幸福感分析［J］. 山东大学学报（医学版），2009，47（06）：118－120＋123.

［123］ Andreja B.，et al. Quality of life and leisure activities：How do leisure activities contribute to subjective well－being？［J］. Social Indicators Research，2011，102（1）：81－91.

［124］ Morgan K.，Bath P. A. Customary Physical Activity and Psychological Well－being：A Longitudinal Study［J］. Age and Ageing，1998，27（3）：35－40.

［125］ Hills P.，Argyle M. Musical and religious experiences and their relationship to happiness［J］. Personality and Individual Difference，1998，25（1）：91－102.

［126］ Neugarten B. L.，Havighurst R. J.，Tobin S. S. The measurement of life satisfaction［J］. Journal of Gerontology，1961，16：134－143.

［127］ 李莫訑，李萌垚，杨智辉. 北京市老年人娱乐方式对其主观幸福感的影响［J］. 中国老年学杂志，2011，31（4）：675－677.

［128］ Wang M.，Wong M. C. S. Happiness and leisure across countries：evidence from international survey data［J］. Journal of Happiness Studies，2014，15（1）：85－118.

［129］ 吴崇旗. 休闲参与、休闲满意度及主观幸福感之间线性结构关系模式建构与验证［J］. 休闲运动，2006（5）：153－165.

［130］ 宋子千，蒋艳. 城市居民休闲生活满意度及其影响机制：以杭州为例［J］. 人文地理，2014，29（02）：53－60＋112.

［131］ Wang M.，Wong M. C. S. Leisure and happiness in the United States：evidence from survey data［J］. Applied Economics Letters，2010，18（18）：1813－1816.

［132］ Layard R. Happiness：Lessens from a new science［M］. London：Penguin Books，2005.

［133］ 杨栩，徐洁. 人际关系困扰对主观幸福感的影响研究［J］. 学习与探索，2016（10）：109－113.

[134] 赵洁，杨政怡．基本公共服务供给增加居民的主观幸福感了吗？——基于 CGSS2013 数据的实证分析 [J]．西安财经学院学报，2017，30（06）：80 – 86.

[135] 鲁元平，张克中．老有所乐吗？——基于退休与幸福感的实证分析 [J]．经济管理，2014，36（08）：168 – 178.

[136] 张晓文．生活事件、思维风格对大学生主观幸福感的预测效应 [J]．南京师大学报（社会科学版），2017（06）：112 – 119.

[137] 周正怀．少数民族师范生人际关系与总体幸福感特点的相关研究 [J]．贵州民族研究，2010，31（03）：182 – 186.

[138] 江广和，戴海琦，胡竹菁．我国运动员主观幸福感内部结构及外部影响因素研究 [J]．心理学探新，2013，33（06）：554 – 558.

[139] Crossley A.，Langdridge D. Perceived Sources of Happiness：A Network Analysis [J]. Journal of Happiness Studies，2005，6（2）：107 – 135.

[140] Ryff C. D. Happiness is everything，or is it? Explorations on the meaning of psychological well – being [J]. Journal of Personality & Social Psychology，1989，57（6）：1069 – 1081.

[141] 甘雄，李承宗．大学生人际关系与主观幸福感的关系 [J]．医学研究与教育，2010，27（04）：53 – 56.

[142] 徐映梅，夏伦．中国居民主观幸福感影响因素分析——一个综合分析框架 [J]．中南财经政法大学学报，2014（02）：12 – 19 + 158.

[143] Deci E. L.，Ryan R. M. A motivational approach to self：Integration in personality. In：Dienstbier D. Eds.，Nebraska Symposium on Motivation：Vol. 38. Perspectives on Motivation. Lincoln：University of Nebraska-press，1991：237 – 288.

[144] Jose P. E.，Ryan N.，Pryor J. Dose social connectedness promote a greater sense of well – being in adolescence over time? [J]. Journal of Research on Adolescence，2012，22（2）：235 – 251.

[145] 高红英，苗元江．影响老年人幸福感的因素探析 [J]．江西社会科

学，2008（11）：198－201.

[146] 姚新华，郑云恒.90后大学生幸福感的影响因素及教育策略［J］. 黑龙江高教研究，2016（06）：85－87.

[147] 胡瑜凤，唐日新．社会支持对贫困大学生主观幸福感的影响［J］. 中国健康心理学杂志，2007（08）：737－738.

[148] Van der Horst M.，Coffé H. How friendship network characteristics influence subjective well－being［J］. Social Indicators Research，2012，107（3）：509－529.

[149] 吴鲁平，谈杰．白领青年的人际关系及其对主观幸福感的影响研究——对北京IT行业8名白领青年的深度访谈分析［J］. 中国青年研究，2009（07）：55－58.

[150] Tervo H. Self－employment Transitions and Alternation in Finnish Rural and Urban Labor Markets［J］. Papers in Regional Science，2008（01）.

[151] 吴晓刚．"下海"：中国城乡劳动力市场转型中的自雇活动与社会分层（1978－1996）［J］. 社会学研究，2006（06）：120－146＋245.

[152] 唐立强，周静．社会资本、就业身份与农村居民非农收入——基于CGSS2013调查数据的实证分析［J］. 农村经济，2017（05）：109－115.

[153] 黄志岭．自我雇佣能否提高农民收入［J］. 农业经济问题，2017，38（11）：40－47＋111.

[154] 张玉昆，曹广忠．城镇化背景下非农就业对农村居民社会网络规模的影响［J］. 城市发展研究，2017，24（12）：61－68＋100.

[155] 张翼，李江英．"强关系网"与退休老年人口的再就业［J］. 中国人口科学，2000（02）：34－40.

[156] 边燕杰．城市居民社会资本的来源及作用：网络观点与调查发现［J］. 中国社会科学，2004（03）：136－146＋208.

[157] 赵鹏，刘捷，付玥．北京五类人群休闲方式的比较与分析［J］. 旅游学刊，2006（12）：17－21.

[158] 李骁天，邢晓燕，王凯珍．中国城乡居民休闲活动参与时间的年龄

世代研究［J］．沈阳体育学院学报，2014，33（04）：1－6.
［159］王琪延，韦佳佳．北京市居民休闲时间不平等研究［J］．北京社会科学，2017（09）：4－14.
［160］马雯蕊，柴彦威．就业郊区化背景下郊区就业者日常活动时空间特征研究——以北京上地地区为例［J］．地域研究与开发，2017，36（01）：66－71.
［161］郭鲁芳．休闲消费的经济分析［J］．数量经济技术经济研究，2004（04）：12－21.
［162］Li S. M.，Yi Z. The Road to Homeownership under Market Transition－Beijing，1980－2001［J］．Urban Affairs Review，2007，42（3）：342－368.
［163］龙翠红，陈鹏．新生代农民工住房选择影响因素分析：基于CGSS数据的实证检验［J］．华东师范大学学报（哲学社会科学版），2016，48（04）：46－54＋168－169.
［164］朱祥波，谭术魁，王斯亮，李燚．城市流动人口的住房选择：事实与解释［J］．南方人口，2015，30（03）：35－44.
［165］高波，李国正，陈琛．新型城镇化过程中农民工居住现状及住房选择——基于2013年中国流动人口动态监测数据［J］．甘肃行政学院学报，2015（06）：81－91＋127－128.
［166］张艳，刘志林．市场转型背景下北京市中低收入居民的住房机会与职住分离研究［J］．地理科学，2018，38（01）：11－19.
［167］姜凯，侯明喜，龚海婷．流动人口住房选择及其影响因素研究——以重庆市为例［J］．调研世界，2017（01）：28－34.
［168］仉楠楠，周利兵．非正规就业流动人口住房问题及对策研究［J］．当代经济管理，2015，37（01）：62－65.
［169］丁述磊，刘翠花．非正规就业对居民健康的影响——来自中国劳动力动态调查的经验分析［J］．中国劳动关系学院学报，2016，30（06）：45－55.
［170］Bosma H.，et al. Two Alternative Job Stress Models and the Risk of Coro-

nary Heart Disease [J]. Journal of Pubilic Health, 1998, 88: 68 - 74.

[171] 耿爱生. 灵活就业对健康的影响: 基于农民工的实证分析 [J]. 中国海洋大学学报 (社会科学版), 2014 (02): 96 - 101.

[172] 陈秋霖, 胡钰曦, 傅虹桥. 群体性失业对健康的短期与长期影响——来自中国20世纪90年代末下岗潮的证据 [J]. 中国人口科学, 2017 (05): 51 - 61 + 127.

[173] Deb P., et al. The Effect of Job Loss on Overweight and Drinking [J]. Journal of Health Economics, 2011, 30 (2): 317 - 327.

[174] 叶金珍. 退休、生活习惯与健康的关系——基于 Harmonized CHARLS 数据的研究 [J]. 人口与经济, 2018 (02): 80 - 90.

[175] 黄乾. 教育与社会资本对城市农民工健康的影响研究 [J]. 人口与经济, 2010 (02): 71 - 75.

[176] 张永辉, 何雪雯, 朱文璠, 刘军华. 职业类型和社会资本对农村中老年健康的影响 [J]. 西北农林科技大学学报 (社会科学版), 2018, 18 (03): 151 - 160.

[177] Jaana - Marja Muurinen. Demand for Health a Generalised Grossman Model [J]. Journal of Health Economics, 1982, 1: 5 - 28.

[178] 张抗私, 刘翠花, 丁述磊. 工作时间如何影响城镇职工的健康状况? ——来自中国劳动力动态调查数据的经验分析 [J]. 劳动经济研究, 2018, 6 (01): 107 - 127.

[179] 王琼, 叶静怡. 进城务工人员健康状况、收入与超时劳动 [J]. 中国农村经济, 2016 (02): 2 - 12 + 22.

[180] Warr, et al. Work, Happiness, and Unhappiness [M]. London: Psychology Press, 2007.

[181] Ng Thomas, et al. Long Work Hours: A Social Identity Perspective On Meta - Analysis Data [J]. Journal of Organizational Behavior, 2008, 29 (7): 853 - 880.

[182] Fein, et al. Clarifying the Effect of Work Hours on Health Through Work -

Life Conflict [J]. Asia Pacific Journal of Human Resources, 2015, 53 (4): 448 -470.

[183] 李珍珍，陈琳．农民工健康状况影响因素分析 [J]. 南方人口，2010, 25 (04): 10 -17.

[184] 朱玲．农村迁移工人的劳动时间和职业健康 [J]. 中国社会科学，2009 (01): 133 -149 +207.

[185] 牛建林，郑真真，张玲华，曾序春．城市外来务工人员的工作和居住环境及其健康效应——以深圳为例 [J]. 人口研究，2011, 35 (03): 64 -75.

[186] 俞林伟．居住条件、工作环境对新生代农民工健康的影响 [J]. 浙江社会科学，2016 (05): 75 -84 +157.

[187] 金成武．健康变量的讨论：以农民工健康状况研究为例 [J]. 中国劳动经济学，2009, 5 (02): 51 -77.

[188] Grossman M. On the Concept of Health Capital and the Demand of Health [J]. The Journal of Political Economy, 1972a, 80 (2): 223 -255.

[189] 张凤，宗刚．基于二分类 Logistic 模型的城市居民住房租购选择研究 [J]. 经济体制改革，2014 (02): 188 -191.

[190] Kabsung K. , et al. Why do households rent while owning houses? Housing sub -tenure choice [J]. Habit at International, 2012 (36).

[191] Robst J. , et al. Income variability, uncertainty and housing tenure choice [J]. Regional Science and Urban Economies, 1999 (37).

[192] 李平光，李松，王鑫，綦群高．乌鲁木齐市居民住房选择行为及其影响因素分析——基于 1983 份问卷的调查 [J]. 干旱区资源与环境，2015, 29 (03): 57 -63.

[193] 刘祖云，毛小平．中国城市住房分层：基于 2010 年广州市千户问卷调查 [J]. 中国社会科学，2012 (02): 94 -109 +206 -207.

[194] 孙玉环，张金芳．中国家庭住房产权类型分化研究 [J]. 数量经济技术经济研究，2014, 31 (03): 89 -103.

[195] 刘望保，闫小培，曹小曙．转型期中国城镇居民住房类型分化及其

影响因素：基于 CGSS（2005）的分析［J］．地理学报，2010，65（8）：949－960.

［196］王洋，张玉玲，张虹鸥．广州市家庭收入与住房特征对应关系的区位差异性［J］．地理科学进展，2017，36（02）：151－158.

［197］刘广平，李凯淼．基于住户满意度的保障性安居工程实施成效研究［J］．调研世界，2018（09）：27－31.

［198］史学斌．外来农民工公租房居住满意度及其影响因素研究——以重庆市为例［J］．农村经济，2018（01）：105－110.

［199］李世龙．新生代农民工住房满意度影响因素与对策研究［J］．重庆大学学报（社会科学版），2015，21（05）：44－50.

［200］王先柱，王敏．青年群体住房获得：阶层固化能够打破吗［J］．财经科学，2018（01）：54－63.

［201］高凯，汪泓，刘婷婷．劳动人口健康水平影响因素及健康状况演变趋势［J］．社会科学研究，2018（01）：38－47.

［202］张璇，林倩莹．高收入高学历群体健康陷阱的统计考察［J］．统计与决策，2014（23）：92－96.

［203］徐淑一，王宁宁．经济地位、主观社会地位与居民自感健康［J］．统计研究，2015，32（03）：62－68.

［204］李建新，夏翠翠．社会经济地位对健康的影响："收敛"还是"发散"——基于 CFPS2012 年调查数据［J］．人口与经济，2014（05）：42－50.

［205］徐岩．客观社会经济地位、主观阶层认知与健康不平等［J］．开放时代，2017（04）：191－207＋9.

［206］Grossman M. On the Concept of Health Capital and the Demand For Health［J］．Journal of Political Economy，1972（80）：223－255.

［207］Gerdtham U.，et al. Absolute Income，Relative Income，Income Inequality and Mortality［J］．Journal of Human Resources，2004，39（1）.

［208］高兴民，许金红．社会经济地位与健康不平等的因果关系研究［J］．深圳大学学报（人文社会科学版），2015，32（06）：45－53.

［209］贾珅．中国农村地区的收入不平等与健康［J］．经济问题，2013（06）：109－111.
［210］栾斌，杨俊．农村居民收入、健康支付结构与农村健康人力资本——中国省份面板数据的证据［J］．农业技术经济，2015（02）：76－84.
［211］赵忠．我国农村人口的健康状况及影响因素［J］．管理世界，2006（03）：78－85.
［212］Gerdtham U.，et al. The relationship between happiness，health and socio－economic factors：Results based on Swedish microdata［R］．Economic and Finance Working Paper，Stockholm School of Economics，1997.
［213］白志远，亓寿伟．收入门槛、相对剥夺与老年人幸福感［J］．财贸经济，2017，38（05）：20－33.
［214］杨卡．新城住区邻里交往问题研究——以南京市为例［J］．重庆大学学报（社会科学版），2010，16（03）：125－130.
［215］胡荣．社会经济地位与网络资源［J］．社会学研究，2003（05）：58－69.
［216］胡荣．影响村民社会交往的因素分析［J］．厦门大学学报（哲学社会科学版），2005（02）：122－128.
［217］黄艺红，刘海涌．城市老年人服务需求的实证研究［J］．北华大学学报（社会科学版），2006（02）：89－93.
［218］Rice，et al. Comparing internet and mobile phone usage：Digital divides of usage，adoption，and dropouts［J］．Telecommunications Policy，2003，27：597－623.
［219］楚亚杰．社会交往与手机使用：上海受众手机使用的实证研究［J］．新闻大学，2010（02）：50－58.
［220］Campbell，et al. Social Resources and Socioeconomic Status［J］．Social Networks，1986，8.
［221］叶俊焘，蒋剑勇，钱文荣．城市居民对进城农民工态度的影响因素

研究——基于群体间交往的视角［J］. 浙江社会科学，2011（10）：95－100＋158.

［222］孙天庆．关注休闲：经济学视角［J］. 自然辩证法研究，2003（06）：92－95.

［223］马惠娣，张景安．中国公众休闲状况调查［M］. 北京：中国经济出版社，2004.

［224］张纯，柴彦威，李昌霞．北京城市老年人的日常活动路径及其时空特征［J］. 地域研究与开发，2007（04）：116－120.

［225］王琪延，侯鹏．节假日与休闲消费关系研究——兼论我国假日制度改革［J］. 北京社会科学，2012（01）：15－21.

［226］张安民．我国居民休闲参与的影响机制研究——基于 CGSS2006 的数据应用［J］. 人文地理，2013，28（04）：120－125＋139.

［227］刘昌雪．城市外来务工者休闲行为特征与影响因素的职业差异——以苏州市为例［J］. 华东经济管理，2011，25（11）：9－13.

［228］王琪延，韦佳佳．北京市居民旅游消费影响因素研究［J］. 北京社会科学，2018（08）：120－128.

［229］李丰祥，高希彬．新生代农民工休闲体育现状调查研究——以上海市为例［J］. 中国体育科技，2011，47（04）：127－133＋145.

［230］周传志．厦门漳州泉州白领体育休闲研究［J］. 体育文化导刊，2013（05）：20－22.

［231］蒋艳．居民社区休闲满意度及其影响因素研究——以杭州市小河直街历史街区为例［J］. 旅游学刊，2011，26（06）：67－72.

［232］吴志建，王竹影，宋彦李青．老年人休闲性体力活动建成环境影响因素的 meta 分析［J］. 上海体育学院学报，2018，42（01）：64－71＋78.

［233］王振坡，员彦文，程浩岩．城市内部居住迁移空间特征及其影响机制研究——基于天津市的微观调查数据［J］. 城市发展研究，2018，25（04）：107－115.

［234］易成栋，黄友琴．家外有宅：北京市家庭多套住宅的空间关系研究

[J]. 经济地理，2011，31（03）：396－403.
[235] Newman O. Defensible Space：Crime Prevention Through Urban Design [J]. Ekistics，1973：325－332.
[236] 王敏，赵美婷，朱竑．邻里空间演化的个体化现象研究—以广州华侨聚居区为例 [J]. 世界地理研究，2016，25（04）：132－143.
[237] 奇恒，王绪朗．从城镇农民家庭的邻里关系论城镇社区整合 [J]. 华中农业大学学报（社会科学版），1999（1）：36－40.
[238] 李芬．城市居民邻里关系的现状与影响因素 [D]. 华中科技大学，2004.
[239] 薛丰丰．城市社区邻里交往研究 [J]. 建筑学报，2004（4）：26－28.
[240] 廖常君．城市邻里关系淡漠的现状、原因及对策 [J]. 城市问题，1997（2）：37－39.
[241] 蔡禾，贺霞旭．城市社区异质性与社区凝聚力——以社区邻里关系为研究对象 [J]. 中山大学学报（社会科学版），2014（2）：133－151.
[242] 谭日辉．社会空间分化对城市居民人际关系满意度的影响研究 [J]. 天府新论，2010（02）：95－98.
[243] 冯华．今天，我们怎么做邻居 [N]. 人民日报，2011－12－08（017）.
[244] 徐勤．我国城市老年人的社会交往 [J]. 西北人口，1994（04）：54－59.
[245] 张文宏．阶层地位对城市居民社会网络构成模式的影响 [J]. 开放时代，2005（06）：77－91.
[246] 李向健，孙其昂．居住空间、邻里交往与社会距离——基于 CSS2011 的城镇居民与农民社会距离的影响因素研究 [J]. 西北人口，2016，37（02）：11－15.
[247] 刘于琪，刘晔，李志刚．居民归属感、邻里交往和社区参与的机制分析*——以广州市城中村改造为例 [J]. 城市规划，2017，41

(09): 38 - 47.

[248] Habib R., et al. Housing Quality and Ill Health in a Disadvantaged Urban Community [J]. Public Health, 2009, 123: 174 - 181.

[249] 苏群，赵霞，季璐. 基于剥夺理论的农民工心理健康研究 [J]. 华中农业大学学报（社会科学版），2016（06）：93 - 101 + 145 - 146.

[250] 孙慧波，赵霞. 居住条件对城市老年人健康的影响 [J]. 大连理工大学学报（社会科学版），2018，39（02）：121 - 128.

[251] 王桂新，苏晓馨，文鸣. 城市外来人口居住条件对其健康影响之考察——以上海为例 [J]. 人口研究，2011，35（02）：60 - 72.

[252] 王上，李国军. 城市移居人口居住环境对精神健康的影响 [J]. 沈阳大学学报（社会科学版），2015，17（02）：239 - 243.

[253] Navarro C., et al. Housing Depribation and Health Status: Evidence from Spain [J]. Empirical Economics, 2010, 38 (03): 555 - 582.

[254] Evans G. W., Wells N. M., Chan H. Y., et al. Housing quality and mental health [J]. Journal of Consulting and Clinical Psychology, 2000, 68 (3): 526 - 530.

[255] Allen J. D., et al. Pathways between Acculturation and Health Behaviors among Residents of Low - income Housing: The Mediating Role of Social and Contextual Factors [J]. Social Science & Medicine, 2014, 123: 26 - 36.

[256] Johnson R. Mental Health and Housing: Making the Links in Policy, Research and Practice [J]. Journal of Public Mental Health, 2004, 04 (04): 21 - 28.

[257] Phillips D. R., et al. The Impacts of Dwelling Conditions on Older Persons' Psychological Well - being in Hong Kong: the Mediating Role of Residential Satisfaction [J]. Social Science & Medicine, 2005, 60 (12): 2785 - 2797.

[258] 陈淑云，杨建坤. 住房是否影响了居民健康？——来自中国综合社会调查（2015）的实证分析 [J]. 华中师范大学学报（人文社会科

学版)，2018，57 (05)：55 -64.

[259] 李礼，陈思月．居住条件对健康的影响研究——基于 CFPS2016 年数据的实证分析 [J]．经济问题，2018 (09)：81 -86.

[260] Gidlöf - Gunnarsson A.，Öhrström E. Noise and well - being in urban residential environments：The potential role of perceived availability to nearby greenareas [J]．Landscape and Urban Planning，2007，83 (2 - 3)：115 -126.

[261] Perlin S. A.，et al. Residential Proximity to Industrial Sources of Air Pollution：Interrelationships among Race，Poverty，and Age [J]．Journal of the Air&Waste Management Association，2001，51：406 -421.

[262] 林琳，郝珊，杨莹，钟志平，蒙美昀，田嘉铄．老年人自评健康的能力 -压力模型研究——以广州社区为例 [J]．地理科学，2018，38 (04)：548 -556.

[263] Passmore A.，French D. Development and administration of a measure to assess adolescents' participation in leisure activities [J]．Adolescence，2001，36 (141)：67 -75.

[264] 李萍．新生代农民工闲暇活动的结构性制约——基于福建、湖南和贵州三省调查数据的实证分析 [J]．人口与发展，2017，23 (05)：99 -112.

[265] 刘晓莲．城市居民休闲活动参与的影响因素研究 [J]．企业经济，2012，31 (09)：134 -137.

[266] 郝玉明．论休闲中的人际交往及其伦理构建 [J]．中州学刊，2015 (02)：102 -106.

[267] Kim J.，et al. Social Activities and Health of Korean Elderly Women by Age Groups [J]．Educational Gerontology，2013，39 (9)：640 - 654.

[268] 李文畅，胡宏伟，李斯斯，夏露．社会活动与老年健康促进：基于 2005 -2014 年追踪数据的考察 [J]．人口与发展，2018，24 (02)：90 -100.

[269] Lee I. & Paffenbarger R. Associations of Light, Moderate, and Vigorous Intensity Physical Activity with Longevity: The Harvard Alumni Health Study [J]. American Journal of Epidemiology, 2000, 151 (03).

[270] Lee S., et al. Research relationship between light - intensity physical activity and cognitive function in a community - dwelling elderly population - An 8 - year longitudinal study [J]. Journal of the American Geriatrics Society, 2013, 61 (3): 452 - 453.

[271] 张莉，崔臻晖. 休闲活动对我国老年人认知功能的影响 [J]. 心理科学，2017，40 (02): 380 - 387.

[272] Mannell R. Leisure, Health and Well - being [J]. World Leisure Journal, 2007 (49): 114 - 128.

[273] 徐延辉，史敏. 休闲方式、精神健康与幸福感 [J]. 吉林大学社会科学学报，2016，56 (05): 82 - 89 + 189.

[274] Hobson P. J. S. and Dietrich U. C. Tourism, health and quality of life [J]. Journal of Travel & Tourism Marketing, 1995, 3 (4): 21 - 38.

[275] Gump B. B. and Matthews K. A. Are vacations good for your health? The 9 - year mortality experience after the multiple risk factor intervention trial [J]. Psychosomatic Medicine, 2000, 62 (5): 608 - 12.

[276] Toda M., et al. Medical assessment of the health effects of short leisure trips [J]. Archives of Environmental Health, 2004, 59 (12): 717 - 24.

[277] Tarumi K., et al. An investigation into the effects of vacations on the health status in male white - collar workers [J]. Environmental Health and Preventive Medicine, 1998, 3 (1): 23 - 30.

[278] Abu - Oma R. K., et al. Self - rated health and physical activity in the European Union [J]. Social and Preventive Medicine, 2004, 49 (4): 235 - 242.

[279] Beyer A. K., et al. The role of physical activity in the relationship between self - perceptions of ageing and self - rated health in older adults

[J]. Psychology & Health, 2015, 30 (6): 32.

[280] Harris T. J. , et al. What factors are associated with physical activity in older people, assessed objectively by accelerometry? [J]. British Journal of Sports Medicine, 2009, 43 (6): 442.

[281] 杨建科，王琦．东西部地区80后青年休闲锻炼与精神健康——基于CSCC2010与FYRST2013的比较分析 [J]. 中国青年研究，2017 (12): 5 - 11 + 32.

[282] 彭玉林，向祖兵，李骁天，王凯珍．体育锻炼方式对北京市居民健康自评的影响 [J]. 西安体育学院学报，2017，34 (03): 288 - 294.

[283] 高亮，王莉华．体育锻炼与老年人自评健康关系的调查研究 [J]. 武汉体育学院学报，2015，49 (08): 64 - 71.

[284] Fay G. , et al. Time to get healthy: associations of time perspective with perceived health status and health behaviors [J]. Psychology, Health & Medicine, 2015, 20 (1): 25 - 29.

[285] 傅经明，孙寿丹，庞伟，谭龙，李海强，张毅，宋楠，马强，蒋与刚．老年人体力活动水平与认知功能的相关性 [J]. 中国慢性病预防与控制，2013，21 (01): 22 - 25.

[286] Marita S. , et al. Physical activity, exercise and self - rated health: a population - based study from Sweden [J]. BMC Public Health, 2008 (8): 1 - 9.

[287] 常改，李静，潘怡，郑文龙，江国虹．生活方式与慢性病关系现况研究 [J]. 中国慢性病预防与控制，2008，16 (06): 555 - 557.

[288] 向祖兵，王凯珍，李骁天．北京市居民睡眠、休闲久坐、体育锻炼时间投入与慢性病关系研究 [J]. 西安体育学院学报，2016，33 (05): 604 - 611.

[289] 赵延东．社会网络与城乡居民的身心健康 [J]. 社会，2008 (05): 1 - 19 + 224.

[290] Stevenson H. C. Raising Safe Village: Cultural Ecological Factors that In-

fluence the Emotional Adjustment of Adolescents [J]. Journal of Black Psychology, 1998, 24 (1).

[291] 姚远，张顺．家庭地位、人际网络与青少年的心理健康 [J]．青年研究，2016 (05)：29-37+95.

[292] 欧朝晖，潘孝富，黄慧霖．高校人际气氛及其与教师心理健康状况的关系 [J]．中国心理卫生杂志，2008 (05)：341-343.

[293] 朱家安，张旭．大学生人际互动中道德成长和心理健康 [J]．广西大学学报 (哲学社会科学版)，2017，39 (06)：113-119.

[294] 李东平，卢海阳，文晓丽．劳动时间、社会交往与农民工身心健康——基于 CGSS2013 的实证数据 [J]．调研世界，2018 (03)：40-45.

[295] 张邦辉，陈乙酉．邻里关系对农村留守老人身心健康的影响研究——基于劳动力流出地 10 省市调查数据的实证分析 [J]．管理世界，2017 (11)：178-179.

[296] 刘巍．西北农村留守妇女社会支持网络对其心理健康的影响：来自甘肃省的调查发现 [J]．妇女研究论丛，2012 (05)：28-35.

[297] 彭国胜．家庭对青少年学生自杀意愿和行为的影响——基于湖南省的实证调查 [J]．青年研究，2007 (07)：16-24.

[298] 席玮，马立平．青少年心理健康的影响因素与群体差异——基于 CEPS 数据的多水平分析 [J]．统计与信息论坛，2018，33 (04)：116-123.

[299] Sterling T. Housing and health making the links count [R]. UK Housing Review, 1997: 46-56.

[300] Walker R. B., Hiller J. E. Places and health: A qualitative study to explore how older women living alone perceive the social and physical dimensions of their neighborhoods [J]. Social Science & Medicine, 2007, 65 (6): 1154-1165.

[301] 阳德华．师生、同伴关系与初中生焦虑的探讨 [J]．中国心理卫生杂志，2001 (02)：78-80.

[302] 秦春莉，罗炯，孙逊，张庭然，张弛．社会资本因素对青少年健康行为的影响研究［J］．中国体育科技，2016，52（02）：105－114.

[303] La Greca A. M.，Harrison H. M. Adolescent Peer Relations，Friendships，and Romantic Relationships：Do They Predict Social Anxiety and Depression？［J］．Journal of Clinical Child & Adolescent Psychology，2005，34（1）.

[304] Chan A. and Poulin P. Monthly Instability in Early Adolescent Friendship Networks and Depressive Symptoms［J］．Social Development 2009，18（1）.

[305] 贺京同，那艺，郝身永．决策效用、体验效用与幸福［J］．经济研究，2014，49（07）：176－188.

[306] 蒲德祥，傅红春．经济学的重新解读：基于幸福经济学视角［J］．经济学家，2013（08）：17－28.

[307] 高鸿业．西方经济学（微观部分）第五版［M］．中国人民大学出版社，2013：57

[308] 庇古著，金镝译．福利经济学（上）［M］．北京：华夏出版社，2013：20.

[309] 王冰．从客观效用到主观幸福——经济福利衡量方法论转型评析［J］．外国经济与管理，2008（05）：1－7.

[310] 黄有光著，唐翔译．社会福祉与经济政策［M］．北京：北京大学出版社，2005：21.

[311] 刘腾飞，徐富明，孙彦，张军伟，蒋多．基于体验效用的幸福及其测量［J］．心理科学进展，2010，18（07）：1087－1095.

[312] Kahneman D. Experienced utility and objective happiness：A moment－based approach. Chapter 37. In D. Kahneman & A. Tversky（Eds.），Choices，Values and Frames. Cambridge：Cambridge University Press，2000.

[313] 杨耒昌．正视经济人偏好：市场经济下道德重建之起点［J］．文史博览（理论），2011（04）：15－17.

[314] 理查德·A. 伊斯特林，李贵苍，李玲梅. 收入与幸福感：走向整合理论 [J]. 国外理论动态，2013 (12)：6-16.

[315] Guan J., Li H., Sun H. et al.. The impact of a discrepancy between actual and preferred living arrangements on life satisfaction among the elderly in China [J]. Clinics, 2015, 70 (9): 623-627.

[316] 张苏，王婕. 养老保险、孝养伦理与家庭福利代际帕累托改进 [J]. 经济研究，2015，50 (10)：147-162.

[317] 陈池波，李成豪. 收入不平等、再分配偏好与居民主观幸福感研究 [J]. 财政研究，2016 (12)：64-77.

[318] 马旭东. 幸福感、收入分配差距与税收社会福利——基于行为经济学的探讨 [J]. 税务与经济，2015 (5)：70—77.

[319] 唐东波，李巧玲，刘颖. 收入满足度与生活幸福度的相关性研究 [J]. 统计与决策，2008 (21)：80-82.

[320] 谢识予，娄伶俐，朱弘鑫. 显性因子的效用中介、社会攀比和幸福悖论 [J]. 世界经济文汇，2010 (04)：19-32.

[321] 徐凤，蒋奖，邱辉. "蚁族"的留京动机、需要满足程度与主观幸福感的关系 [J]. 中国临床心理学杂志，2013，21 (01)：110-113.

[322] 张彭松. 从满足、知足到自足的幸福伦理思考——对"幸福悖论"的一种解答 [J]. 江西师范大学学报 (哲学社会科学版)，2019，52 (01)：58-64.

[323] Easterlin R. A. Income and happiness: Towards a Unified Theory [J]. The Economic Journal, 2001, 111 (473): 465-484.

[324] Rojas M. Heterogeneity in the relationship between income and happiness: A conceptual-referent-theory explanation. Journal of Economic Psychology, 2007, 28 (1): 1-14.

[325] 陈雨田，陈景秋，唐宁玉，陶玥. 金钱偏好：如何影响薪酬和薪酬满意度之间的关系？ [J]. 上海管理科学，2011，33 (06)：79-82.

[326] 风笑天，龙书芹．社会调查方法［M］．北京：中国人民大学出版社，2014.04.

[327] 张秀敏，李为群，刘莹圆．社区老年人主观幸福感现状及影响因素分析［J］．人口学刊，2017，39（03）：88－96.

[328] 李婷，范文婷．生育与主观幸福感——基于生命周期和生命历程的视角［J］．人口研究，2016，40（05）：6－19.

[329] 刘斌，李磊，莫骄．幸福感是否会传染［J］．世界经济，2012，35（06）：132－152＋155－160＋153－154.

[330] 陈振环，杨海平，冯亚娟．社会资本、家庭收入与城镇居民幸福感：基于中国大样本微观数据的实证研究［J］．科学决策，2016（12）：24－44.

[331] 官皓．收入对幸福感的影响研究：绝对水平和相对地位［J］．南开经济研究，2010（05）：56－70.

[332] 徐安琪．经济因素对家庭幸福感的影响机制初探［J］．江苏社会科学，2012（02）：104－109.

[333] 邢占军．我国居民收入与幸福感关系的研究［J］．社会学研究，2011，25（01）：196－219＋245－246.

[334] 朱建芳，杨晓兰．中国转型期收入与幸福的实证研究［J］．统计研究，2009（4）：7－12.

[335] Rainwater L. Family Equivalence as a Social Construction［G］// O. Ekert－Jaffe，ed. Standards of Living and Families：Observation and Analysis，Montrouge. France：John Libbey Eurotext，1994.

[336] 任海燕，傅红春．收入与居民幸福感关系的中国验证——基于绝对收入与相对收入的分析［J］．南京社会科学，2011（12）：15－21.

[337] 谢霏雰，陈宏胜，刘于琪，李志刚．中国大城市流动人口幸福感研究——以上海为例［J］．现代城市研究，2015（12）：2－8.

[338] 陆卫群，赵列．农村大龄未婚男性主观幸福感及影响因素分析——基于贵州1037名男性的调查［J］．西北人口，2018，39（03）：76－81＋90.

[339] Ng T. W. H., and Feldman D. C. Long Work Hours: A Social Identity Perspective on Meta - analysisData [J]. Journal of Organizational Behavior, 2008, 29 (7): 853 - 880.

[340] 吴丽，杨保杰，吴次芳. 失地农民健康、幸福感与社会资本关系实证研究 [J]. 农业经济问题，2009 (02): 25 - 29 + 110.

[341] 侯振虎，Chieh Li，许晓芳. 父母身体健康状况与大学生的幸福感——基于内蒙古地区2780名大学生幸福感的调查研究 [J]. 大学教育科学，2018 (03): 87 - 96 + 125.

[342] 翟元. 长春市居民体育锻炼幸福感研究 [J]. 体育文化导刊，2014 (12): 55 - 58.

[343] 王健，孟庆跃，Winnie Yip，曲江斌，王丽娜. 农村居民日常活动的主观幸福感分析 [J]. 山东大学学报（医学版），2009，47 (06): 118 - 120 + 123.

[344] 田丽，安静. 网络社交现状及对现实人际交往的影响研究 [J]. 图书情报工作，2013，57 (15): 13 - 19.

[345] 朱晓文，刘珈彤. 现实交往与网络交往：大学生幸福感之归因 [J]. 中国青年研究，2018 (09): 99 - 107 + 44.

[346] 胡晓君，续竞秦. 居住偏好实现对农村老年人生活满意度的影响 [J]. 南方人口，2017，32 (06): 54 - 63.

[347] 秦萍，杨小军，徐晋涛. 农民对相对收入的偏好及其影响因素分析——以云南省为例 [J]. 中国农村经济，2014 (10): 76 - 87.

[348] DiTella R., Macculloch R., Oswald A. J. Preferences over inflation andunemployment [J]. American Economic Review, 2001, 91 (1): 335 - 341.

[349] Knight J. F., Song L., Gunatilaka R. Subjective well - being and its determinants in rural China [J]. China Economic Review, 2009, 20 (4): 253 - 266.

[350] 刘斌，李磊，莫骄. 幸福感是否会传染 [J]. 世界经济，2012，35 (06): 132 - 152 + 155 - 160 + 153 - 154.

[351] 孙凤．主观幸福感的结构方程模型［J］．统计研究，2007（02）：27－32.

[352] 吴静．城乡居民幸福测量的结构方程模型［J］．商业经济与管理，2009（04）：66－72.

[353] 吕洁华，刘飞，夏彩云，魏鑫．城乡居民生活幸福感指数的对比分析［J］．统计与决策，2015（05）：92－95.

[354] 温忠麟，叶宝娟．有调节的中介模型检验方法：竞争还是替补？［J］．心理学报，2014，46（05）：714－726.

[355] 赵新宇，范欣．政府治理：以幸福为名——基于中国问卷调查数据的实证研究［J］．吉林大学社会科学学报，2016，56（01）：60－70＋188－189.

[356] 高启杰，费佐兰，李静．“发展—幸福”悖论的发现与验证——基于北京市16区的数据分析［J］．天津商业大学学报，2018，38（04）：3－12＋19.

[357] 郑方辉，卢扬帆，覃雷．公众幸福指数：为什么幸福感高于满意度？［J］．公共管理学报，2015，12（02）：68－82＋156.

[358] Andrews F. M., McKennell A. C. Measures of self－reported well－being: Their affective, cognitive and other components［J］. Social Indicators Research, 1980（8）：127－155.

附录：居民主观幸福感的调查问卷

尊敬的女士/先生：

您好！这是一份匿名的课题研究问卷，目的在于研究北京市居民主观幸福问题。我们保证对您的回答完全保密并只用于学术研究，以后的分析中不会提及您和您所在单位的真实名称，请您在百忙之中抽出一些时间，认真填写此问卷。对您的支持与配合致以诚挚的谢意！

填写说明：在填表和选择时，请在符合选项的数字下画“√”，或在“____”上填写符合您情况的内容。

请问您的户籍________________、居住证________________、居住地________________、工作或学习地________________所属地区分别是哪里（请在以下选项中选择相应的地区编号填写在横线上）。

（1）东城区；（2）西城区；（3）朝阳区；（4）丰台区；（5）石景山区；（6）海淀区；（7）顺义区；（8）通州区；（9）大兴区；（10）房山区；（11）门头沟区（12）昌平区；（13）平谷区；（14）密云区；（15）怀柔区；（16）延庆区；（17）其他

一、基本情况

1. 您的性别是______。（1）男；（2）女

2. 您的年龄是______。（1）20岁及以下；（2）21—35岁；（3）36—50岁；（4）51—65岁；（5）66岁及以上

3. 您的受教育程度是______。（1）小学及以下；（2）初中；（3）高中或中专；（4）大专或本科；（5）硕士；（6）博士；

4. 您目前的婚姻状态是______。（1）单身；（2）恋爱；（3）初婚；（4）再婚；（5）分居未离婚；（6）离婚；（7）丧偶

若您已婚，请问您是否育有子女______。(1) 是；(2) 否

如果选择“是”，子女个数是______。(1) 1个；(2) 2个；(3) 3个及以上

5. 您的户籍是否为农业户籍______。(1) 是；(2) 否

6. 您在京的家庭成员有______。(1) 配偶或伴侣；(2) 父母；(3) 孩子；(4) 兄弟姐妹；(5) 亲戚；(6) 其他

7. 您是否拥有宗教信仰______。(1) 是；(2) 否

您月均参加宗教活动的频次是______。(1) 从不；(2) 一年少于5次；(3) 一年5—10次；(4) 一月1次；(5) 一月2—3次；(6) 一周1次；(7) 一周2—3次；(8) 其他

8. 您的政治面貌是______。(1) 中共党员；(2) 民主党派；(3) 共青团员（14—28周岁）；(4) 群众

9. 您是否是学生______。(1) 是；(2) 否

二、收入与支出

10. 您的月均可支配收入为________元（月均可支配收入包括投资性收入和工资性收入等）。

相比去年，您的收入状态______。(1) 提高了；(2) 没有变化；(3) 下降了

与您周围的朋友、家人、亲戚相比，您的收入状态______。(1) 偏高；(2) 差不多；(3) 偏低

11. 您的月均支出项目及额度。

支出项目	月均支出额	支出项目	月均支出额
吃穿行支出		住房	
教育		医疗卫生	
娱乐		人际交往	
金融理财		其他	

注：住房支出是指居民租赁住房的租金或自购住房的月供金额以及物业费、水电费等总额；金融理财支出包括储蓄与投资的支出（具体包括保险、基金、债券、股票等）；人际交往支出包括探亲、红包礼钱等支出。

三、居住情况

12. 请问您在北京的居住时长是______。（1）1年及以下；（2）1年以上

13. 您的住房来源是______。（1）自购住房；（2）自建住房；（3）租赁；（4）借住；（5）单位住房；（6）回迁房

若选择自购住房，您目前居住房屋的市场价值，相比购买时，变化值为______万元（上涨用“+”号表示，下跌用“-”号表示，没有变化用“0”表示；如住房上涨了400万元，则填写“+400”）；若选择自建住房，自建住房是否有借款或贷款______。（1）是；（2）否

14. 您的住房面积为______平方米，______人一起住。

15. 您住房内的卫生间、洗浴、厨房、管道自来水等设施是否与他户共用______。（1）是；（2）否

16. 您平时出行的主要通勤方式是______；您居住地离您工作地点的时耗是______小时。

（1）私家汽车；（2）公共交通；（3）走路；（4）电动车或自行车；（5）其他

四、工作情况

17. 您目前的工作状态是______。（1）就业；（2）失业；（3）待业；（4）无业；（5）退休；（6）其他

注：失业状态指曾经工作过的人员失去工作并处于在找工作的状态；待业状态是指刚从学校毕业正在找工作的状态；无业是长时间没有事情可做的状况。

18. 您目前的工作性质是______。（1）全职工作；（2）非全职工作

19. 您目前从事的职业类型是______。（1）务农；（2）国家机关、党群组织、企业、事业单位负责人；（3）单位中层管理；（4）专业技术人员；（5）办事人员和有关人员（即普通职员）；（6）商业、服务业人员；（7）生产、运输设备操作人员及有关人员；（8）军人；（9）其他

20. 您目前的工作单位类型是______。（1）企业；（2）党政机关；

（3）事业单位；（4）社会团体、居/村委会；（5）无单位/自雇（包括个体户）；（6）军队；（7）其他

若您选择了“企业”，企业类型是______。（1）国营；（2）民营；（3）外资；（4）央企；（5）中外合资

21. 您目前日均工作时间是____小时；月均领到的工资薪酬为______元。

22. 在您目前的工作中，您的管理活动为______。（1）只管别人，不受别人管理；（2）既管理别人，又受别人管理；（3）只受别人管理，不管理别人；（4）既不管理别人，又不受别人管理

23. 您对您目前工作的兴趣程度是______。（1）完全没兴趣；（2）没兴趣；（3）一般；（4）有兴趣；（5）非常有兴趣

24. 在您目前的工作中，您在多大程度上能自主决定您工作的具体方式______。（1）完全自主决定；（2）能在一定程度上自主；（3）在很少程度上自主；（4）完全不能自主

25. 您所在的工作单位可以提供______方面的保障（可多选）。（1）职工养老保险/农村养老保险；（2）职工医疗保险/新农合；（3）职工失业保险；（4）职工生育保险；（5）职工工伤保险；（6）意外伤害保险；（7）住房公积金；（8）企业年金；（9）其他

注：“五险一金”包括养老保险、医疗保险、失业保险、工伤保险和生育保险及住房公积金；“三险一金”包括养老保险、失业保险、医疗保险及住房公积金。

五、健康、休闲、交际

26. 您觉得您目前的身体健康状况为______。（1）很不健康；（2）比较不健康；（3）一般；（4）比较健康；（5）很健康

27. 您平时是否会锻炼身体______。（1）是；（2）否

您月均锻炼身体的频次是______。（1）每天锻炼；（2）一周2—3次；（3）一周1次；（4）一月2—3次；（5）一月1次；（6）一年少于10次

28. 您月均实际休息时间为______。（1）2天以下；（2）3—4天；（3）5—6天；（4）7—8天；（5）9天及以上

29. 在过去一年中，您的空闲时间一般从事的活动有______（可多

选）。（1）与朋友、亲戚聚会；（2）外出散步或闲逛；（3）外出逛街购物；（4）外出看电影等；（5）参加体育锻炼；（6）在家听音乐、上网打游戏；（7）在家睡觉、做家务；（8）学习充电；（9）外出旅游；（10）其他

30. 您月均与朋友、家人、亲戚、同事/同学聚餐等近距离交际和通电话或视频等远距离交际的频率（请在符合您选择的数字下画“√”）。

近距离交际	总是	经常	有时	很少	从不	远距离交际	总是	经常	有时	很少	从不
朋友	1	2	3	4	5	朋友	1	2	3	4	5
家人	1	2	3	4	5	家人	1	2	3	4	5
亲戚	1	2	3	4	5	亲戚	1	2	3	4	5
同事/同学	1	2	3	4	5	同事/同学	1	2	3	4	5

六、幸福感及效用

31. 您月均感到沮丧、郁闷、精神紧张的天数为______天；感到开心、快乐、满足的天数为______天。

32. 您在当前社会中的参与度为______。（请在 1—10 之间给予分值，1 为最低，10 为最高）

注：社会参与度是指公众以某种方式或方法参与社会经济、政治、文化等群体活动的程度。

33. 您认为当前社会的公平程度为______；您认为______分以上是公平。（请在 1—10 之间给予分值，1 为非常不公平，10 为非常公平）

34. 您对以下对象的信任程度如何？（请在 1—10 之间给予分值，1 为非常不信任，10 为非常信任，请在符合您选择的数字下画“√”）

家人（直系亲属）	1	2	3	4	5	6	7	8	9	10
亲戚	1	2	3	4	5	6	7	8	9	10
朋友	1	2	3	4	5	6	7	8	9	10
同事/同学	1	2	3	4	5	6	7	8	9	10
陌生人	1	2	3	4	5	6	7	8	9	10
几分以上为信任	1	2	3	4	5	6	7	8	9	10

35. 您对以下题项的满意程度如何？（请在1—10之间给予分值，1为非常不满意，10为非常满意，请在符合您选择的数字下画“√”）

收入	1	2	3	4	5	6	7	8	9	10
消费	1	2	3	4	5	6	7	8	9	10
居住面积	1	2	3	4	5	6	7	8	9	10
居住设施	1	2	3	4	5	6	7	8	9	10
居住环境	1	2	3	4	5	6	7	8	9	10
社区治安	1	2	3	4	5	6	7	8	9	10
社区绿化	1	2	3	4	5	6	7	8	9	10
工作职业	1	2	3	4	5	6	7	8	9	10
工资薪酬	1	2	3	4	5	6	7	8	9	10
工作环境	1	2	3	4	5	6	7	8	9	10
工作保障	1	2	3	4	5	6	7	8	9	10
工作时间	1	2	3	4	5	6	7	8	9	10
自己身心健康	1	2	3	4	5	6	7	8	9	10
父母身心健康	1	2	3	4	5	6	7	8	9	10
配偶身心健康	1	2	3	4	5	6	7	8	9	10
孩子身心健康	1	2	3	4	5	6	7	8	9	10
家庭成员关系	1	2	3	4	5	6	7	8	9	10
亲戚关系	1	2	3	4	5	6	7	8	9	10
朋友关系	1	2	3	4	5	6	7	8	9	10
同事/同学关系	1	2	3	4	5	6	7	8	9	10
休闲方式	1	2	3	4	5	6	7	8	9	10
休闲时间	1	2	3	4	5	6	7	8	9	10
生活质量	1	2	3	4	5	6	7	8	9	10
几分以上为满意	1	2	3	4	5	6	7	8	9	10

36. 您认为您所在的地区以下题项发展程度如何？（请在1—10之间给予分值，1为发展程度非常低，10为发展程度非常高，请在符合您选择的

数字下画“√”）

经济发展	1	2	3	4	5	6	7	8	9	10
教育发展	1	2	3	4	5	6	7	8	9	10
科技发展	1	2	3	4	5	6	7	8	9	10
文化发展	1	2	3	4	5	6	7	8	9	10
医疗发展	1	2	3	4	5	6	7	8	9	10
生态发展	1	2	3	4	5	6	7	8	9	10
基础设施	1	2	3	4	5	6	7	8	9	10
几分以上为发展程度好	1	2	3	4	5	6	7	8	9	10

37. 总体而言，您最近的幸福程度如何？______（请在 1—10 之间给予分值，1 为最低，10 为最高）

您认为______分以上是幸福？（请在 1—10 之间给予分值，1 为最低，10 为最高）

38. 请您对影响您生活幸福的因素进行排序？____________（按影响程度由高到低排序）

（1）收入　　（2）住房　　（3）工作/学习

（4）身心健康　　（5）与人交际　　（6）休闲

39. 除了以上因素影响您的幸福外，还有其他因素影响您的幸福吗？分别是哪些因素？请列出这些因素。

____

____

____

填表人姓名：________________

联系方式：______________

请仔细核对问卷题项，切勿漏题！

再次感谢您对我们的支持！祝您开心愉快！